广东省教育教学规划课题“‘仁德教育’：现代化视域下教育理念的范式变革”（2017ZQJK029）研究成果

红橙之乡 话红橙

广东省廉江红橙文化校本读物

张 旭 邹小丽 编著

江蘇鳳凰教育出版社
Phoenix Education Publishing, Ltd

图书在版编目（CIP）数据

“红橙之乡”话红橙 / 张旭，邹小丽编著. — 南京 ：江苏凤凰教育出版社，2018.1（2023.11重印）

ISBN 978-7-5499-6129-0

Ⅰ. ①红… Ⅱ. ①张… ②邹… Ⅲ. ①橙－产业发展－概况－廉江－中学－乡土教材 Ⅳ. ①G634.591

中国版本图书馆CIP数据核字(2016)第284928号

书　　名	“红橙之乡”话红橙
编　　著	张　旭　邹小丽
图片提供	陈希宇
责任编辑	雷利军　万晓文
出版发行	江苏凤凰教育出版社（南京市湖南路1号A楼　邮编210009）
苏教网址	http://www.1088.com.cn
照　　排	北京红十月图文设计有限公司
印　　刷	唐山富达印务有限公司
厂　　址	唐山市芦台经济开发区农业总公司三社区
开　　本	787毫米×1092毫米　1/16
印　　张	9.5
字　　数	95千字
版　　次	2018年1月第1版　2023年11月第2次印刷
书　　号	ISBN 978-7-5499-6129-0
定　　价	48.00元
网店地址	http://jsfhjycbs.tmall.com
邮购电话	025-85406265，85400774　短信 02585420909
E－mail	jsep@vip.163.com
盗版举报	025-83658579

苏教版图书若有印装错误可向承印厂调换

提供盗版线索者给予重奖

廉江市红橙种植区域图

前言

廉江红橙以它的型美、皮薄、肉红、汁多、渣少、酸甜适中而著称，畅销国内市场，远销世界各地，深受世人喜爱。1984年，廉江红橙被国家列为接待和赠送外宾的名优水果，享有“国宴佳果”的美誉。1995年3月，廉江市被首批百家中国特产之乡命名宣传组委会授予“中国红橙之乡”称号，从此廉江红橙便成为廉江市的一张闪亮名片。

廉江市委市政府历来重视廉江红橙这个品牌，以红橙为媒，大力推介廉江，全面谋划廉江的新发展。自2003年廉江市成功举办第一届红橙旅游文化节至今，已连续举办了十一届。每届红橙节都引进一大批项目落户廉江，不仅促进了廉江工业、农业的大力发展，而且推动了廉江商业、旅游业的繁荣，让广大廉江人民共享廉江红橙所带来的发展成果。

作为廉江的知识分子，既对廉江市有着浓浓的家乡情怀，又对廉江红橙有着特别的“红橙”情结，有责任去书写红橙故事，介绍红橙、介绍廉江，让更多的人了解红橙，了解廉江。因此，我们编著了《“红橙之乡”话红橙》一书。该书全面介绍了廉江红橙的来历、发展、品鉴、别样价值和销售之路等内容，进而借一个橙子的殊荣，全面介绍廉江的工业、农业、旅游、交通、城市规划、民俗风情、美食特色、教育发展等概况。这是一本独具地方特色的校本读物，又是一本全面了解廉江的综合性读物，希望能在学生心中种下一颗红橙的种子，期待莘莘学子带着它到全国乃至世界各地生根发芽、开花结果。

在编著本书的过程中，我们走访了红江农场、市区周边的红橙果园、廉江市农业局等，访谈了不少老同志、红橙专家以及一些相关专业人士，从种植、管理、经营、销售等方面都作了全方位的了解，收集了许多宝贵的资料作为参考。但由于阅历所限、时间有限，本书的笔墨还较为粗糙，书中所涉及的知识还不够深入、不够专业、不够全面，敬请广大读者理解并批评指正。

本书的诞生要感谢钟家存、罗敏等专家的支持，感谢戚康启、袁汉静等老领导提供的宝贵资料，也感谢农业局及农场的积极配合。钟伟林、钟其光、钟善友三位在本书的校对过程中付出了很多的心血。本书的写作特别得到了廉江市委、市政府的大力支持，在此特别鸣谢！

张　旭

目 录

第一篇

红橙的前世今生

廉江红橙到底“红”在哪里？它的“家族成员”都包括谁？又是如何被人们发现的？又有哪些特别的栽培技艺呢？

这是一个果皮光亮而有油质感的红橙，飘溢着独特的蜜香，它在充分调动你嗅觉神经的同时，更牵动着你“蠢蠢欲动”的味蕾。当舌尖触碰到嫩滑、甜酸适中、汁多渣少的橙红色果肉时，胸臆间便生发出一种酣畅淋漓之感，让人啧啧称赞它的清香甜醇。这是一种曾让无数人留下深深记忆的味道，因为它见证了廉江的发展，也承载了廉江人浓浓的乡情。

这一个小小的橙子，看似平凡，实则非凡。据说，它的诞生源于一个偶然的奇遇。1971年10月的一天，广东省国营红江农场技术人员钟家存像往日一样，骑上自行车，带着笔记本，来到了十九队榕树坝的新会甜橙园里选种。他看到橙子挂满枝头，一种丰收的喜悦不禁涌上心头。他继续往前走，一棵没有果实的橙树映入眼帘，令他感到很奇怪，原本挂满枝头的橙子哪儿去了？他便向正在橙园里劳动的管理班长吴志贤打听。吴志贤说：“这棵树结的果特别好吃，所以，还未熟就被人摘光了。”“特别好吃？”这句话引起了钟家存对这棵橙树的关注。他一边思考，一边仔细观察，竟惊喜地发现橙树的隐蔽处还挂着两个橙子。他马上把橙子摘下来，切开一看，诱人的橙红色果肉，散发着浓郁的橙香，令他迫不及待地尝了一口。橙入口化汁，甜酸适中，并散发着一种淡淡的蜜香。这便是钟家存吃的第一个廉江红橙——红江橙。

这时，钟家存的脑海里忽而涌现了一句话："现在世界上还没有选育出果肉是橙红色的甜橙品种，如果选育出果肉是橙红色的甜橙品种，就是世界上最理想的甜橙品种了……"这是3年前，他在广州沙河召开的柑桔品评会上，听到时任华南农学院（后改名为华南农业大学）副院长、教授李沛文说的话。如今，这橙红色果肉的橙子，果真像李沛文教授所说的那样，是世界上最理想的甜橙品种吗？钟家存顾不得多想，便在笔记本上记下这棵特殊橙树所在的位置及其形状，又怀着激动的心情，将橙子拿给场长去品尝。场长尝罢立刻采取行动，让他从这棵特殊的橙树上剪下芽条进行嫁接培育。殊不知，属于廉江红橙的黄金时代正在悄无声息地酝酿着。

1984年春，日本首相来华访问，第一次品尝到果型靓、果皮薄、肉红色艳、汁多渣少、甜酸适中的廉江红橙后，连声称它为"橙中之王""水果皇后"。宴后，他念念不忘廉江红橙的独特味道。于是，外交部让人从湛江取了10箱廉江红橙送给他。后来，廉江红橙又以它与生俱来的独特味道征服了美国总统里根。此外，廉江红橙还通过海上丝绸之路运往香港、澳门、新加坡、马来西亚，让更多的人钟情于它的味道。不久，廉江红橙被列为"国宴佳果"，享誉国内外。

在中国，源于广东省红江农场的红橙培育技术日臻成熟，廉江红橙的推广种植就像一根接力棒一样，在廉江的青平、高桥、车板、营仔、石岭、雅塘、石颈、长山，以及广西、海南、贵州、云南、重庆等橙区进行了"接力"，并各自融入当地独有的风味特色，而红橙在市场上却有着相似的外形，那就是果大型靓。由于人们对廉江红橙越来越喜爱，红橙的经济效益越来越高。

从1972年到1991年，廉江红橙在廉江市大面积种植，其种植面积由7.605亩发展到超过13万亩，廉江成为全国最大的红橙生产基地。可从1992年起，一种像"癌症"一样的黄龙病出现在红江农场的橙园里，随后蔓延至青平、高桥、营仔、石岭、雅塘、石颈、长山等红橙产区，致使廉江红橙的品质严重下降，种植面积也迅速减少。最明显的就是红橙的种植面积由1992年的12.2万亩减至1997年的1.1万亩。廉江几大红橙产区橙园荒废，产业凋敝。从此，廉江红橙种植渐渐陷入低谷。所幸在如此残酷的环境下，依然有一批执着于橙业的柑橙专家，不辞辛苦地在红橙园建基地、做研究，使廉江红橙得以发展。

新世纪后，这些专家依然兢兢业业，为红橙产业的恢复与发展而奔忙，并在石城、良垌等地开发了不少红橙果园，在廉江市掀起一股新的红橙文化旅游热潮。不仅如此，廉江红橙的植株经过5代20多年的选育，具有早结、丰产和稳产的优良性状，成为世界红肉型甜橙的新品种。

一、红橙到底“红”在哪里

单从字面上看，和白橙一样，很明显，廉江红橙主要是根据果肉的颜色来划分。但是，和白橙不同，廉江红橙果肉的颜色并不是纯红，而是黄中偏橙红色，这是由红橘和柑橙嵌合后而形成的一种特有颜色。所以，确切地说，廉江红橙的橙汁和橙肉是以红色为主色调，才呈现出人们常说的橙红色果肉，这就形成了廉江红橙最直观的视觉感受。

世界上有很多汁胞为红色类型（俗称红肉类型，包括粉红、橙红、紫红等）的柑橘，如粉红色的红肉葡萄柚、血红色的血橙、橙红的廉江红橙、紫红色的五布红心柚等。它们因对消费者有特殊的感官吸引力而颇具市场魅力，但其呈色色素又各不相同。一般情况下，汁胞为红色的柑橘呈色色素有两类：一是水溶性的花青素，如血橙；二是脂溶性的类胡萝卜素类（如番茄红素、β-胡萝卜素及β-胡萝卜素的烃化产物β-隐黄质等），如廉江红橙、红肉葡萄柚、五布红心柚等。[1]因此，廉江红橙是典型的由类胡萝卜素中的番茄红素

[1] 徐娟，邓秀新．柑橘类果实汁胞的红色现象及其呈色色素［J］．果树学报，2002,19（5）:307-313.

而呈色的品种。

何谓番茄红素？番茄红素（Lycopene）又称ψ-胡萝卜素，属于异戊二烯类化合物，是一种不含氧的类胡萝卜素，因其最早从番茄中分离制得，故而得名。它具有溶解性和抗氧化性的特点，不仅有抗癌抑癌的功效，而且对于预防心血管疾病、动脉硬化等各种疾病，增强人体免疫能力以及延缓衰老等都具有重要意义。当番茄红素含量较低时，果肉就呈现粉色；当番茄红素含量较高时，果肉则变为红色。这便是廉江红橙“红”的由来。

其实，廉江红橙“红”的程度还受到外在因素的影响，如土壤、气候和人工选育等。第一，优质的土壤可以使廉江红橙的果肉变红。廉江土壤中含有的丰富营养物质、适宜的水分和空气、无毒害物质、适度的pH值，不仅有利于廉江红橙的生长，而且有利于它的果肉变红。第二，适时的降水、较高的气温、充足的日照和较小的风速等气候条件也有利于红橙的果肉变得更红。廉江市具有得天独厚的气候资源，为廉江红橙形成天然的品质创造了条件。在果实膨大期有较多的降水和阴天，而在果实成熟期则有持续的大旱天气或晴朗天气；成熟阶段有较高的气温、较大的日差和日照，同时还有较强的降温过程；在气温上，年平均气温为22.3℃～23.9℃，冬天有轻霜冻，全年风速较小。第三，人工选育有利于促进廉江红橙的“红变”。人们对廉江红橙进行了一代代的筛选、提纯，提高了其纯红果肉的比例。此外，施肥也会影响到橙肉的“红”，如施加有机肥，红橙的果肉会更甜、更红。

二、红橙“家族成员”都有谁

早在2000多年以前，人们便对柑橘性状进行了十分仔细的观察并有详尽的描述。屈原《橘颂》中说：“后皇嘉树，橘徕服兮。受命不迁，生南国兮。深固难徙，更壹志兮。绿叶素荣，纷其可喜兮。曾枝剡棘，圆果抟兮。青黄杂糅，文章烂兮。精色内白，类可任兮……”概括性地描述了橘树的根深，枝多而有针刺，叶绿花白，果圆而生青熟黄，内果皮呈白色等性状。

而在《图经本草》中则载有：“橘、柚，生南山川谷及江南，今江浙、荆襄、湖岭皆有之。木高一、二丈，叶与枳无辨，刺出于茎间。夏初生白花，六月、七月而成实，至冬而黄熟，乃可啖。旧说小者为橘，大者为柚。又云：柚似橙而实酢，大于橘……又闽中、岭外、江南皆有柚，比橘黄白色而大；襄、唐间柚，色青黄而实小。皆味酢，皮厚……又有一种枸橼，如小瓜状，皮若橙而光泽可爱，肉甚厚，切如萝卜，虽味短而香氛，大胜柑橘之类……”对柑橘的性状进行了简要的概述，说明柑橘的家族成员包括柑、橘、橙、柚等。

然而，这些“家族成员”之间又有着丰富的表型变异和复杂的亲缘关系。柑、橘和橙是柑橘类水果中的3个不同品种，因其外形相似而常被人们所混淆。按科学的角度来分，橘是基本种，花小，果皮好剥，种子的胚多属深绿色；柑是橘与甜橙等其他柑橘的杂种，花大，果实剥皮不如橘好剥，种子的胚为淡绿色。因此，在宽皮柑橘中，椪柑（芦柑）是橘不是柑，温州密橘是柑不是橘。柑和橘在植物分类学上是同科同属而不同种的木本植物。

另外，柑和橘两者常统称为柑橘。柑橘属植物是柑橘类果树中最主要的一群植物，共有17个种，分成6个种群：大翼橙类、宜昌橙类、枸橼柠檬类、柚类、橙类和宽皮橘类。柑橘类植物具有多胚性，在种间和属间容易进行杂交，并具有高芽变的特点，这使得柑橘类拥有一个庞大的家族，如橘子、柑、柚、枸橼、甜橙、酸橙、金橘、柠檬等。

廉江红橙是普通甜橙里的一个优良品种。自世界上第一个红橙——红江橙在广东省国营红江农场问世以来，廉江红橙已经走过了40多个春秋。随着红橙种植技术的推广，廉江红橙慢慢融入了南方各大橙区的特色，形成了新的品种，比如皮绿肉红的琼中绿橙。红江橙和琼中绿橙是廉江红橙家族中最特别的两位“成员”。

廉江红橙为芸香科柑橘属植物，是我国特有的甜橙新品种，以红江橙最为正宗，原产地在广东红江农场，因生长环境和气候非常独特，有风化岩成土母质的土壤和充足的阳光，因此具有橙红色果肉和蜜香味的特点，深受大家的喜爱。

琼中绿橙曾用名“琼中红橙”，是琼中黎族苗族自治县于1998年从广东省廉江引进的橙类新品种，主要种植于海南省琼中县。由于海南省温度高、雨水充足，果皮着不了色，到成熟时果皮还是绿的，因此以皮绿、橙甜、汁多等优良品质而著称。琼中绿橙是一种难得的上乘水果，由于种植环境的特殊性和土地的稀缺性，产量不高，知名度也不高。

三、红橙是怎么来的

因为一次偶然的奇遇，中国的雷州半岛上诞生了一种“国宴佳果”——廉江红橙。下面，让我们走近“廉江红橙的发现者”钟家存，探寻红橙的来历。

钟家存，人们都尊称他为“钟工”（钟公）[1]。因为对红橙的执着和热爱，现80多岁的钟家存还常常骑着摩托车，载着夫人去管理那几亩橙园。廉江红橙是怎么来的？钟家存娓娓道来：“我1959年毕业于广西钦州农校，被分配到广东省红江农场当柑橙技术人员……1963年3月的一天，陶铸同志（时任广东省委中南局书记）来到红江农场视察，深情地对我们作出了指示：‘……你们要创优质名果，赶超美国金山橙！’我和其他技术人员深受鼓舞，我们决心团结一致，致力于选育出一个可以同金山橙相媲美的优良品种。首先，我们建起了自己的母本园，每到橙树挂果的时候，我们

[1] 工是指高级农（工程）艺师，而公是长者。

就一个个橙园观察、选种……终于在1971年10月的一天，我在本场十九队榕树坝的新会甜橙园里发现了前所未见的红肉橙。当时，我想，这红肉橙会不会是一个变异植株呢？我马上拿来笔记本记下了这株奇异橙树所在的位置及其形状，并找来红油漆在树干上画了3道红线。第二年春天的一个早晨，我带着剪刀，一个人来到这棵橙树前，剪下了100多条芽条，然后送到二十一队苗圃班，嫁接了两畦共700多株。”

一棵新植株的出现，让善于观察和思考的钟家存抓住了，可另一个“突变”来了。在钟家存剪走芽条后的一个多月，这棵将为中国柑橙业赢得特殊荣誉的植株，却在“不吃水果照样干革命”的时代，连同周围的橙树一起被砍掉了。不久，钟家存也被调离农场，去管粮油作物了。

第二年，对那棵“变异”植株还念念不忘的钟家存，从种水稻的一队蹲点回来时，发现去年嫁接的700多株橙苗早就和其他橙苗混在一起，全部被移植到大田上种植了。面对12.8万株的茫茫橙海，钟家存想说点儿什么，可又说不出来，不禁黯然神伤起来。

张旭采访钟家存

钟家存接着说：“当我回来时，已经是1975年年底了。那时，新来的场长叶振东拍拍我的肩膀说：‘小钟，这个品种要加快培育啊！’于是，我凭着最初对红江橙叶子与其他品种叶子之间细小差异的记忆，一个山头一个山头、一个橙园一个橙园、一株橙树一株橙树地观察、辨认，终于在十九队长坡、榕树坝两地的橙园里看到了榄核形的叶子。当时，我心里的那种激动不知如何去形容。接下来的几天，我和助手们带着笔记本和红油漆，一株一株地仔细辨别红肉橙树。为了防止遗忘，每找出一株，我们就打上标记，并编上号码，还在笔记本上记下哪块地、第几畦、第几株、第几号的字样。708，708是我们写下的最后一个编号。”

1976年秋，第一代708株红江橙投产了，喜获大丰收，共收果5000多千克。当时，场里挑选一吨红江橙试销香港，不久便收到香港五丰行的电报。至今，钟家存仍然可以清晰地说出它的内容：“红江橙质好，风味独特，果型好，果汁多，甜度高，新鲜快运，当可占市场销势。”

当所有农场职工都在庆祝红江橙诞生的时候，这些红橙植株又发生了新的“变异”：同一植株结出的果实果肉颜色出现不尽一致的情况，有的是橙红肉，有的是黄肉，有的竟是半橙红肉半黄肉。钟家存说：“当时我有个很不好的预感，红江橙会不会向劣势方向变异了？于是，我就查阅相关资料，努力寻找防止劣变、促进优变的方法。最终，我决定采用一代一代的定向筛选提纯的方法来提高红肉果的比例，使红江橙成为一个遗传性稳定的优良品种。”

怀着对红肉橙的执着追求，钟家存来到长坡、榕树坝橙园，开始了长达16年、历经4代的筛选提纯工作。“1976年，我们经过细心观察、认真鉴别，从708株红江橙中选出了结果多、形状好、变异果少、颜色漂亮的33株，作为选种母树。等到第二年，我又带领苗圃班班长黄崇基等人，从这33株母树上剪下6000多条芽条，嫁接了25000多株。1977年8月至1978年春，这批嫁接苗先后出圃，在4个生产队共种了323亩，我们建立了第二代红江橙橙园。"

"1980年，第二代红江橙结果后，我们又开始了第三代红江橙的选育工作，在十五队和二十六队建立了50亩田圃，按每亩芽条3000条计算，共需芽条15万条，而15万条芽条需要1000多株红江橙母树。这1000株母树是从4个生产队的323亩25000株橙树中一株一株地鉴别、挑选来的。"

选种工作的艰辛不言而喻。钟家存每天都带着满身的汗水和泥巴，拖着疲惫不堪的身子，回到家中倒头便睡，有时连话都不想说，更别说帮妻子分担家务了。钟家存的爱人看到他这样子，常常心疼地唠叨："你做这么多干啥？别累坏了身体。"钟家存却说："这是我负责的工作，再辛苦我也应该把它做好。"钟家存始终没有忘记自己读农校那两年，家里穷得每天吃菜汤过日子，全靠国家的奖学金才得以从农校毕业；没有忘记陶铸同志的期愿。他意识到红江橙是个好品种，只是技术还不够成熟，必须继续纯化、纯化、再纯化。

多少个日夜，钟家存白天在橙园里观察选种，晚上在灯下查阅资料，整理笔记。1986年，经过筛选培育的第四代红江橙结果了，经抽样调查，红肉果纯化率由第一代的89.41%提高到第四代的

99.36%，红江橙的生物学特性、植株形态、红肉果性状等遗传因素已经基本稳定。

1987年，第五代橙园建立，钟家存等人在3970.95亩的土地上种下了238万株廉江红橙。经过第五代提纯，廉江红橙的红肉果纯化率达到了99.64%，说明其无性后代遗传性基本稳定。在多次全国性会议上，专家一致认为“红江橙是一个早产、丰产、稳产的优良红肉型甜橙品种”。

因此，廉江红橙作为廉江市乃至广东省的名优农产品，获得了不少殊荣，如1983年获得对外贸易部优质产品荣誉证书；1984年被国家列为接待和赠送外宾的名优水果，享有“国宴佳果”的美誉；1986年12月，国家和省级30多名水果专家对廉江红橙进行品评，认为它是由嵌合体选育成的早产、丰产、稳产的优良红肉甜橙品种，达到了世界名优水果的4项标准（品种新、产量高、品质优、成本低）和3个品质（鲜吃、储运、加工）的要求，是国内外柑橙中的佼佼者；1987年，红橙培育工作获国家级科技进步二等奖。廉江红橙是我国唯一能与美国“新奇士”（又名金山橙）相媲美的橙类。1987年后，廉江红橙批量出口新加坡、马来西亚、俄罗斯、西欧等国家和地区。1993年在泰国举办的国际农产品展销会上，廉江红橙获金质奖。1995年3月，廉江市被首批百家中国特产之乡命名宣传组委会授予“中国红橙之乡”称号。廉江红橙于1995年、1997年、1999年、2001年在北京举办的农业博览会上，连续4届被评为名牌产品；1996年在南昌召开的全国水果会议上，被评为全国优质农产品，同年红橙培育与推广工作获国家农牧渔业部科技进步一等奖；2000年获得广东省无公害农产品认证；2001年获国家绿色食品A级认证，同年廉江红牌红橙获广东省著名商标；2002年获广东省名牌产品称号；2004年获国家红橙原产地域保护和国家红橙原产地标记保护；2006年获"中华名果"称号。廉江红橙深受国内外消费者的欢迎，畅销全国各大省市，并大量出口东南亚、中东、欧美等地区。

廉江市各镇红橙种植面积统计表

2017年12月8日

序号	种植地点	种植面积（亩）
1	车板镇	4436
2	高桥镇	5606
3	青平镇	17481
4	石颈镇	11506
5	长山镇	2769
6	营仔镇	4744
7	安铺镇	128
8	横山镇	3123
9	雅塘镇	3326
10	石岭镇	3144
11	新民镇	1090
12	石城镇	977
13	良垌镇	2521
14	吉水镇	814
15	河唇镇	560
16	石角镇	685
17	和寮镇	1109
18	塘蓬镇	1009
合计		65028

四、红橙的栽培工艺

廉江红橙从育苗到结出果实，不但要有得天独厚的阳光、积温和土壤，而且需经过选苗、改良土壤、合理施肥、科学用水、控梢和保梢、保花保果、预防裂果、防治病虫害8道特别工艺。

第一道是选苗。廉江红橙在种植时，要选择无病、健壮的苗木。优良的种苗具有嫁接口愈合良好、根系发达、须根多、叶色浓绿和老熟无病斑的特点。这对廉江红橙的育苗单位提出了严格要求，即在防虫网室内用容器进行育苗，以防黄龙病的传播。廉江红橙的种植规格主要以宽行窄株为原则，根据具体地形，山地果园宜密种植，坡地、旱田和土地肥沃的果园宜疏种植。廉江红橙一年四季都可以种植，一般春季种植成活率高，生长快。

第二道是改良土壤。廉江红橙种植前，要对园地进行选择。一般选择交通便利、阳光和水源充足以及有机质丰富的微酸性土壤进行种植，还要注意和感染病毒的老橙园保持2千米以上的距离，防止黄龙病的传播。对不同的地形，要做出不同的调整，如山地橙园要按等高线规划修筑好水平或内斜式梯田，梯田的两头要稍低些，以便排水；水田橙园要用深沟起高畦，以免大量积水伤根。种植前，要施足基肥，一般以有机肥为主。种植后，要逐年扩穴埋肥改土，3～4年全园要基本深翻改土完毕，达到肥沃、疏松、深厚的标准，提高土壤的保肥保水能力，为根系创造良好的生长条件和抗逆环境。

第三道是合理施肥。廉江红橙的幼龄树和结果树在施肥种类和数量上是有区别的。幼龄树以枝梢生长、扩大树冠和增加枝条数量为主，施肥要以氮肥为主，配合着磷钾肥和微量元素使用。结果树对养分的需求大，而结果越多需肥量越大，所以花期前在重施氮、磷肥的同时，要补充硼、锌等微量元素，以利于提高坐果率；生长发育期主要消耗钾和氮，所以要重施钾肥，适当施用氮肥。此外，在果实生长发育期间，不能偏施氮肥，如在幼果期，施氮肥过多会促进夏梢生长，引起果脱落；在果实膨大期，偏施氮肥会加剧裂果，导致推迟着色，果皮不光滑。总之，廉江红橙在施肥管理上必须遵循勤施薄施、有机肥和速效肥相结合的原则。

第四道是科学用水。生长季节保持园内湿润，抽梢期保证水分充足，秋冬季要适当控水，雨季要尽快排除积水，干旱季节及时补充水分，久旱后一次灌水不能过湿，以免干湿失调造成裂果。

第五道是控梢和保梢。控梢和保梢是提高产量的基本方法。廉江红橙橙苗定植后，全年放春梢、夏梢、早秋梢、迟秋梢共四次梢，第一次于二三月份放春梢，第二次于春梢老熟后（五月中下旬）放夏梢，第三次于七月上中旬夏稍老熟攻秋稍，最后一次攻梢在九月中旬，最迟在九月下旬至十月初前完成。第二年，进入挂果期的橙园全年放春、夏、秋三次梢。在整个过程中，对树冠歪斜、主枝方向不当的，可采用撑、拉、吊等辅助措施，培育成早结丰产树冠。[1]

第六道是保花保果。廉江红橙落花落果主要有两方面的原因。一方面是红橙自身原因导致，主要是栽培管理不良致使树体营养不足，花芽分化和花器发育不良以及畸形花多，或者春梢和夏梢过多，致使花、果争夺养分而造成大量落果。另一方面是外界因素影响，如花期遇上长时间低温阴雨天气、幼果期发生高温干旱干燥天气、病虫害严重等。针对以上原因，可以通过加强栽培管理、适时控梢保梢控水等工序来保花保果，以提高产量。

第七道是预防裂果。廉江红橙具有皮薄汁多的特点，这也使得它在种植的过程中容易出现严重的裂果。预防裂果，可以通过以下措施进行：加强土壤管理，提高土壤保水能力；注意灌水和尽可能避免土壤水分出现急剧变化，合理修剪使树体保持通风透气；适当增施钾肥，叶面喷施含钙、硼的叶面肥，及时防治病虫害等。

第八道是防治病虫害。廉江红橙的病害主要有毁灭性的柑橘黄龙病、细菌性的溃疡病和多种类的虫害等。在防治柑橘黄龙病上，主要有培育和栽种无病苗木，实行统一管理，保持树势健壮，定期对果园进行病树排查，一旦发现柑橘木虱或病树就要及时消灭，减少病原。柑橘溃疡病是一种细菌性病毒，主要危害红橙的叶、茎和果实，严重时造成大量落叶、落果和裂果。在防治上，首先，要加强植物检疫，防治种植有病苗木；其次，建立无病苗圃，培育无病

[1] 邓启君 . 廉江红橙栽培技术创新与推广［J］. 栽培技术，2016.03:64.

苗木；再次，加强栽培管理，冬季做好清园工作，春季做好修剪工作；最后，按树的不同成长期进行喷药保护。廉江红橙主要的虫害有潜叶蛾、红蜘蛛、蚜虫、粉虱等，可选择高效、低毒、低残留的农药进行防治。这些病毒在同一时期可能发生，因而要坚持以防治为基础、预防为根本、综合防治的方法。

第二篇

红橙的发展

吃廉江红橙时，在品尝的过程中感受“金黄”背后的“橙红”，便是一个个精彩而又耐人寻味的故事，无论是过去的，还是现在的。

一、改良橙的传说

廉江红橙的问世可以说是个偶然，但又并非偶然。说其偶然是因为它的起源无可查考，只是传说它因为一个“因缘巧合”的故事而诞生。说其非偶然是因为选育它的是改良橙，而橙子的口感依然还是柔嫩多汁，只是果肉的颜色由橙黄变成了橙红。

相传，在雷州半岛上有一条美丽的九洲江，河水清澈，河道弯曲，两岸绿树成荫。水流之处，冲积出了不少肥沃的平地。勤劳的橙农在河两岸种植了不少柑橙。冬去春来，春风又吹绿了九洲江，橙树花开，扑鼻的清香惹得橙农甚是欢喜。然而，有一年，一种极端气候改变了九洲江的平衡。一场大旱灾从春季持续到冬季，一年又一年，农作物连年失收，老百姓生活在水深火热之中。玉皇大帝看到雷州半岛上数年的大旱灾，同情老百姓的疾苦，于是派七仙女下凡治理旱灾。

沿江而下的七仙女看到一片橙林，便往深处走去，突然发现一位年轻的小伙子躺在一棵橙树下睡着了，嘴角不时地翘起，似乎在做美梦。顿时，七仙女心生好奇，就向小伙子轻轻吹了一阵风。

一阵风拂过，小伙子慢慢睁眼醒来，看到眼前这位美若天仙的女子，顿生爱意，便问：“姑娘，你从哪里来？你是干什么的？”七仙女说：“我刚好路过，想摘个橙子吃，不知你躺在这里。”“刚才我在为橙树浇水，太累了，想休息片刻，就睡了过去。不知是姑娘你来啊！”小伙子说。七仙女又问：“刚才你在梦里笑了，能跟我说说你做了什么梦吗？”小伙子不好意思地说：“我刚才做了一个美梦，梦到这片橙林挂满了橙子，一派大好丰收的景象。可实际上，我这片精心浇灌的橙林，不但橙子少，而且味道酸，这可愁煞我了……”

这时，一只小蜜蜂“嗡嗡嗡”地飞过，七仙女灵机一动：“我有办法了。”七仙女抓住一只小蜜蜂，将它与一棵橙树嫁接，说：“明年这个时候，这棵树将会挂满橙子，味道一定很甜。但你要精心呵护它，等到橙子都熟透了，你就把这棵树的橙子分给每家每户的橙农品尝，并叮嘱他们要把种子种下去。等到漫山遍野红橙飘香时，我会再来看你的。”说完，七仙女化作一条红丝带随风而去。相传，人们运气好的话，就会摘到寓意鸿运当头、吉祥如意的“红线橙”。

当然，这毕竟是一个传说。不过，这个传说至少可以说明廉江红橙的诞生是因为一个偶然的巧合。20世纪30年代后期，人们在福建省漳州东郊洪姓华侨的柑橘园中（今龙溪地区农科所）发现了一个甜橙品种——改良橙。这种橙子具有稳产、果大、经济价值高的优点，同时具有核多、在果实成熟期遇到雨天易发生裂果的缺点。因此，改良橙在福建兴起的同时，也给各大橙区带来了一个艰巨的任务，那就是橙子的“纯化”工作。

我们查阅各地甜橙主产区的文献资料，发现不少关于改良橙一脉相传的记载。关于它的起源有两种说法：一种认为是印子柑（即柳橙）和红橘（漳州红橘）种间有性杂交种，另一种认为是印子柑（接穗）和红橘（砧木）嫁接产生的嵌合体，多数专家认为这种说法比较可靠。[1]新中国成立前，改良橙已被引入广州附近地区种植；20世纪50年代初，广西桂林园艺站从广州地区引进新会橙和改良橙进行种植。1958年，廉江成立了以种植柑橘为主的红江农场，建场之初，由于缺乏柑橘种苗和栽培技术，该场的工作人员不得不到广西桂林园艺站引进甜橙类（新会橙）种苗，正是在这次种苗引进中挟带着一株近似但本质又不同的品种，这一株"新会橙"的种苗就是改良橙。从此，改良橙进入了廉江，经过钟家存等技术人员的发现、培育和提纯，成就了今天的廉江红橙。

二、钟家存：廉江红橙的发现者

钟家存，1959年毕业于广西钦州农校，同年，被分配到广东省廉江县红江农场当技术员，后任粤西农垦国营红江农场副场长，被授予"全国五一劳动奖章""全国优秀科技工作者""广东省有突

[1] 福建漳浦大南坂农场金岗山作业区．福建的改良橙[J]．柑橘科技通讯，1976:1.

出贡献科技工作者”等荣誉称号，一直致力于柑橙研究，于1971年发现了“特别好吃”的红肉型甜橙，后又在廉江红橙的发现以及纯化工作中作出了特殊贡献，故被认为是廉江红橙的发现者。

第一代橙园建于1972年。这年春天，钟家存在一棵结有“特别好吃”的橙树上剪下100多条芽条，嫁接了708株，种植在十九队长坡、榕树坝橙园，占地7.605亩。因受到“文化大革命”的影响，这代橙树几经波折，到1976年才投产。令人惊异的是，这些橙树结出的橙子，有的是红肉，有的是黄肉，有的是一半红肉一半黄肉。

第二代橙园建于1977年。根据第一代廉江红橙结出不全是橙红色果肉的状况，钟家存查阅有关资料，寻找防止劣变、促进优变的方法，以提高纯橙红果肉的比例，使红橙成为一个遗传性状稳定的优良品种。经过仔细观察和认真鉴别，他从第一代廉江红橙植株中，选出结果多、变异果少的33棵树作为母树，剪下6000多条芽条，嫁接了25500多株。这批嫁接苗先后出圃，分别种在4个生产队的橙园中，占地面积400.05亩，这代橙园到1980年才正式结果。

第三代橙园建于1980年。钟家存建立了50亩红橙苗圃。如果按每亩3000条芽条计算，共剪下15万条芽条，而15万条芽条必须有1000多棵母树。这1000多棵红橙母树是从第二代橙园25500多棵橙树中一棵一棵地鉴别，最终挑选出来的。培育的这代红橙种苗有4.9万棵。

第四代橙园建于1983年。钟家存等人在10405亩土地上，种上了75.9万棵廉江红橙。1986年12月，一批柑橙专家来到红江农场，对廉江红橙进行技术鉴定。其中，有一位教授给出了这样的评价：“由嵌合体选育成一个稳定的优良甜橙品种，这在世界上还是第一次。”最后，专家们一致认为红江橙是一个早产、丰产、稳产的优良红肉型甜橙品种，并当场在鉴定书上签下名字。

经过专家的技术鉴定，廉江红橙的品质得到了进一步的肯定，但它在国际市场上的销售情况没有明确的数据。1987年初，钟家存和场长魏华喜等人亲自到国际市场考察了一番，结果喜忧参半。可喜的是廉江红橙在新加坡的市场上以每10千克16新加坡元的价格出售，相比美国金山橙高出2新加坡元，比澳洲橙高出4新加坡元。可忧的是中国作为柑橙的故乡，这两年在新加坡露面的中国橙只剩下廉江红橙了，在销售量上远远低于其他橙类，如在新加坡市场上，美国橙子占了总销量的53.33%，而中国橙子仅占2.53%。于是，钟家存暗下决心：加快廉江红橙的繁殖与推广，使廉江红橙成为中国出口水果的拳头产品。

为了实现这一目标，钟家存等人考察回来后，做了两件事。

第一，建立第五代橙园，紧抓廉江红橙的育苗工作。他亲自主持建立了600亩种苗基地，先后培育了400多万株廉江红橙种苗，向各地提供了260多万条芽条，加快了廉江红橙的推广工作。

第二，总结经验，推广廉江红橙的栽培技术。钟家存把自己多年来对廉江红橙的研究，总结提升为一系列的科研成果，如发表《红江橙栽培技术》《促进柑橘幼龄树早结丰产的栽培体会》等10多篇论文。其中，《红江橙品种的选育与推广》发表于1987年《中国热作科技》第三、四期；《红江橙高产稳产栽培技术》在1993年获得农业部丰收计划奖。为了推广廉江红橙的栽培技术，钟家存除了在柑橘交流会上推广之外，还先后给广东、广西、海南等省八所大专院校的700多名实习生传授廉江红橙的育苗、种植、管理等方面的技术，指导他们进行田间实践；给来到农场参观学习的橙农介绍廉江红橙的种植经验，解答他们提出的技术问题。此外，他还多次到外地单位举办廉江红橙栽培技术培训班，为廉江红橙的推广种植培养了大量的技术人才。

令人惊喜的是，无核或少核的廉江红橙经过15年连续4代的初选和复选，终于培育成功了。广东省科委于1993年12月1日在华南农业大学召开的鉴定会上，通过了无核或少核的廉江红橙成果鉴定，并把这两株廉江红橙分别命名为无籽华青一号（8-25-4）和少籽华青

廉江岭南红橙基地

二号（10-17-5）。相比以前廉江红橙种子特别多（平均达20粒）的情况而言，现今的廉江红橙具有无核或少核的特点和生物性状稳定的优点。

漫漫橙路，充满着惊喜而又极富挑战。从1971年发现世界上第一棵红橙植株到1990年第五代橙园投产，廉江红橙经过钟家存等技术人员二十多年的精心培育，其红肉果比例由89.41%提高到第五代的99.64%，这说明第五代廉江红橙的无性后代遗传性基本稳定。随后，钟家存又专心投入到廉江红橙的高产、优质栽培的研究中，探索提高廉江红橙商品出口率的技术措施，期待着新的辉煌。

三、"模范农场"：红江农场的曲折发展

据县志记载，廉江市种植柑橙已有上千年的历史。在20世纪初期，河唇镇的良塘、横窝、风梢等地种植的柑橙就远近闻名，远销到港澳地区。新中国成立后，由于人民政府重视水果生产，柑橙业发展迅速，主要表现为柑橙的种植面积由几百亩发展到1952年的1250亩，柑橙的产区也由鹤地水库上的太平柑橘场迁移到国营红江农场。该场于1958年在太平柑橘场（原名"廉江县柑橘苗圃场"）的基础上建立。这个"模范农场"自建立之日起，几经更名，历经

波折，见证了廉江红橙的曲折发展。

第一阶段：属县级主管经办的柑橘场时期（1958.4–1963.4）

1958年4月，沿用太平柑橘场的原名——廉江县柑橘苗圃场，引种甜橙种苗，主要是新会橙。

1958年8月，农场改名为廉江县跃进苗圃场。

1959年6月，湛江地区将廉江与遂溪、海康三县合并为一个大县，称为雷北县，因而场名随之改为雷北县青平柑橘场。

1961年1月，因雷北县改称雷州县，所以场名又更改为雷州地方国营青平柑橘场。

1961年6月，由于大县解体，所并各县全都恢复原名，于是场名改称为地方国营廉江县青平柑橘场。

第二阶段：属省厅主管的青平农场时期（1963.4–1966.6）

1963年3月23日，时任广东省委书记的陶铸同志亲临该场视察，对此地发展柑橘事业产生了良好印象，同时了解到当时办场的困难。于是，特与地、县领导商量决定，将场移交省办，并于同年四月份交由省农垦厅农场直营局主管，场名也由此改称为国营青平农场。

第三阶段：属转农垦系统主管的初期（1966.6–1969）

1966年初，广东省在湛江地区召开了一次全省水果会议。在会议上，省、地两级为扶持一些农场的发展，决定将一些有发展前途的农场交由农垦系统直接领导和管理，当时的国营青平农场也在接纳范围之内。同年六月，农场交由湛江农垦局接管，场名更改为我们熟知的广东省国营红江农场。

第四阶段：属军事管制的兵团管辖时期（1969.4–1974.10）

这一时期，由于政治原因，生产秩序被打乱，农场处于濒临瘫痪的状态。鉴于这种情况，农场在1968年9月6日成立了红江农场革命委员会，另外还采用了军事管制措施，以防乱局失控或继续。到了1969年4月，军管小组继而发展进入整个农垦系统的军事管制期。1969年10月1日，农场取消红江农场革命委员会，成立中国人民解放军广州军区生产建设兵团第八师第十五团，场名便使用军队的番号，简称“八师十五团”。

第五阶段：重归农垦系统，恢复农垦时期（1974.10–至今）

1974年兵团体制撤销后，又开始恢复农垦的管理体制，此时场名恢复为广东省国营红江农场。这时期的廉江红橙被大量种植，结出的橙子不但优质，而且远销外地。在1983年与1984年，农场为了适应经济改革的需要，曾将场名改为经营性的红江农工商联合企业公司，在对内对外的一切文件往来和经营活动中公开正式地使用了一年多。1986年后，此名停止使用。

2013年5月，根据湛江农垦局的统一部署，去掉原名称中的“国营”二字，正式更名为广东省红江农场。

从5个阶段的更名中，我们可以看到红江农场曲折的发展道路和艰苦探索的历程。此外，红江农场是中国柑橘种植技术创新与进步的基地，更是培养柑橙农艺师的摇篮。

四、红江橙与廉江红橙的区别

廉江红橙原是生长在广东省红江农场内的一种柑橙，因优质的土壤、充足的阳光和适合的水分而造就了独特的品质。它的外形圆小、皮薄光亮而有油质感，果肉橙红而柔嫩多汁，味道甜酸适中，具有独特的蜜香。若加点儿盐中和红橙的酸性，口感更好；若蘸点辣椒盐吃，更有味道。因此，人们纷纷称赞："吃这种橙真是甜到心里去了。"

红江橙以优质的口感、独特的风味征服了无数人的味蕾。红江橙被摆上国宴，被誉为"国宴佳果"。此后，红江农场每年都供给北京钓鱼台宾馆红江橙，用于招待外国宾客以及礼品馈赠。

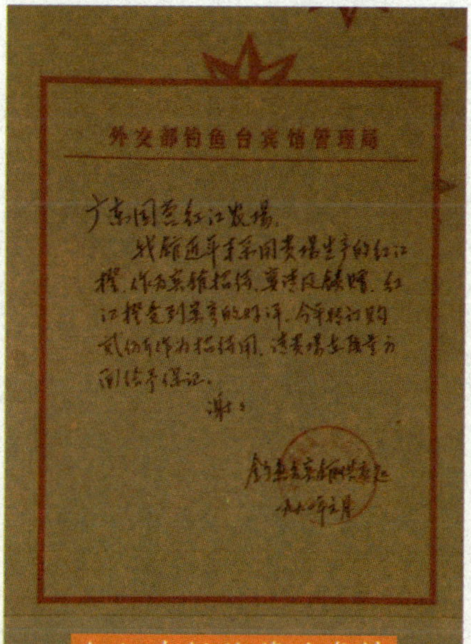

外交部钓鱼台宾馆管理局

广东国营红江农场：

我馆近年来采用贵场生产的红江橙，作为宾馆招待、[illegible]。红江橙受到宾客的好评。今年将[illegible]作为招待用，请贵场在[illegible]方面给予保证。

谢谢

[illegible]

[illegible]

红江农场收藏的资料

随着五代橙园的建立，红江橙的种苗迅速繁殖，加之栽培技术的大力推广，红江橙的产区早已像涟漪一样向周边地区荡漾开来。与此同时，与红江农场接壤的广东化州、广西南宁等地也有仿种的红江橙，甚至出现了假冒红江橙嫁接芽条的行为。作为原产地的廉江市为了保护地方资源性产品，开始着手组织商标注册。但由于当时体制的原因，廉江红橙分别由国营红江农场和廉江市水果企业集团公司注册了两个品牌，一个是红江牌，另一个是廉江红牌。[1]这两个品牌虽然都是以廉江境内为注册地，但在口感上略有区别，于是就有了正宗和名门之分。

红江橙之所以为正宗，是因为它产自红江农场。该场横跨广东省廉江市、遂溪县两市县，位于粤桂两省交界处，南距北部湾13千米，西距广西北海市130千米，东距湛江市80千米，东北距黎湛铁路廉江站50千米，325国道贯穿该场的东北部，与广西博白县和合埔县唇齿相依，道路四通八达。

此外，该场地形属低丘陵台地，海拔高度为15米～27米，相对高度为6米～10米，坡度平缓，多为3度～6度。全场93%的土地为风化而成的红沙壤土，结构良好，保水保肥性能适中，年均气温为22.92℃，年均降雨量为1546.29毫米，相对湿度为80%～85%，大于10℃的有效积温为4715.3℃，年日照时数为1873.3小时，具有得天独厚的柑橙种植自然条件。

因此，红江农场生产的红江橙具有果大型好、皮薄光滑、果肉橙红、肉质柔嫩、多汁少渣、甜酸适中的特点，风味最独特，具有无可

[1] 陈汉能．红江橙“一品多牌”弊端分析与名牌战略探讨［J］．中国热带农业，2007（2）:20.

红橙

比拟的口感。红江农场以外的橙区，如青平、高桥、车板、营仔、石岭、雅塘、石颈、长山、良垌、河唇、石城等地运用红江橙栽培技术所种植的红橙则被称为廉江红橙或名门红橙。

五、廉江红橙的起落

廉江红橙自诞生之日起，就深受人们的喜爱，产品畅销全国各大省市，并大量出口东南亚、中东、欧美等国家和地区。1986年，廉江红橙被品评为嵌合体选育的优良红肉甜橙品种，具有早产、丰产、稳产的特点，达到了世界名优水果的标准和品质要求，是国内外柑橙品种中的佼佼者。从1986年起，廉江人开始大面积地种植廉江红橙，种植面积由3.8万亩增长至9.8万亩，再到高峰期的13万亩以上，每年都以成倍的速度快速增长。但是在20世纪90年代，廉江红橙在自己的出生地——红江农场，却因柑橘病虫害的传播而面临生产滑坡，直接表现为种植面积大量减少，由1992年的12.2万亩减至1993年的6.1万亩，1996年减至1.4万亩，1997年减至1.1万亩。

廉江红橙的生产由高峰跌入低谷，其原因是多方面的，但根源在于人们对廉江红橙的生产缺乏科学认识。当廉江红橙大面积地种植时，人们没有对种苗的质量进行严格把关，存在多家育苗、管理混乱和资金不足等问题，加之没有配套的防虫防病措施和检疫系统，无形中种植了大量带病虫种苗，为日后埋下了病根，最终引发了黄龙病的大面积爆发。由于人们对黄龙病的危害性认识不足，对病树未能及时、坚决、彻底地进行处理，对黄龙病的传播及清除其间寄生植物防治措施不得力，造成了廉江红橙更大面积的黄化。

黄龙病，又叫黄梢病、黄枯病、青果病，是靠柑橘木虱传播的柑橘毁灭性病害，也是我国柑橘产区特别让人关注的一种恶性病毒，犹如“癌细胞”，因其传播蔓延的速度非常快，故又被称为“柑橘癌症”和“柑橘艾滋”。黄龙病有两个特点：一是极易传播。柑橘木虱是柑橘类新梢期的主要害虫，也是柑橘黄龙病的传播媒介，成虫多在病树嫩梢产卵，孵化出若虫后吸取嫩梢汁液，长大后的带菌成虫会飞到新植株上传播黄龙病。二是无药可治。黄龙病被认为是由一种限于柑橘韧皮部内寄生的革兰氏阴性细菌引起的，以柑橘木虱为传播媒介，通过嫁接、种植等方式进行传播。目前，世界上的柑橘属植物都会感染该病毒，感染后的植株不但不能产生经济效益，而且会在几年内逐渐衰亡，只能砍除。

黄龙病爆发后，廉江红橙的生产日渐式微。橙农陈大叔痛惜地说：“我的橙园原来只有几棵橙树出现黄化，当时看到它的长势还好，况且，红橙正好进入丰产期，舍不得将其挖掉。没想到还不到一年，整个橙园大概有三分之一的橙树都黄化了。如果当时有良好对策，就不至于损失那么大了。”眼看曾经畅销国内外市场的廉江红橙即将面临毁灭，人们无不忧心如焚。出于一种保护和发展廉江红橙的使命，廉江市农业局的科技人员成立了一个研究团队，从1992年开始集中精力搞红橙无病毒种苗培育工作。

为了早日战胜黄龙病，他们采取了积极的应对措施。一方面主动走出去学习，参观全国各地的育苗区和产区，学习别人的经验和长处，并与中国农业科学院柑橘研究所、广东省农业科学院果树研究所、华南农业大学园艺学院等科研部门进行合作。另一方面，他们深入钻研资料，不断寻找红橙无病毒种苗繁育的良方。期间，他们拿到了广东省农业科学院果树研究所吴绍彝研究员的一套资料——《优良株系保育计划》（美国研究所著），进行深入的钻研。在研究过程中，他们围绕着一个问题——“为什么别人是那样做的，我们却是这样做”，反复思考，终于找到了答案：别人那样做是基于保护优良品种，对最好的株系进行保护，不让其遭受病毒侵害，也不让其感染病毒，以优良的母株繁殖健康后代，而我们所选种的种苗已感染了病毒，应该从脱毒入手，筛选出无病毒的母株，才能进行保护和繁育廉江红橙的种苗。

对黄龙病有了更进一步的认识，科技人员提出，要培育可靠的红橙无病毒种苗，第一步要获得可靠的无病毒母株，母株的获取可用茎尖嫁接的方法进行脱毒处理，经病毒测定彻底脱去病毒源后才能作为母株登记使用。母株获得后，要保存在封闭的防虫网室内，以单株系的形式登记和繁殖，之后要选择优良的母株进行快速的繁殖以形成采穗圃，为田间种苗的大量繁殖提供充足的接穗。大田繁殖要在自然隔离保障和配套网室隔离的环境内进行，砧木种子播种前要用热处理和药物处理的方式杀死危害性病源。在自体内无病毒源、在种苗培育中无再感染两大条件保证的前提下，才能培育出真正的无病毒红橙种苗。有了正确的方向，他们就脚踏实地干起来，克服在前进中的种种困难，终于把无黄龙病的苗木培育出来，并建立了国内一流的完整的红橙无病苗生产体系。

红江橙无病毒种苗的推广要配套相应的技术措施，才能充分发挥其生产效益。第一，选择合适的种植地。种植地既要考虑地形、土质、肥力、水源、交通等条件，又要选择远离带病果园的无病源区。第二，加强田间管理，改革栽培方式。无病苗生长快、产量高，因而要加大施肥量才能保证无病苗的健康生长，同时要改革传统的栽培方式，推行“二增二缩”的新方式。“二增”即是增加肥水及资金投放量；增加种植密度，由亩植40株增加到60～80株，甚至120株。“二缩”即是缩短营养生长期，由3年缩短为1.5～2年；缩减投产的经济收益期，将过去设定的20年收益期缩减为10年左右，这样有利于及早收回投资，减少风险，并利于品种的更新换代。

在廉江市委、市政府下达红橙无病毒种苗繁育基地的建设任务后，科技人员积极开展红橙无病毒种苗培育工作，在实践中进行一系列创新，现建成省内最好、国内一流的工厂化柑橘育苗体系，实现了年培育20万株红橙种苗的目标。2008年，他们负责的“柑橘良种无病毒繁殖体的建立与推广”项目，获广东省农业技术推广奖一等奖。无病毒种苗培育增强了果农的信心，2015年，廉江红橙的种植面积达到4.75万亩，投产3.8万亩。

廉江市的市委、市政府和有关部门高度重视，采取了一系列恢复廉江红橙生产的措施。首先，恢复了廉江红橙领导小组，加强领导，做好协调工作，并拨款建立红橙苗繁育中心和200亩红橙生产基地，规划青平、高桥、雅塘、石颈、长山、塘蓬、石岭为恢复、发展红橙重点镇。

其次，把廉江红橙作为参与国际市场竞争的拳头产品来抓，重塑红橙品牌。先后组织有关科研单位的专家对红橙进行了黄龙病脱毒攻关，并投资100多万元建立无病红橙苗圃基地，抓好无病橙苗繁育和种苗提纯工作，加强橙园管理，强化红橙的品牌意识。

最后，加大黄龙病的防控力度。廉江市农业局一位高级农艺师说："我市技术人员已取得了红橙无病毒种苗培育的科研成果，我们应利用好这一新优势，在全市实行红橙苗木生产的无病毒化，把好红橙生产第一关。其次，要更好地吸收和应用红橙的生产管理技术，才能有效地控制黄龙病。"也就是，只有防治黄龙病，才能恢复和发展红橙生产。相关人员对廉江市的红橙生产进行调查摸底，并对现有的红橙分类管理：橙园黄化率达50%以上的，彻底淘汰改种；黄化率在10%~50%的，重修剪、挖除病树；黄化率在10%以下的，挖除病树，补种无病苗，并加强田间管理，增施有机肥，及时彻底地防治木虱等传媒昆虫，清除已感染的植株，确保健康橙树的正常生长。

为了进一步恢复和发展红橙产业，2007年，廉江市政府再次拨出专款40万元，由市农业局在开发区和吉水镇各建一个无病红橙种苗培育基地，为果农提供具有生产许可证、质量合格证、检疫证的种苗。此外，市农业局的专家提供跟踪服务，做好技术指导，做好保障。

廉江市政府的专用资金主要从四个方面扶持廉江红橙生产：一

是扶持建立两个无病红橙育苗点，每个点补助20万元；二是奖补农民种橙机耕费，5～9亩每亩奖补100元，10亩以上每亩奖补150元；三是奖补农民无病橙亩每株1.5元（每亩60～70株）；四是对种橙大户给予倾斜扶持。

在廉江市委、市政府的高度重视以及社会各界的关怀下，廉江红橙逐渐恢复生产，焕发出新的活力。但据最新数据显示，2016年红江农场的黄龙病发病率控制在10%左右，这意味着黄龙病仍然存在，随时可能复发。因此，要确保“名、优、特、希”的廉江红橙健康发展，就要从源头上管好苗木，切断虫害的传播媒介，科学规划种植，努力做到防患于未然。

第三篇

红橙飘香

“走长江看珠江，最美最美还是故乡九洲江，谁种下星星就长出月亮，谁种下月亮就长出太阳……”九洲江流经之处，便是橙香飘动的地方。悠悠橙香，氤氲了心灵，也给心灵插上了飞翔的翅膀。循着那一缕缕橙香，摘红橙，选红橙，吃红橙，品红橙……

一、摘红橙

九洲江畔扎根深，

一树红橙一树金。

肉嫩清甜惊四海，

五洲宾客竞追寻。

这是梁族南先生专门为廉江红橙撰写的一首赞美诗。而他担任廉江县农委副主任时，正是廉江红橙远近闻名的时期。

金秋十月，红橙飘香，各地游客纷至沓来。在廉江朋友的热情指引下，他们走进满是金黄橙子的果园，摘下一个个红橙，亲身体验丰收的喜悦。当橙红色的果肉与鲜红的土壤交汇时，一段良“橙”美景便在这里蔓延开来……

“肉质鲜嫩，皮薄多汁，酸甜适中，这是我第一次吃到这么新鲜美味的廉江红橙！”这是不少来自湛江、茂名、广州、珠海、中山，以及广西、湖南、海南等地的朋友来廉江摘红橙时最真切的体验。

2015年12月12日，广东省红江农场举办了别开生面的“正宗红江橙开摘仪式”。各橙园里彩旗飘飘，每个人脸上都洋溢着甜蜜的笑容。人们摘红橙、品尝红橙的同时，还可以听“廉江红橙的发现者”钟家存兴致勃勃地讲红橙故事。这个仪式规模不大，但意蕴深远，标志着红江橙产业顺利进入恢复期，意味着“橙者归来”。

“一年好景君须记，正是橙黄橘绿时。”在这个橙子黄了、橘子绿了的时节，除了摘到最新鲜的廉江红橙之外，人们还可以听到最真实的橙农故事。青平镇有位热情开朗的橙农，人们都叫她李大姐，她种植的廉江红橙果大型靓，味道纯正，甜中带酸，令人赞不绝口。如果配上李大姐独家配制的辣椒盐食用，其口味更是一绝，让人回味无穷。李大姐种出优质红橙的背后，凭的是她对红橙几十年如一日的执着。在20世纪80年代初，她看到红江橙在香港试销成功后，便开始种植廉江红橙。后来，她和丈夫到廉江一些镇承包土地，专心种植廉江红橙。每天，他们起早贪黑地精心管理橙园，苦心钻研技术，一边学习，一边实践，慢慢掌握了廉江红橙的种植、管理和育苗等技术，成为廉江红橙种植的“土专家”。为了防治黄龙病，他们还建起了自己的橙苗育种场，这既满足了自己扩种红橙的需要，又能给其他果农供应优质种苗。

李大姐种植出了优质红橙，但价格卖得并不理想。于是，她就开始学习如何卖橙子。她看到满街的红橙都是一个样，自己的红橙怎样才能与别人的区别开来呢？“给咱们的红橙起个名字吧，就叫‘李大姐’。”李大姐夫妇给自己种植的廉江红橙起了名字后，请专业人士拍摄自己的红橙和果园，将之做成广告招牌，安放在各闹市路口，还在包装纸箱上印上“李大姐”的标记。不久，廉江人记住了“李大

红橙佳人

姐"，外地人也认识了"李大姐"。

因廉江红橙的味道独特，每年来橙园摘橙子的回头客越来越多，而且橙子逐渐远销福建、浙江、香港、上海、北京等地，有的还出口到新加坡、泰国等国家。此外，很多种植户看到廉江红橙的市场前景可观，就不断扩种红橙，有的达到成百上千亩，一边种橙，一边卖橙，做到了自产自销一体化。

浓郁的橙香飘溢四方，满园的红橙金灿夺目，枝头流金，一派丰收的喜人景象。十月初，青绿的廉江红橙就开始"抢鲜"上市了。这时的橙子一般水分比较多，果型比较靓，虽然颜色较绿，但吃起来的口感是甜中带酸，鲜味十足，既能满足人们尝鲜的需求，又能愉悦人心。廉江红橙的初熟期是十一月上、中旬，品质最佳的采收期是十一月下旬和十二月上、中旬。采摘优质的廉江红橙也有很多小技巧，如长在树顶的红橙更甜，因为它受到的日照时间更长，积累的糖分更多；用剪子摘红橙，可摘得更快，且红橙更耐藏，因为果蒂对红橙具有保鲜作用，如果用手强拉硬扯易拉脱果蒂，这样的果实存放不久就容易腐烂；采摘红橙时要轻拿轻放，选择内壁光滑的果篓，以免伤果。

二、选红橙

廉江是我国最大的红橙生产基地，因其独特的土壤、气候条件和精心的栽培技术，造就了色香味俱备、享誉国内外的廉江红橙。廉江红橙带来了巨大的经济效益，引起了各地销售商的关注。有些商家为了谋取更多的利润，纷纷以异地橙子冒充廉江红橙来高价出售。面对假橙当道的尴尬局面，我们如何挑选正宗的廉江红橙呢？

一看果型。俗话说："高身橙，扁身柑，光身橘。"这句话是说橙子并不是越圆越好吃，而是橙身越长越好吃。廉江红橙的果实大小均匀，一个拳头那么大，单只果实重150克左右，三到四只橙子就有一斤重，因而在挑选时可以选个子适中、直径为5～7厘米的橙子，且果型稍小而狭长的橙子则更加甜。

二观色泽。廉江红橙的果皮光滑圆润，细纹较漂亮，底部有较模糊、范围较大的圈圈，但缺乏光泽，略显粗糙。在挑选廉江红橙时，我们要识别染色橙子。一般染色的橙子比较光滑、发亮，用手摸会有一种发粘的感觉，仔细观察橙子的肚脐可以辨别出来。此外，新鲜的廉江红橙果皮颜色看起来是鲜艳的，如果放置一段时间后，它的颜色就会有些发暗。

三捏橙皮。挑选廉江红橙时，手感也很重要。如果感觉果身坚硬，就是好果，橙肉粒粒饱满。如果果皮比较薄，捏起来富有弹性，则水分较多。如果果皮软软的，则不要选，有可能不新鲜了。

四选小脐。真正皮薄多汁的廉江红橙，橙脐是比较小的，而橙脐比较大的，大部分是杂交花粉后产生的半白半红的橙子。

五品橙味。颜色较红的橙子，说明已经比较成熟，口感会较甜。廉江红橙最独特的味道就是它肉质柔嫩，入口即化，甜中带酸，充分成熟时还带有一股蜜香味。

此外，我们还可以通过比较几种橙子的特点来准确地识别廉江红橙。

1. 化州橙

化州橙的顶部圆钝，顶端平，柱痕微凹，无印圈；果面为橙黄色，较粗糙，果皮厚，较易剥离。吃起来的口感是果汁多，肉脆渣略多，甜酸适中或略偏酸，具香气。

2. 广西甜橙

广西甜橙的果较大，皮较厚，较光滑，整个橙身颜色一致，黄中带红，外观较好；渣多耐嚼，甜味淡，果囊瘦小，橙味淡，结构单一；果汁较少，可食率在65%以下。

3. 廉江红橙

廉江红橙的果较小，皮较薄，成熟后金黄带橘红；果囊饱满，细腻柔嫩，橙味较重，有蜜香；果汁很多，果渣很少，可食率在75%以上。

根据常识，我们知道橙子并不是越光滑越好。经过“美容”之后的橙子非常光滑，几乎没有破孔。在购买之前，我们可以用白色餐巾纸（最好是湿纸巾）在橙子表面擦一擦，如果是上了色素，一般都会在纸上留下颜色。还有，这种橙皮不能直接泡水饮用，因为上面一般都有很难用水洗净的保鲜剂。

三、吃红橙

当红橙飘香时，四面八方的亲朋好友为橙而来。在廉江市，廉江红橙旅游文化节开幕时，几乎所有的人都会慕名前来，然后做着同样一件事——吃红橙。俗话说：“民以食为天。”2015年，粤西农特产品电商品牌“越喜乡礼”联合廉江人网，在百信国际广场举办了别开生面的“廉江千人吃红橙，挑战吉尼斯纪录”活动，创造了廉江乃至粤西地区最多人同时吃橙子的纪录。全场挑战者高举手中的廉江红橙，高喊“廉江千人吃红橙，挑战吉尼斯纪录”！

其实，廉江红橙的吃法有很多，除了用刀将红橙切为四瓣、六瓣或八瓣直接剥皮吃之外，还有一种廉江当地的特殊吃法，那就是将切好的廉江红橙蘸着辣椒盐吃，这对于没有完全成熟的廉江红橙来说更是美味。因为辣椒盐中和了红橙的酸味，蘸着辣椒盐的红橙就带有辣椒盐特殊的咸味与辣味，吃起来的味道更是一绝。

不少营养学家尤其是医学界人士对廉江红橙推崇备至。因为它具有抑制多种癌症发生，减少胆结石发病率，行气化痰，健脾温胃，助消化等功效，所以医生常常建议人们要多吃红橙，对身体有好处。

廉江红橙是广东省的名优水果，在山水福地的廉江深深影响了廉江水果文化40多年。徐沛东先生和郑南先生有感于此，特意为廉江红橙创作了歌曲——《我的九洲江》。在第七届廉江红橙节上，廉江人特别邀请了著名歌唱家宋祖英来廉江吃红橙、唱歌曲。平易近人的宋祖英来到廉江，对红橙很感兴趣。“嗯……好吃！”红橙刚放到嘴边，她就情不自禁地惊叹，并羡慕地说，“廉江人多有福气啊！”说完又埋头吃起来，一口气吃了好几块。

谈到《我的九洲江》，宋祖英忍不住又把歌词念了一遍，并陶醉在歌词描绘的美景中：“走长江看珠江，最美最美还是故乡九洲江，谁种下星星就长出月亮，谁种下月亮就长出太阳，昨天的村庄长成了都市，今天的新街连起了海洋……”

俯瞰廉城（罗斯文摄）

我的九洲江

曲：徐沛东　　词：郑南

走长江看珠江\最美最美还是故乡九洲江\谁种下星星就长出月亮\谁种下月亮就长出太阳\昨天的村庄长成了都市\今天的新街连起了海洋\来……来……来……

谁在这里\栽下爱情树\一棵就长成新郎\一棵就长成新娘\谁

市歌《我的九洲江》拍摄现场

在这里\栽下爱情树\一棵就长成新郎\一棵就长成新娘\天圆圆地方方\最甜最甜就是要数家乡九洲江\两岸的红橙红到我身旁\四季的和风香到你的梦乡\彩虹拥抱小康的风光\浪花追逐明天的希望\来……来……来

谁在这里摘到如意果\你就会天天如意\你就会年年吉祥\谁在这里摘到如意果\你就会天天如意\你就会年年吉祥

啊\我的九洲江\我的幸福江\长长久久\久久长长

四、品红橙

“廉江红橙甜又香，丹黄外表里金光。盛名迎来四方客，留恋橙海忘还乡。”这首诗是陈奇盈先生为廉江红橙而作，写于2002年10月15日北京人民大会堂推介会上。如今，人们对廉江红橙的由衷赞美也很多。如笔名三水斋的诗人在红橙园中拍摄了不少廉江红橙的作品，第二天一挥而就写下了《人间仙桃觅，最是红橙圆》的狂草。

人间仙桃觅，最是红橙圆

过往九洲江，谁知细雨绵。双峰云气绕，沙岭曳寒烟。

满目金环灿，氤氲挟翠涟。闲心天地摄，天地摄无边。

欲语乘风去，瑶池集庆筵。琼浆添玉树，天上尘寰延。

不老青山在，穆王汉帝悬。尔来山水秀，鹤地鹤盘旋。

多少风和雨，雷鸣半岛湮。人间仙桃觅，最是红橙圆。

跋：晨往红江，云青青霏微。待到果园，雨歇别情一番。红橙树不高，却是人间仙桃。举目欣欣摄，啖橙之惬惬，遐思不已落叶。归来望摄，不觉成吟。红橙节后，癸巳冬至前九天，三水斋湛日发于鸡咀山。

暨南大学伍巍教授到廉江采风时，为廉江红橙即兴创作了一首《赴廉江红橙园观果》。

赴廉江红橙园观果

甘将碧绿献于冬，不到霜凌不坠红。
唯有知音相恨晚，一婷玉树俏临风。

诗人温捷香对廉江红橙更是情有独钟，曾写下一篇深情的《廉江红橙赞》。

廉江红橙赞

粤西廉江，骆越故属，罗城旧地。踞华夏大陆南端，扼雷州半岛北缘，得名于廉水，驰名因红橙。余观红橙，金玉其貌，浏漓独出，喜庆吉祥，德性极佳。不计工拙，吟成此诗。

廉江有红橙，丽质负盛名。经年枝叶茂，果实岁晚成。
放眼林密处，祥云笑相迎。惠风送馨香，飘摇入太清。
手捧如日月，丹心献赤诚。唇齿长留韵，舌底有泉鸣。
生津健脾胃，力透精气神。此物堪持赠，国宴亦足珍。
声名千万里，求者满门庭。前贤多颂橘，余今却赞橙。
石城扼津塞，廉水毓钟灵。万年红土地，造化一红橙。
天生高格调，德性本率真。表里无华躁，尽扫世风尘。
浓情红胜火，烈焰照天庭。此乃吉祥物，与汝共康平。

山清水秀的廉江造就了廉江红橙独特的品质，而喝着九洲江水长大的廉江人对廉江红橙有着极深的感情。廉江红橙金黄的果皮，象征着财富和收获；橙红色果肉，象征着红火和热情；内外圆融，象征着和谐和圆满。廉江红橙只有生长在廉江，才能达到色香味的极致，象征着廉江的水土上好。嫁接于广西的红橙能反客为主，成为超颖脱俗的廉江红橙，象征着廉江的包容和开拓。这才是廉江红橙真正的文化精神所在。

第四篇

红橙的别样价值

廉江红橙归属芸香科植物，性味凉、甘、酸，主要功用是生津止渴、和胃健脾，具有别样的药用价值、美容功能和商业用途。

一、红橙的药用价值

廉江红橙，性凉，味甘，甜中带酸，适合大多数人食用，是深受人们喜爱的甜橙品种之一。在紧张而繁忙的工作之余，卸下沉重的心灵包袱，气定神闲地品尝一个廉江红橙，既可以享受它带给你的芳香与闲适，又可以让你在不经意间轻而易举地获得一份健康。这种橙红色的果肉果汁能使你的身心远离疾病的危险，远离亚健康的困扰，它具有特有的药用价值，是名副其实的“疗疾佳果”。

李时珍在《本草纲目·果部第三十卷》中对橙子的功效进行了详细的说明。

1. 肉

【气味】酸，寒，无毒。士良曰：暖。多食伤肝气，发虚热。与肉同食，发头旋恶心。时珍曰：乃水獭之属也。诸家本草皆作槟榔，误矣。

【主治】洗去酸汁，切和盐、蜜，煎成贮食，止恶心，能去胃中浮风恶气（《开宝》）。行风气，疗瘿气，发瘰，杀鱼、蟹毒（士良）。

2. 皮

【气味】苦、辛，温，无毒。

【主治】作酱、醋香美，散肠胃恶气，消食下气，去胃中浮风气（《开宝》）。和盐贮食，止恶心，解酒病（孟诜）。糖作橙丁，甘美，消痰下气，利膈宽中，解酒（时珍）。

3. 核

【主治】面粉刺，湿研，夜夜涂之（时珍）。

【附方】新一。闪挫腰痛：橙子核，炒研，酒服三钱，即愈。（《摄生方》）

在李时珍看来，橙子的肉、皮和核都能入药，且治疗的功效各异。简而言之，廉江红橙的独特功效可归结为和、清、消、解。

功效之一：和——和胃降逆

廉江红橙味酸，性寒凉，入肝、胃经，有中和开胃、降逆止呕之功，适用于饮食停滞而引起的呕吐、胃中浮风恶气、肝胃郁热等疾病。

功效之二：清——宽胸开结

廉江红橙性寒，有清热降逆之功，善清肺胸之热。由于肺中蕴热，或外感风热，热灼津液为痰，痰热结于胸中，气机痹阻，引起胸部疼痛，咳喘，咯痰黄稠，甚则咳血，或痰腥臭，烦闷发热，苔黄腻，脉象滑数，治宜用红橙，泄热涤痰，宽胸开结，凉血止血，功效显著。

功效之三：消——消甲状腺肿大

甲状腺肿大，中医称为“瘿病”，即长在脖子上的一种囊状瘤子。廉江红橙具有消瘿的功效。因外邪所侵，或情志内伤，以及体质虚弱，使气机阻滞，津液积聚为痰，如《丹溪心法》所载：“痰之为物，随气升降，无处不到”“凡人身上、中、下有块者，多是痰”。瘿的发生和痰凝有一定的内在联系，如痰凝结于喉结两侧则为肉瘿，其症状是喉结两侧肿块在于皮里膜外，局部不红不热，按之坚实或有囊性感，舌苔薄腻，脉滑，治宜用橙子清热化痰，解郁散结。

功效之四：解——解毒醒酒

廉江红橙味酸芳香，能杀鱼蟹之毒。它的酸能杀菌，饮酒过量时，喝一杯红橙汁，有醒酒的作用。做鱼蟹之菜肴，加入红橙汁，有较好的调味作用，也可以使菜肴更加可口，味道鲜美。

此外，廉江红橙因色鲜味美、酸甜可口、外型靓丽诱人而被人们称为“水果皇后”。渐渐地，廉江红橙又成为人们走亲访友、探望病人的礼品佳果。因为小小的一个橙子，具有很多的作用。

一是消食解腻。廉江红橙可以生津止渴、开胃下气，饭后吃橙子或饮橙汁，有解油腻、消积食、止渴、醒酒的作用。

二是预防“富贵病”，增加机体抵抗力，增加毛细血管的弹性，降低血中胆固醇。因此，高血脂症、高血压、动脉硬化者常吃橙子有益。每天喝3杯红橙汁，可以增加体内高密度脂蛋白（HDL）的含量，从而降低患心脏病的机率。

三是清肠通便。廉江红橙的橙皮含有丰富的果胶，可以加快肠胃蠕动，使胆固醇更快地随粪便排出体外，减少胆固醇的吸收，进而起到清肠通便、排除体内有害物质的作用。

四是治咳化痰，预防感冒。廉江红橙橙皮的止咳化痰功效胜过陈皮，是治疗感冒咳嗽、食欲不振、胸腹胀痛的良药。橙皮中的那可汀和橙皮油具有止咳化痰的功效。这两种成分只有在蒸煮后才会从橙皮中出来，尤其适合久咳不愈的小孩子，完全没有副作用。

五是防癌。廉江红橙富含多种维生素，尤其是维生素C。维生素C是滋养血管、关节、骨骼和牙齿必不可少的物质，它可以预防和治疗坏血病，又能促进一种筋胶纤维的产生，促进创伤组织的愈合，还具有杀菌功能，可提高人体的免疫力。另外，它能清除人体内对健康有害的自由基，抑制肿瘤细胞的生长。在所有的水果当中，柑橘类所含的抗氧化物质最高，这些成分使得廉江红橙对多种癌症的发生有抑制作用。

六是减少胆结石的发生。红橙对减少胆结石的发生会起到明显作用，因为维生素C可以抑制胆固醇在肝内转化为胆汁酸，从而使胆汁中胆固醇的浓度下降，两者聚集形成胆结石的机会也就相应减少了。

七是缓解女性压力。红橙散发出来的清香，有利于缓解人们的心理压力，尤其是对于缓解女性的紧张情绪效果更明显。

当然，并不是说廉江红橙所有的功效作用都适合于每一个人，切忌盲目地乱吃，而应该根据自己的体质、爱好和实际需要，或者在医生、养生专家的指导下，来选择性地吃红橙，这样才能起到“疗”的作用。

其一，盐味橙汁——补充体力

在炎热的夏天，剧烈运动后，来杯鲜美可口的橙汁，真是让人神清气爽。红橙汁含有丰富的果糖，能迅速补充体力，而高达85%的水分更能解渴提神，如加点食盐饮用则效果更佳。特别提醒，橙汁榨好后宜立即饮用，否则空气中的氧会使其维生素C的含量迅速降低。

其二，橙瓣沙拉——增强免疫

橙瓣中几乎含有水果能提供的所有营养成分，能增强人体免疫力，促进病体恢复，还能补充膳食纤维，有助于排便。特别提醒，吸烟者可以多吃红橙，而胃炎和胆囊疾病患者要慎吃红橙。

其三，橙皮香包——催眠驱蚊

用平纹细布包裹橙皮制成香包，放在枕头旁不仅有催眠功效，还能驱蚊。放入卫生间、厨房或冰箱，则能去除异味，保持空气清新。

其四，橙皮茶饮——软化血管

将橙皮30克放入1升水中，煮开15分钟即可制得橙皮茶。橙皮茶略带苦味，其含有的橙皮甙成分能软化血管、降低血脂，日常饮用可预防心血管系统疾病。若饭前饮用一杯，还能增强食欲。

其五，橙籽粉——治疗风湿

将风干的橙籽放入锅中焙炒，焙炒时注意不要炒焦，但要尽量将油分炒干。将炒好的橙籽打成粉末，用开水冲服，每次3～5克，饭后饮用，长期坚持服用能在一定程度上治疗风湿。

其六，橙花蜜——止咳催眠

橙花蜜蜜色浅白透明，香气清淡馥郁，味甜而不腻，营养丰富，是蜜中佳品。取一汤匙橙花蜜加入温水中搅匀饮用，可以缓解神经性咳嗽症状。橙花蜜能改善轻微的睡眠障碍，加入热牛奶中于睡前饮用效果最佳。此外，饮用橙花蜜对腹痛、腹泻症状也有一定的缓解作用。

其七，橙花茶——促进消化

饭后饮用橙花茶，甜中带酸的金色茶水可以促进食物的消化，增进营养的吸收。此外，橙花茶还具有缓解紧张和焦虑情绪的功效，更适合工作间隙饮用。

廉江红橙的好处有那么多，适当食用可以增强免疫力，有益身心健康。然而，不是什么时候都能吃，它也有一些食用禁忌。

禁忌一：服药忌吃红橙。红橙含有丰富的果酸和维生素C，因而在服用维生素K、磺胺类药物、安体舒通和补钾药物时均应忌食。

禁忌二：阴虚体质者要少吃。多吃红橙易上火，特别是属于阴虚阳盛体质者最好少吃，不然会出现口舌生疮、口干舌燥、咽喉干痛、大便秘结等症状。

禁忌三：饭前或空腹不宜吃。红橙好处虽多，但不宜多吃，并且建议不要空腹吃红橙，因为红橙中含有一定量的有机酸，容易对胃黏膜产生刺激。

禁忌四：不宜与萝卜同食。萝卜进入人体后，会迅速产生一种叫作硫酸盐的物质，并很快代谢产生一种抗甲状腺的物质——硫氰酸。若这时吃红橙，红橙中的类黄酮物质会在肠道中被分解，而转化成羟苯甲酸和阿魏酸，它们可以加强硫氰酸对甲状腺的抑制作用，从而诱发或导致甲状腺肿大。

禁忌五：不宜与牛奶同食。牛奶中的蛋白质易与红橙中的果酸和维生素C发生反应，凝固成块，不仅影响消化吸收，还会引起腹胀、腹痛、腹泻等症状。因此，吃红橙的前后一小时内不宜喝牛奶。

禁忌六：忌鲜橙皮泡茶饮。现在摘下后的红橙大多用保鲜剂浸泡后再上市，保鲜剂为一种化学制剂，对果肉没有影响，但橙子皮上残留的保鲜剂难以用清水洗掉，若用这样的红橙皮泡水当茶饮则有损健康。

此外，肠胃功能欠佳者吃太多橙子，会容易遭受胃粪石的困扰。廉江红橙含热量较高，如果一次食用过多，就会"上火"，从而引发口腔炎、牙周炎、皮肤变黄等症状。这就是人们常说的"橘子病"，医学上称为"胡萝卜素血症"。通常不需治疗，只要停吃这种食物就会好转。

二、红橙的美容功能

廉江红橙不仅具有很高的药用价值，而且具有惊人的美容效果。它的性情温和，懂得如何呵护女性，不论养颜也好，减肥也罢，它都是最合适的。它让人们既能像喝茶或者品酒那样充满情调，又能获得健康和美丽。可以说，红橙全身都是宝，橙肉、橙汁、橙皮、橙籽都是美容的好材料。爱美者，不妨试着做个“红橙佳人”，让橙子减缓青春远行的步伐，让年轻永在。

更进一步地说，廉江红橙能让人年轻起来，这跟它的抗氧化物质含量高有关，其所包含的60多种黄酮类和17种胡萝卜素，能清除体内对健康有害的自由基，减缓机体的衰老过程。一只廉江红橙能给人体提供75毫克的维生素C，而维生素C有利于促进人体内的氧化作用，同时参与糖和蛋白质的代谢和铁的同化，在保持血液中血红蛋白的正常水平及形成细胞间隙黏胶物质方面有重要作用。如果一个人能保证每天吃1～2个红橙，就能充分满足身体对维生素C的日需量，并且让肌肤更加美白滋润。

早餐时喝杯橙汁，既可以开胃，又可以促进维生素的吸收。人的肠胃经过一夜的休息，功能尚在激活中，消化功能不强，但身体又需要足够的营养素，此时喝易于消化的橙汁，可以为上午的工作或学习提供营养所需。但肠胃功能不好的人，不宜在这个时段吃橙子或喝橙汁。

上午10点左右，由于经过一段紧张的工作和学习，碳水化合物基本上已消耗殆尽，此时喝杯橙汁，其中的果糖和葡萄糖可快速被机体吸收，以补充大脑和身体所需的能量，而这时也恰好是身体吸收能量的活跃阶段。廉江红橙富含大量的维生素和矿物质对体内的新陈代谢能起到非常好的促进作用。橙汁含有丰富的维生素A、B、

C、E以及胡萝卜素，睡前喝既能改善胸闷和食欲不振、口干等症状，又能起到美容养颜的效果。

每天适当的运动必不可少，合理的饮食也很重要，比如恰当吃廉江红橙就是一种非常健康且安全的减肥方式，而喝橙汁更是爱美女性的必修课之一。

修炼一：吃

廉江红橙含有丰富的维生素C、钙、磷、钾、β-胡萝卜素、柠檬酸、橙皮甙，以及醛、醇、烯类等物质，被称为"疗疾佳果"。可以说，多纤维又低卡、含有天然糖分的廉江红橙，是代替糖果、蛋糕、曲奇等甜品的最佳选择，嗜甜而又要减肥的女性不妨吃红橙来满足对甜食的欲望。加之橙子富含纤维素，有助排便，能减少体内积聚的毒素，还能带来"美身"的效果。换句话说，吃廉江红橙既可以预防疾病，又能减肥，让你拥有好身材，做个"苗条美人"。

（1）红橙日常减肥法

早餐：起床后喝一杯加了少量盐的温开水，然后一个鸡蛋+一碗粥+一杯红橙果汁。

午餐：一碗蔬菜汤+一些鱼肉+一碗米饭。稍后可以吃一个橙子或者喝一杯红橙果汁。

晚上：一盘素菜+一碗米饭，一小时后吃一个红橙。

以上吃法可长期使用，不管你是为了减肥还是保持身材，蔬菜和橙汁可以根据自身喜好进行搭配，尽量不要吃多油的食物，平时要多运动，这样才可永保苗条身材！

适合人群：橘皮组织型肥胖的女性。

（2）红橙速效减肥法

早餐：西红柿一个、熟蛋一个、鲜榨果汁一杯。

午餐：蒸蛋一碗、西红柿汤一碗、鲜橙一个。

下午茶：鲜榨果汁一杯。

晚餐：番茄一个、熟鸡蛋一个、鲜橙一个 。

在采用此减肥法的时候最好不要吃其他食物，可喝清水。两餐之间可加一杯鲜榨果汁或一份蔬菜沙拉。另外，这个餐单只可用四天，停止两星期后再用。停止食用的那段时间，你可以以绿色蔬菜和水果为主。

适合人群：想快速瘦身的女性。

（3）红橙健康减肥汤

原料：红橙1000克，生姜50克，檀香末25克，盐20克，甘草末50克。

做法：将红橙连皮切成片，生姜切片，然后一起煎水，30分钟后放入以上调料即可。

此汤能宽中理气，有效消除肥胖。每次服用一碗，每天三次。在服用此汤时，要保持愉快的心情，多做运动，全身有出汗的感觉时效果最佳。

适合人群：中度肥胖的女性。

肥胖的原因与消化系统紊乱而积聚脂肪、废物与毒素有关。酸碱平衡可改善身体的消化、吸收、新陈代谢及排泄系统，所以进食之前要了解食物是酸性、碱性或中性的。

修炼二：洗

（1）橙皮泡澡

洗澡时，加入少量新熬好的廉江红橙果皮汤，芬芳的橙皮香可以舒缓紧张的神经，让皮肤"喝"橙皮汤，可以调和自由基，使皮肤润泽、柔嫩，同时可以使身体散发出淡淡的橙香，成为一个名副其实的"红橙美人"，尤其适合在干燥的秋季使用。

（2）橙汁卸妆

用浸透橙汁的卸妆棉擦拭面部皮肤，充分吸收5分钟后，用清水洗净，既能卸妆，又可彻底清洁面部污垢和油脂，发挥深层洁肤功效。即使是敏感的肌肤也可放心使用。特别提醒，使用橙汁洁肤后尽量避免阳光曝晒，因而建议晚上使用。

修炼三：涂

（1）橙籽面膜

面膜不一定都要去买，而且买的也不一定都好，不妨自己动手，用红橙籽来做一个原生态的面膜。方法是将2茶匙红橙籽用搅拌机打成粉末，然后加入混合蒸馏水调匀成糊状，涂在脸上大约15分钟后用温水洗净便可。每周敷1～2次，能提高皮肤毛细血管的抵抗

力，达到紧致肌肤的目的。皮肤敏感的人可先做皮肤测试，将自制面膜涂于耳后，5～10分钟后洗净，若没感到不适便可安心使用。

（2）橙瓣眼膜

眼部没有护理好，就容易出现黑眼圈、眼袋、浮肿等问题，眼部四周的皮肤非常脆弱，需要我们的细心保养。除了平时用的眼霜，还可以在家自己制作眼膜。方法是将橙瓣切成薄片当眼膜使用，用手指轻轻地按压以助吸收，促进血液循环，缓解眼部皮肤问题，有效补充水分，发挥长时间滋润功效。

修炼四：擦

（1）橙皮按摩

橙皮具有出类拔萃的抗橘皮组织功能。取1/4清洗干净的橙皮，用橄榄油浸湿，然后按摩身体上相应的橘皮组织部位，按摩时均匀用力挤出橙皮汁液，结束后用清水洗净皮肤。

（2）橙皮磨砂

将鲜橙带皮切片，装入纱布，直接在手肘、膝盖、脚跟等粗糙的部位摩擦，磨去死皮。橙皮中含有丰富的类黄酮成分和维生素C，还能促进皮肤的新陈代谢，提高皮肤毛细血管的抵抗力。

总的来说，学习工作之余、饭后和晚睡前都可以吃个廉江红橙或喝杯红橙果汁，既可以生津止渴、开胃下气、帮助消化、治疗便秘，又能预防疾病、美容养颜。当然，再有营养的橙子也要适量食用，毕竟物极必反，过量吃就会伤肝气、发虚热。

三、红橙的商业用途

一个橙了，选择鲜食，品的是一种快感，一种惬意；选择橙汁，品的是一份闲暇，一份健康。倘若把廉江红橙的应用领域再扩大一些，借助日新月异的高新科技和灵光一闪的创意火花，跳出常规的观念，以一种“另类”的方式渗透到我们日常生活中去，如罐头、精油、糖果、糕点、冰淇淋等，我们获得的就不仅仅是健康，还有无限的商业价值。

1. 鲜橙

廉江红橙是柑橘类水果，果大型靓，皮薄光滑，肉红色艳，汁多渣少，甜酸适中，风味独特，是冬季里最受人们喜爱的水果之一。廉江红橙含有丰富的维生素C、β-胡萝卜素、柠檬酸、维生素A、维生素B族、烯类、醇类、醛类等物质，还有镁、锌、铁、磷、钾等矿物质元素，以及无机盐、纤维素和果胶。

2. 红橙果汁

红橙果汁是用鲜橙来压榨取汁，又称为天然橙汁或原橙汁。原橙汁经过脱水浓缩就成了浓缩汁，浓缩汁经过瞬间冷却并在-18°以下贮藏即为冰冻浓缩汁。柑橘汁是世界上销售量最大的果汁饮品，号称世界三大饮料（茶叶、咖啡和柑橘汁）之一。据近年数据统计，全球加工橙汁鲜果用量约2800万吨，约占柑橘年总产量的28%。除了直接饮用外，红橙果汁还可以加工成各种果汁饮料或汽水（即充入二氧化碳），具有清凉消暑的作用，其产品也有很大的市场。

3. 速冻橙瓣罐头

速冻橙瓣罐头是红橙去皮分瓣后，在去囊衣工序之前进行速冻处理，使橙瓣的中心温度尽快降低到-18℃左右，并贮藏在-18℃的冷库中。在原料不足时，从冷库中取出后解冻，再进行去囊衣处理，将橙瓣去囊壁或半去囊壁，注入糖液，灭菌封罐，这样能较好地保存红橙固有的色香味和营养，其产品在国际市场上占有一定地位。由于我国柑橘罐头采用手工剥皮分瓣的传统工艺，质量高，品质好，自加入WTO后，柑橘罐头的出口数量一直呈上升趋势。目前，我国柑橘罐头在世界上的份额已经达到70%左右，成为世界第一大柑橘罐头出口国，主要市场是美国、日本、德国、荷兰和泰国。

4. 红橙酒

红橙酒是果汁发酵制品之一，它具有独特的风味。早在900多年前，苏轼在《洞庭春色赋》中就提到：“安定郡王以黄柑酿酒名之曰‘洞庭春色’。”世界上最著名的橙味利口酒品牌是君度橙酒，它独具浓郁的香味，包含了果甜及橘皮香，交杂橘花、白芷根等，总合而成令人难忘的余香，与同类烈酒相比，更适合懂得生活的女人。早期的君度橙酒较偏向用作基酒，20世纪80年代以后，君度中加入冰块及柠檬片的单纯调法，已成为巴黎、米兰、纽约、东京等大都会最时尚的饮法。微甜微酸、清凉剔透的原始风味赢得了世人的喜爱。

红橙酒虽然妙不可言，但酿造方法并不复杂。准备好白糖、红橙、白兰地等原料之后，首先将红橙洗干净、擦干，然后将红橙掰成一瓣一瓣的，放进准备好的玻璃罐子里，加入白糖和白兰地，最后将罐子密封好，在暗室里储藏两周，饮用时将红橙和橙皮过滤掉就可以了。

5. 红橙糖制品

糖是廉江红橙果汁中重要的成分之一，主要成分是蔗糖、葡萄糖和果糖。其糖制品的种类很多，加工历史悠久，工艺简单，原料丰富，既可以利用全果做成红橙饼，也可以利用果皮做成橙皮条，还可以利用果肉制作果酱和果冻。

廉江红橙饼是将橙子用小刀划成棱柱，放入净水中浸去酸涩味，挤去核，放入锅中煮，再取出来用白糖浸渍或用蜜酿腌制干燥，略压扁即成。红橙饼色泽黄红，皮质细紧，果肉结实，酸甜适口，开胃通气，具有天然橙香味。由于红橙饼是一种蜜饯，其味道好、爽口，营养价值较高，深受消费者的喜爱。但是，看到色彩异样、特别鲜艳的红橙饼，不要轻易购买。同时，购买的食品要有QS标志。

6. 陈皮

一说起陈皮，相信大家都非常熟悉。它不仅可以入药，还可以作为调料入食，甚至可以作为茶自成一体。《本草纲目》说陈皮：“其味属辛、苦、温，辛能散，苦能泻能燥，温能和百病。陈皮为二经气分之药，但随所配而补泻升降也。”历代名医，如东汉时期的张仲景将陈皮入药"陈皮半夏汤"，清朝大医师叶天仕所开"二陈汤"中特别注明要用新会皮。慈禧太后更是指定"新会陈皮"为贡品，因此有"千年人参，百年陈皮"的美誉。

药食同源，能和百药，能医百病。廉江红橙陈皮，是纯绿色、健康营养的地道风味食品和上佳的膳食调味品，味醇香，略甜中带辛，用它作原料或调味品烹饪，可除腥膻，甘香醇旧，齿颊留香。特别在粤菜中，无论蒸、煮、焖、煲、炖、卤都广泛使用陈皮，如陈皮老鸭汤、陈皮白粥、陈皮红豆沙、陈皮绿豆沙、陈皮牛肉、陈皮羊腩、陈皮骨、陈皮鱼、陈皮卤水、陈皮咸汤、陈皮豉油等。陈皮具有行气健脾，燥湿化痰，降气止呕，舒肝利胆，理中和胃，解结化痈等功效。南方是温湿气候，长期湿重不散，易招脾胃虚弱，脾胃乃后天之母，脾胃不振则百病丛生，经常食用陈皮对脾胃有很大好处，因此有"南陈皮、北辣椒"的说法。

陈皮，可茶可药，演绎了中国养生保健茶道的真谛。红橙陈皮茶分混合茶和原皮茶两种，各有千秋，各具韵味，其中原皮茶更具特色。单纯以陈年红橙陈皮冲泡成茶，能最大限度地保留和体现陈皮特有的原始风味，口感甘醇平和，果香袅袅醉人，别具一番迷人风味。原皮茶的茶艺分泡茶法、煮茶法和兑茶法三种，茶煮三泡，各有不同。

7. 红橙果冻

红橙果冻是一种极致诱人的食品，一种口味，各种颜色，百种形状。果冻是西方甜品之一，呈半固体状，由食用明胶加水、糖和果汁制成，而红橙果冻外观晶莹，色泽鲜艳，口感软滑，是不少人的至爱。

8. 精油

廉江红橙的花、叶、果等部位含有丰富的精油，其主要成分是萜烯类、倍半萜烯类的萜烯类氧化衍生物。其中，萜烯类的氧化衍生物，虽然所占含量比例不大，但是红橙精油所特有香气的主要成分。红橙精油经蒸馏、压榨或冷磨等方法提制而成，是用于食品、日用化工的天然香料，经济价值极高。目前，红橙精油除了从果皮中提取外，还可从花、叶、果中专门提取。

橙花精油的用处极广。首先，用它来按摩，可以刺激副交感神经，具有镇静放松的功效。其操作方法是，将3滴橙花精油加入50毫升基础油中稀释后用来按摩全身，或直接将3滴精油滴入薰香器，都能有效地放松身心，缓解压力。其次，用它来熏衣，可以增添衣物的芳香。橙花精油的名字是Neroli，来自17世纪品位高雅的意大利女王Neroli，她常将橙花精油擦在手套、衣服和披肩上，使其发挥香水的功效。我们可以将几滴橙花精油滴在棉花上，用纸巾包起放在衣柜中，也可在洗衣时滴几滴橙花精油到水中，或者将橙花精油混合到蒸汽熨斗中在熨烫衣服时使用。这样，穿上带有橙花芳香的衣服，身心也得到放松。最后，用它来做喷雾，可以缓解焦躁感。将1滴橙花精油滴入90毫升纯净水中，放入喷雾器中使用，能有效缓解焦躁、紧张、沮丧的情绪，对头痛、头晕也颇有帮助，是工作时的最佳帮手。

红橙的商业用途非常广泛，除了鲜食之外，不仅可以利用皮渣提取果胶、色素、类黄酮苷及甜味剂等高价值产品，加工后的果渣可以用来生产牛饲料，而且可以用作盆栽、装盘饰品、庭院篱笆，具有很好的观赏价值。

廉江红橙花馨果美，可用作盆栽观赏。它的植株树势旺盛、健壮，树冠呈圆头形、半张开；枝条较细而密生，夏、秋梢上有短刺，叶为长椭圆形，似红桔叶片，翼叶不明显；果实为球形，一个拳头大或稍小，果顶部有明显环纹，果面为橙色或深橙色，稍显粗糙。在我国的广东和港澳地区，每逢春节均举办盛大的花市，柑橘是花市上必有的盆栽植物。

除了供庭园种植观赏之外，廉江红橙的植株也是良好的绿篱材料，既可用作围堵篱笆，又可以作防风林，一举两得。用柑橘树作为篱笆，闻名已久。我国西晋文学家潘越在《闲居赋》中就有“长杨映沼，芳枳树篱”一句，说的就是用柑橘作为庭园的篱笆。

廉江红橙精心搭配装盘，也是家居常见。这种果盘饰品除了在家居案几置放外，也是寺庙庵堂案前常用的供品。

此外，廉江红橙是人们创意无限的元素。

创意红橙小猪

只需要准备鲜橙子、水果刀以及书签，把橙子的果皮作成猪鼻子、猪耳朵、猪尾巴，贴在橙子上面，一个可爱的小猪就做出来了。在书签上写下小猪的名字，可以让它更为生动。若是家里来了客人，上一盘这样有新意的水果点心，一定会收获不少惊喜。

万圣节奇异红橙灯

准备橙子一个、钢笔一支、一字口的螺丝刀一把、大勺子一个等材料。先将橙子放在桌子上面揉搓，使得橙子皮变软。然后，在橙子的顶部画上花纹，用螺丝刀沿着花纹将橙子的顶部取下。接着，用大勺子将橙子里面的果肉取出，然后把图样画在橙子皮上面，用螺丝刀按图样刻画，一个红橙灯就做好了。

可以说，廉江红橙全身都是宝，是上天赐予廉江人民的礼物。它的橙红色果汁，虽其貌不扬，却像一位神通广大的“魔术师”，将无限可能的创意融入常见的食品中，如糖、果冻、口香糖、果脯、面包、饼干等，还有冰淇淋、酸奶、汽水等饮料，都“添”上了廉江红橙所特有的香韵，让这些本来习以为常的食物成为令人回味无穷的美味，变吃橙为“品”橙，使人“口目”一新。

第五篇

红橙走向世界

廉江红橙在红江农场问世后，最先是廉江人发现了它的美，1976 年开始销往香港、澳门，以及新加坡、马来西亚等地，随后开始走向世界。在这 40 多年的发展过程中，廉江红橙的销售之路虽然曲折多变，但是它那令人无法抵挡的味道征服了一个又一个舌尖，发生了一个又一个故事。

一、红橙的"飘红"故事

地处广东省廉江市与遂溪县交界的红江农场是廉江红橙的发源地。自从世界上第一个红橙在该场的第十九生产队榕树坝被发现以来，廉江红橙的"飘红"故事便从这里开始。

当廉江人满怀好奇地试吃这种"岭南神果"之后，如获至宝，他们的生活也悄悄在橙香中发生了改变。1976年，第一代廉江红橙正式投产，获得了5000多千克的大丰收。当时的钟家存对自己种出来的红橙的品质非常有信心，便产生了将红橙推销出去的想法。于是，他大胆地联系了香港五丰行，并获得了2000斤红橙的大订单。经过农场工人几天几夜的精挑细选，第一批廉江红橙销往香港。在焦急的等待中，钟家存接到了香港五丰行行长的电文，它的内容是："红江橙质好，风味独特，果型好，果汁多，甜度高，新鲜快运，当可占市场销势。"

廉江红橙具有如此高的品质，是我国唯一能与美国新奇士橙相媲美的甜橙。新奇士橙产于美国加利福尼亚州，在上市之前经过严格的筛选和包装，品质比较稳定。它的外形与普通的甜橙相似，个头不大，色泽橙黄鲜艳，无籽多汁，酸甜可口，橙香浓郁，很适合切开食用果肉或制作果汁。20世纪80年代，在新加坡、泰国等国际市场上，廉江红橙在价格上曾一度打败美国新奇士橙。泰国商人在中、泰两国实行水果进出口零关税后，曾要求增加廉江红橙对泰国的出口量。

果大型靓、橙红色果肉、嫩滑少渣、酸甜适中的廉江红橙一上市，就深受消费者的喜爱，尤其是被誉为“国宴佳果”后，人们越来越喜欢这种味道了。在廉江政府和廉江人民的共同努力下，1995年3月，廉江市被首批百家中国特产之乡命名宣传组委会授予“中国红橙之乡”的称号。

2002年，廉江市成立了廉江红橙原产地产品保护标志的专项申报机构。经过两年的务实工作，廉江红橙在2004年获得了国家质量监督检验检疫总局批准的原产地产品保护标志。原产地产品保护标志属国际通行的一种地理标志，在国际贸易中的食品、农产品类别商品中，无论是美国、加拿大还是欧盟都对该项标志提出较高的要求，尤其是在欧美超市，没有原产地标志的食品及农产品是很难摆上货架的。换句话说，廉江红橙的产品档次更上了一个台阶。

廉江红橙是湛江市首个获得原产地产品保护标志的水果（全国仅有80个，广东省内不超过10个）。根据国家质检总局的公告，廉江红橙原产地产品保护范围为廉江市现辖行政区域，保护标志所有权归廉江市人民政府。对于擅自使用或伪造地理标志名称及专用标志的，对使用与专用标志相近的文字或图案标志误导消费者的，或不符合廉江红橙产品标准和管理规范要求而使用这一地理标志产品名称的行为，湛江检验检疫局都可依法进行严肃查处。

廉江红橙有了这道"护身符"后，在打击假冒廉江红橙的行为的同时，赢得了更大的国内外市场。2004年，廉江水果企业集团公司与中国铁路旅客消费品定点供应商签定了在国内列车上销售红橙的合作协议，素有"国宴佳果"之称的廉江红橙从此登上列车，开始"周游"全国了。也就是说，无论哪里的旅客，只要坐在火车上就可以尝到真正的廉江红橙。据了解，当时全国有600个列车客运站，每日运行的列车有1300对，每年大约有14亿人次，如此巨大的需求量，大大促进了廉江红橙的发展。

为了进一步打响"中国红橙之乡"的品牌，廉江人借一只香甜的廉江红橙，举办了别开生面的橙乡盛会。一个兴果富民的梦想在红橙里、节日上精彩演绎，吸引了来自五湖四海的朋友，吸引了客商和资金……这种如此有活力的文化盛会，在廉江已经举办了十一届。当人们称心快意地享受廉江红橙时，心旷神怡的橙香常常让人们回想起2003年第一届廉江红橙文化节，一个富有本地特色的节日。

2003年，这是一个所有廉江人都不会轻易忘记的年份。被廉江红橙浸润了三十多年的廉江人民愈发觉得橙子的重要，于是打造了一个地方特色节日——廉江红橙旅游文化节，在庆祝廉江红橙丰收的同时，为来到廉江的游客和商家提供一个品鉴红橙的机会。

十届红橙节精彩回顾

1．2003年第一届红橙节

2003年11月，第一届红橙节正式举办，招商引资硕果累累，共引进项目36个，签约金额21亿元，完成购销项目6个，金额3亿多元；生产项目投产12个，金额7亿多元。本届红橙节打响了“中国红橙之乡”和“中国电饭煲之都”两个品牌，使各地客商更加了解廉江的投资环境。红橙节一结束，各地客商便纷至沓来。

2．2004年第二届红橙节

2004年11月21日，第二届红橙节正式开幕，以“发展廉江经济，共创橙乡未来”为主题。廉江大道北作为本届红橙节的主会场，设立廉江红橙展馆、电饭煲展馆、廉江特色产品展馆、廉江旅游美食一条街、全国旅游特色商品展销会等展馆。期间，大型活动“辉煌廉江大巡游”充分展示了廉江撤县设市十年来的辉煌成就，全面推介廉江和宣传廉江。本届红橙节进一步壮大了廉江市的县域经济，有利于把廉江打造成现代生态工业化城市。

3．2005年第三届红橙节

第三届红橙节于2005年11月19日至22日举行，为期3天。本届的主题为“加快县域经济发展，共建廉江美好未来”，以红橙为媒，以旅游和文化搭台，广泛开展招商引资活动，推动县域经济发展，全面建设现代生态工业化城市，设有廉江工农产品和美食产品展示一条街、全国商品（廉江）展销会、《今日廉江》美术书法摄影精品展、花灯会展、经贸恳谈会和旅游资源推介会。节会期间，廉江市又有30个经贸合作项目签约，总投资15.4亿元。

4．2006年第四届红橙节

第四届红橙节暨"中国电饭锅之乡"家电产品展销会，共签约28个项目，签约金额达10.15亿元。在开幕式上，广东海大实业有限公司与横山镇人民政府合作建设饲料厂和水产品加工厂、深圳碧威有限公司与良垌镇人民政府合作种植加工康乃富等28个经贸合作项目签约。

5．2007年第五届红橙节

第五届红橙节在新落成的廉江体育中心（主会场）正式开幕，主题为"魅力橙乡，品牌廉江"，是融旅游、娱乐、展览于一体的橙乡文化盛会，唱响了"文化廉江"的城市之声。此外，本届红橙节在往年展出的基础上，增加了城市房地产项目展示和推介。

6．2008年第六届红橙节

在第六届红橙节的开幕式上，举行了经贸合作项目交换签约文本仪式，举行了开工项目和竣工投产项目剪彩仪式，签约项目共20个，合同投资总额34.21亿元。同时，设有红橙文化、家用电器、廉江旅游美食、全国旅游特色商品四大展区，近400个展位；共有来自各地的55家企业和数百商家参展，展示的产品有300多个系列，主要有红橙、家电、茶叶等廉江市著名品牌产品，各镇的名、优、希、特农副产品，以及来自全国各地的特色商品。

7．2009年第七届红橙节

第七届廉江红橙节于2009年12月6日开幕，至11日闭幕，为期6天，主题为“生态橙乡，和谐廉江”，在主会场廉江市体育中心和分会场廉江大道北段同时进行。在开幕式上，宋祖英首次唱响一首由中国音乐家协会常务副主席徐沛东为廉江而写的歌曲《我的九洲江》。开幕式上，66个经贸项目正式签约，投资金额35.03亿元人民币和88万美元，涉及房地产、商贸、家具制造等。

第七届红橙节主会场

8．2012年第八届红橙节

2012年12月8日，第八届红橙节在廉江市文化广场开幕，主题为"宜居橙乡，品牌廉江"。首日签约项目25个，投资金额56.51亿元；10个项目竣工剪彩，20个项目正式动工；并开展廉江名片和十大工业、十大农业、十大美食等品牌评选活动。

9．2013年第九届红橙节

第九届红橙节于2013年12月8日在廉江文化广场隆重开幕，主题为"魅力橙乡，品牌廉江"。首日签约项目18个，合同投资总额39.36亿元；29个项目竣工剪彩，24个项目正式开工。设

第九届红橙节开幕式

有代表廉江品牌和形象的红橙中国馆、品牌廉江馆、宜居橙乡馆、魅力橙乡馆、美食天下馆和书法专题馆六大展馆，全面展示廉江经济社会建设的新成就和橙乡新形象。

本届红橙节突破地域限制，有四大亮点：一是由地域性的节庆活动提升为一个全国性的节庆活动，由中国农产品流通经纪人协会、国际品牌联盟（IBF）和廉江市总商会联合举办；二是汇集展示全国及廉江本地的工农业品牌及产品，其中经中国农产品流通经纪人协会严格筛选和招商的20家知名农业龙头企业（包括台湾在内）首次进驻布展，全面促进和提高了廉江品牌形象；三是首次与中国书法家协会联合举办全国性的书法大赛与优秀作品展，极大地提升了盛会的文化品位；四是与湛江市各县（市）区及省内各旅行社合作，开通廉江休闲旅游专线，以“淘精品、享美食、游橙乡”为主题，打造廉江特色生态旅游。

10. 2015年第十届红橙节

2015年12月5日，第十届红橙节在廉江市文化广场隆重开幕，主题为“创新橙乡，互联世界”，为期8天。首日签约项目21个，投资金额85.8亿元。开幕式当天，京东·廉江馆开馆迎客，享有“国宴佳果”美誉的廉江红橙借助京东严格的品控流程和电商大牌优势，以全新的品牌形象迈上电商之路。还有，本届红橙节开展了《橙乡好声音》唱响廉江、“我是廉江人，我为廉江代言”全球祝福VCR和最美微笑征集、“秀美橙乡”全民摄影大赛、精彩民俗秀、粤桂港盆景展及“家·年华”等特色活动。通过以上活动，结合“互联网+”的传播渠道，廉江向全世界展示了颇具特色的红橙文化、茶文化以及小家电文化，全面展示了当地经济社会建设的新成就和新形象。

起初，廉江红橙节的主会场设在廉江大道北，分设廉江红橙展馆、电饭锅展馆、廉江特色产品馆、廉江旅游美食一条街、全国旅游特色商品展销会等展馆。热闹的廉江街道，金字塔型的红橙展台，精美的电饭锅，特色小吃，让人们不远万里慕名而来。当大家看到廉江的风景时，更是惊喜不已。后来，廉江红橙节打破了只有招商引资的传统，“游廉江，吃红橙”的旅游项目也加入其中。于是，廉江红橙节发展成廉江红橙旅游文化节，秉承“以橙为媒，以节会友，文化搭台，经贸唱戏”的宗旨，一届一主题，成为集旅游、娱乐和展览于一体的橙乡文化盛会。

从2013年开始，廉江市政府逐步减少对红橙节的资金投入，以“政府指导、社会参与、市场运作”的方式办节，即在遵循节俭办会的原则上，力求达到投资社会化、策划专业化、办会简约化、效益最大化。廉江市的塘山路，这条老街无论过去还是未来，都印刻下了橙商致富的足迹。这里集中了近百家销售廉江红橙的商铺，而商铺老板纷纷表露出“进多少卖多少”的喜悦。一位橙商老板说，他所经营的廉江红品牌红橙，尽管销售价格比往年略有上升（每市斤12元左右），但由于品质上乘，销售十分火爆，在红橙节开幕当天就售出1500多箱，销售总量达7.5吨，当天营业额逾18万元。

红橙节之红橙馆

廉江红橙节的举办，吸引了成千上万的游客，而人气旺盛直接拉动了红橙的火热销售，红橙价格也大幅度攀升，由五六块钱一斤涨到七八块钱一斤。

与过去拿红橙到市场销售或等客商上门收购的方式不同，如今橙农在自家橙园里就能直接销售红橙了。一位种红橙的大叔说，他所经营的橙园因离市区近，在红橙节开幕当天就被游客“一日采空”了。而另一位橙农大姐说：“入园摘果的车队排成长龙，果园工人应付不了，只好任由客人自采自摘。”这有利于降低红橙的采摘、运输等成本，直接增加橙农的收益。

橙农的品牌意识正在加强，大部分橙农都拥有了自己的品牌。红橙成熟时，在吉水镇的一个橙园里，老板一边忙着指挥工人将一筐筐红橙抬入工棚，一边将清洗后的新鲜红橙装入印有“正红”字样商标的纸箱，就地打好包装，并以七八元一斤的高价出售。正红牌是在廉江红橙品牌的带动下，由民间企业注册的一个品牌。除此之外，还有九洲江、一帆风顺、岭南红等多个品牌商标。无论是红江橙、廉江红，还是九洲江、一帆风顺、岭南红等品牌商标，都是廉江红橙“一果多牌”发展下的使然。

从此，廉江红橙由“大路货”摇身变为“品牌果”。当被问及廉江红橙的收入时，橙农坦言，如果有12亩红橙，则年赚三四十万不再是梦。刚收完果场，橙农马上就给红橙植株修枝追肥了。橙农笑着说：“现在就有公司下订单了，希望来年又是丰收年。”橙农还感慨地说：“自从廉江红橙成为国家地理标志产品后，近5年来，红橙价格一直走高，去年收购价达到每斤7元，廉江红橙成为湛江地区大面积种植的‘贵族果’。”

以前，廉江红橙和荔枝、香蕉、龙眼等水果一样，大部分是果农零散摘果送到收购点再论斤卖，小部分是路边摆卖，一般是两三块钱一斤。红橙成熟时，一个箩筐，一个箩盖，上面排着几层红橙，在廉江的各大街道、路口甚至路边的小摊上随处可见，所以人们一度把廉江红橙叫作“大路货”。如今，用青平镇一位橙农大叔的话来说：“现在的廉江红橙都没有‘大路货’，每只红橙都是‘有名有姓’的高价‘品牌果’了。”

2015年，廉江的各橙区掀起了新一轮的红橙种植热潮。在长山、青平等镇，橙农忙着收购红橙苗种；在长山镇边界山区，橙商老板准备投资100多万元租地种植红橙；有一位广州的老板承包石颈镇1000多亩土地，准备种植1000亩红橙。由于大家急于在开春种植，一下子，市场上的红橙种植苗竟出现了“一苗难求”的情况。

廉江红橙的“命运”真的变了。以前种橙难，收成少，又是“大路货”不值钱，政府送来橙苗橙农都不敢种。如今，品牌发展之路让廉江红橙华丽转身，价格“飘红”，让橙农纷纷抢种。

廉江红橙

二、红橙的"网红"传奇

眼下，一提起红橙，懂橙或是不懂橙的人，脑海中第一时间就会闪过四个字：廉江红橙！的确，廉江红橙因其具有显著的药用、美容和商业价值，加上优良的品质、极好的口碑，正在以黑马之势挺进互联网世界，掀起一股不小的冲击波。20元一只的特级红江橙，让人既羡慕又惊讶，不少人纷纷感叹："橙子也能卖出金子价。"

一只小小的橙子，"金价"背后又有着怎样的"网红"传奇呢？这要从一位品牌推广师玩转电商营销新模式说起。2013年，一位大学生从校园来到了橙园，改变了廉江红橙的销售模式，让橙农不再受制于批发零售商，借助网络销售，让廉江红橙"走"得更远。

在传统的零售模式中，"论斤卖"的廉江红橙销售之路走得不远，且价格不高。一位大学生毕业后进入湛江农垦红江农场工作，他看到曾经的"国宴佳果"如今逐渐被人淡忘，于是萌生出了在网上销售红江橙的想法。

刚开始，很多人都觉得他在网络上卖红橙的想法不靠谱，且费功夫。幸运的是，他的想法得到了红江农场领导的支持。他靠着

“艰苦奋斗，自强不息”的干劲，自学网页制作，摸索着如何在淘宝上开办红江橙的网上卖场。从网页设计、图片拍摄，到整理资料，他丝毫不敢怠慢，一步步把网店做了起来。

2013年11月13日，广东省红江农场淘宝店正式上线，从此翻开了廉江红橙营销的新篇章。“正宗、优质的红江橙可以网购啦！广东省内包邮，使用2013年全新包装，高端大气上档次，数量有限，快来抢购吧！”这是红江农场官方新浪微博发出的第一条广告，仅一天，转发量就超过125条，阅读人数达2.3万人。

每天，这位大学生都通过微博、微信与顾客互动，一边在网络上讲述红江橙的品牌故事，一边用照片展示红江橙的“成长历程”。此外，他向广大消费者传授挑选红江橙的方法与技巧，普及红江橙的分级标准，吸引了过万粉丝的关注。仅一个月的时间，网店就卖出红江橙100多件，还得到了不少顾客的好评，如“鲜甜多汁，一尝就知道是很新鲜的，应该是从树上摘下来之后就立刻送过来的，客服的服务和态度也特别好，以后还会光顾”。

为了提高廉江红橙的品牌价值，他决定按照国家标准，根据橙子的品相、大小和糖分，将红江橙分为特级、一级和二级。农场领导全力支持，给他专门开辟了一间工作室，配备了卡尺、糖分测试仪等设备。为了确保红江橙在运输过程中不受到损坏，他还专门到广西定做了高密度泡沫箱，对红江橙进行精细包装。

囿于传统销售模式的橙农，习惯于把好果与次果混在一起出售，起初都不同意这位大学生进行分级出售的做法。殊不知，在对红江橙品质进行严格分级后，特级精品红江橙12个竟然能卖到198元，一级红江橙2.5千克卖128元，二级红江橙2.5千克卖108元，算上快递的费用，一个红江橙就能卖到将近20元的好价钱。

20元一个，这使廉江红橙迅速"蹿红"，也大大提升了红橙的附加值和品牌影响力。廉江红橙被搬上网络后，订单络绎不绝，竟然卖到断货。从消费者的反馈来看，特级红江橙最受欢迎，成为名副其实的"橙王"。

一个"橙王"是这样产生的：通过人工筛选、新鲜采摘、卡尺测量、糖分测量等多道程序，从三棵橙树里只能挑出一个。俗话说："物以稀为贵。"从难以寻觅的程度就可想而知，"橙王"在挑选上是很费劲儿的。

当在网上卖橙获得成功后，他的母校曾邀请这位大学生回校给师弟师妹分享他的"橙王梦"。在交流会上，他用轻松幽默的语言，将自己的成长总结为九点感悟：一是要保持好奇心，保持学习的心态；二是要有自己独立的思考，不人云亦云；三是要合理规划时间，保持紧迫感；四是勇于创造平台锻炼自我，勇于挑战自我；五是多和长辈交流，向长辈学习；六是多读书，多思考；七是努力在学历上提

升自己；八是要多出去走走，在旅途中思考；九是适当逼自己一把，收获不一样的成就和惊喜。谁的青春不迷茫？同样的，在学习和工作中，这位大学生也曾迷茫，有过困境，可他更坚信“年轻就是要去拼搏，青春就是要去奋斗。年老的时候想起来，我要对得起现在的我，不后悔”。

“艰苦奋斗，自强不息”的农垦精神在新一代农垦人身上得到创造性的传承，并发扬为“善学善思，善作善成”。同样的，“管理出效益，创新求发展”的廉江红橙迅速“走红”，受到越来越多的关注。

产自廉江的红橙，历来有“国宴佳果”和中国名牌农产品等荣誉，可一直囿于传统的销售模式，优质果与普通果混搭，使得水果附加值低，未能像其他高品质的商品一样在价格上“红红火火”。因此，要想让廉江红橙走得更远，就必须创新销售模式，充分运用新科技、新媒介和新理念，以管理和技术等措施的转型创造高效益。

橙子，作为爱与祝福的化身，能融化整个寒冷的冬季，常被人们冠以“橙”心“橙”意、坦“橙”相待、充满正能量等精神内涵。皮薄果靓、肉红嫩滑、汁多渣少、味醇清香、酸甜适中的廉江红橙，以它“真诚”的品质打动着人们。

2015年11月17日，作为湛江农垦首家基层电商中心的红江农场电子商务中心正式成立。红江农场先后建立了阿里巴巴批发网购平台、淘宝网零售平台和微店供应商平台等，这为红江橙利用电商平台进行网络销售、品牌化运营作出了有效的探索。

在“万众创新，大众创业”的热潮中，廉江有一群90后的大学生，他们主动放弃留在大城市工作的机会，毅然回到家乡创业，先后建立起独具橙乡特色的电商品牌。

“越喜乡礼”是极具粤西乡土特色的电商品牌，是一个由10名90后组成的年轻团队。当确定以廉江红橙作为主打产品之后，他们跑遍了廉江的红橙产区，精选红橙，在微信和淘宝等网络平台销售，同时讲述红橙的历史、口味和品质等知识。

在他们眼里，廉江红橙不仅是一只橙子，更是一个富有意蕴的艺术品。他们请教专家，学习如何选择和保护廉江红橙；考察廉江市所有的红橙种植户以及种植基地后，给廉江红橙重新定义标准——橙皮“纹理细致”、独特的“红晶肉”、超多橙汁含量、165克标准体重、0.3厘米横切皮以及10分钟齿间留香。自然地，这就成了“越喜乡礼”选择廉江红橙的标准。

“越喜乡礼”通过生动的图片和视频来讲述廉江红橙的故事，让更多的人了解红橙文化。在不到一年的时间里，他们的微信公众号粉丝数量突破10万，成为当地最具影响力的自媒体平台。随着“互联网+”时代的到来，他们创新了廉江红橙的销售方式，让人们共享互联网带来的红利。

一位心系家乡的廉江商人，希望廉江红橙为世人所知，成为“世界的红橙”。于是，他主动承担起邀请京东商城入驻廉江的重任，与京东的副总裁就廉江红橙的网络销售进行多次分析，最后使京东同意开设廉江土特产馆。在2015年的第十届廉江红橙节上，廉江红橙携手京东商城，搭载“互联网+”的快车，开始走向世界。

在第十届红橙节上，廉江红橙成为人们购买和谈论的焦点。首先是廉帆土特产贸易有限公司的一帆风顺牌红橙。该公司于2014年开始入驻淘宝天猫，开设旗舰店，组建专业电商团队进行运作，将公司的廉帆牌廉江红橙卖到全国市场，每斤均价十几元。2015年，一帆风顺牌精品廉江红橙15只装卖148元。该公司还和湛江日报社旗下的“湛报优鲜”进行生鲜业务合作，每天销售廉江红橙过百箱。

再就是九洲江牌的红橙礼品装“中国红”，16只装卖165元。它的卖点是什么呢？古朴的牛皮硬纸盒，盒里黄绸衬托，一个凹位嵌着大小均匀、外形浑圆、光泽靓丽的廉江红橙，入口的红橙比普通的橙子更甜、更好吃。每个盒子里还配有一本印刷得古色古香的小册子，介绍廉江红橙的历史典故。如此具有文化品位的精美包装，赢得了人们的喜爱。几天里，礼品装“中国红”就基本卖完了。

橙农磅秤红橙

还有农之岛公司的廉江红橙，平时散装的每斤卖超过12元，在红橙节展位里每斤卖12～15元，500千克精选红橙一个上午就被抢购一空。市场对高端廉江红橙出乎意料的接受程度，对廉江红橙的品牌化道路有着怎样的启示呢？

一些业内人士认为，一帆风顺牌红橙胜在经验，因为一帆风顺商行已经做了好几年的高端农产品包装，精品红橙也非首次推出，今年恰好赶上时候。九洲江是近几届红橙节的策展方众利文化传播公司推出的廉江特产礼品品牌，廉江红橙是其中的主打产品，非常突出廉江红橙的文化内涵和设计感。与一帆风顺和九洲江的“签约—收购—精选—营销”模式不同，农之岛公司走了另一条路子——“公司+基地+农户”，即公司为农户提供有机肥等优质农资，并进行技术指导，最后回收果品。从以上的销售模式来看，农之岛公司的“专业种植—优质果品—高端营销—更精细的种植”模式显著地提升了廉江红橙的品质。

品质是廉江红橙的生命。所以，要想让廉江红橙成为真正的“网络红橙”，品质是关键。“开发新品种不容易，而要让这个新品种历久弥新，更是难上加难。”湛江农垦局生产科技处高级工程师说。经过科研人员的努力，当前廉江红橙产业已进入复兴期。2012年，红江农场建立了热带作物标准化生产示范园。2014年，示范区的第一批红江橙上市。经历了阵痛期的红江橙，如今正走出低谷，迎来“红”时代。

第六篇

橙乡橙俗

“走长江看珠江，最美最美还是故乡九洲江，谁种下星星就长出月亮，谁种下月亮就长出太阳……”循着那一缕缕橙香，我们来到雷州半岛，也来到北部湾，回味廉江的那段流金岁月，追寻异彩纷呈的橙乡橙俗。

廉江借一只橙子的殊荣，成功举办了十一届红橙旅游文化节，打造出廉江人“敢为人先，开拓进取”的精神内涵和文化意蕴。当红橙遇上山水福地的廉江，廉江造就了它独一无二的品质；当美名远扬的红橙遇上文化，文化逐渐塑造了廉江这个宜业、宜游、宜居、宜乐、宜品和宜学的“中国红橙之乡”。

廉江市地标

一、金色橙乡，宜业廉江

廉江，是传统农业县级大市，在城市化的进程中基本形成了产业化和集约化的农业，是广东省四十个产粮大县中表现突出的县级市，是粤西唯一全国生猪调出大县；富有地方特色的工业，逐渐发展成以小家电为特色的经济，被授予“中国小家电产业基地”称号。

廉江有红橙、香蕉、龙眼、荔枝、红杨桃、茶叶、罗非鱼、对虾、生猪、北京鸭、广海鸡等产业化基地；有安泰生物、佳鸿水产、茗皇茶、茗龙茶、罗福茂茶、梅占茶等一批集约型农产品加工企业，逐渐发展成为农业产业化龙头。此外，廉江市有水稻、红橙、茶叶、花卉、外运菜等特色农业。

在“三片一带”总体发展战略下，廉江采取突出建设核心区、重点扶持龙头企业的措施，推动全市现代农业的快速发展。所谓“三片一带”，是指“一片红”，即发展种植红橙10万亩，建立规模化红橙生产基地；“一片绿”，即发展种植绿色蔬菜50万亩、水稻90万亩、优质水果50万亩、茶叶3万亩等一大批绿色品牌农业；“一片活”，即因地制宜发展肉牛、三黄鸡、黑山羊、鱼虾等活禽畜和水产现代养殖，全力打造全国优质食品供应基地；“一带”就是指着重发展以红橙、荔枝、红杨桃、茶叶等为主题的休闲农业，结合宜居生态美丽村庄的建设，打造一个现代农业观光带。

廉江有以建材、木业家具、机械制造、印刷、皮革、服装、工艺品、高岭土精选、纺织、家电、陶瓷为特色的地方工业，其中家电产业较为发达，尤其以电饭锅制造业最为人称道。

廉江人最早接触家电生产是在20世纪70年代末。到80年代中期，廉江就有三角牌、半球牌、爱得牌等80家家电企业，大多数企业采用前店后厂方式组织生产销售产品。当时，大概有3000廉江人在全国各大中城市从事家电销售工作，这为廉江电饭锅的发展打下了市场根基。

随着廉江家电产业的不断发展，电饭锅等企业如雨后春笋般涌现。但是由于缺乏产品质量意识以及严格的生产和检验标准，个别厂家生产销售的劣质电饭锅在国内一些市场被查封、被退回，这损害了廉江电器的声誉，给廉江电饭锅行业带来了沉重打击。从此，廉江电饭锅产业处于低迷状态。

进入21世纪后，廉江市委、市政府确立了“工业立市”、打造“南国电饭锅之都”的发展战略，不断优化投资软硬环境，制订了鼓励民营经济发展、招商引资、重点企业保护等措施，成立行政服务中心，提高办事效率，加快电饭锅产业集群建设，从而使全市电饭锅产业进入快速发展阶段。2003年，第一届廉江红橙旅游文化节的成功举办，打响了“中国红橙之乡”品牌的同时，擦亮了“中国电饭锅之乡”的名片，为廉江电饭锅行业带来了更多的招商引资发展机遇。

自2003年起，廉江市电饭锅产业已形成了生产电饭锅外壳、内胆、发热盘、锅盖、蒸笼、电源线、开关总成、磁钢、塑料件、控温器、熔断器、螺丝、印刷、彩色纸箱包装、泡沫、塑料袋等专业而完整的企业群体和产业链。2005年，廉江家电商会成立，以加快产业升级为主线，以培育知名品牌为抓手，以打造现代生活家电生产基地为目的，有效推动电饭锅产业的不断发展壮大。

廉江是我国电饭锅生产企业最多、规模最大、配套能力最强、知名品牌最多的县级市，是国内最具规模、最具实力的电饭锅生产基地之一，其产量约占全国的30%。2006年，廉江市被中国轻工业联合会、中国家用电器协会授予“中国电饭锅之乡”荣誉称号。

廉江电饭锅产业在承接转移中谋发展，在结构调整中促转型，产业规模不断壮大，逐渐发展成为小家电特色经济，廉江由原来单一电饭锅生产基地升级成规模大、集群优、品种多、链条长的全国小家电产业基地。2017年，廉江市被授予“中国小家电产业基地”称号。

此外，廉江抢抓机遇，一方面推动家电家具、木业门业、水泥石材“三大产业”的转型升级，另一方面加快一园一区建设，筑巢引凤，招商引资，为投资者创造宽松的投资环境，全力推动廉江的发展。

飞速发展的廉江市（罗斯文摄）

二、生态橙乡，宜游廉江

廉江位于广东省西南部，雷州半岛北部，濒临北部湾，有着南方独特的秀美山色和南滨城市独有的亚热带风光，人们来这里赏湖、览秀、寻绿、观江、探幽、猎野、怀古、闻翠，别有一番风味。

1. 鹤地晴波：鹤地水库

鹤地水库又名鹤地银湖，是国家AAA级旅游区，是广东省最大的“人造海”，位于雷州半岛北部、廉江东北部，距廉江市区10千米，因在廉江市河唇镇鹤地岭东而得名。湖中有四个景点：青年亭、渠首、放生岛以及库中诸小岛。

登上水库旁边的青年亭，极目远眺，湖水苍茫，碧波荡漾，水天一色。银湖的美，在于初春小雨时水天一片迷蒙，便出现“鹤湖烟雨”的优美风景。诗人东龙有诗云：“银湖浩瀚波粼，宾客络绎光临。小艇冲浪花飞溅，杨柳轻轻拂面。此地风光无限，堪比西湖悠然。青年亭下水如天，惊起白鹤一片！”“青年亭”几个字出自郭沫若的手笔，当年他亲手种植的松柏早已绿树成荫，微风吹来，沙沙作响，如乐似诗。炎夏到此，凉风扑面，倦意骤减，心情无比舒畅。

鹤地水库

银湖之宏，在于运河水渠之首。渠首门楼耸立着一块镶有彩色精美图案的巨碑，巨碑上有邓小平同志亲笔题字“雷州青年运河”，字体苍劲有力，笔下有神，传递着湛江人开拓进取的精神。渠首大院高耸挺立着由陈毅元帅夫妇亲手种下的“元帅杉”，四季碧绿，矫健挺拔。

银湖之趣，在于湖中有100多个由山丘组成的小岛。岛上林木葱茏，浓荫蔽日。站在湖边，可见水鸟在水面飞翔，迎面而来的雾气透心清爽。可以租条小船，在湖中环游，绕过一座座翠绿的原生态小岛，体验探寻“千岛”的奇趣。

鹤地水库建于1959年，与青年运河合称为雷州青年运河工程，是一个以农业灌溉为主，集工业、生活供水，以及防洪、发电、航运、养殖、旅游于一体的国家级大型综合性水利工程。党和国家老一代领导人朱德、陈毅、董必武、邓小平、叶剑英等曾先后到现场视察，并留下许多宝贵的题词和诗篇。

2. 塘山龙吟：塘山岭

塘山岭，又称谢建嶂，是廉江新八景之一，位于廉城北部，绵延数千米，山势逶迤，形如巨龙，护卫着廉城，又叫“塘山龙吟”，有“藏龙卧虎”之意，寓意着廉江“江山代有才人出”。山顶矗立着118米高的广播电视发射塔，发射半径120千米，为粤西第一塔。

塘山岭主峰海拔190多米，登上山顶，极目远眺，整个廉城美景尽收眼底。四周有大小山塘、水库10多座，恰似镶嵌在姑娘绿色裙边上的明珠，时而发出闪烁的银光。南麓有一口远近闻名的古井，叫仙人井。据《石城县志》载：“仙人井在谢建嶂之南，壁深约3

塘山岭生态公园

尺，阔过之，井口略圆，底多碎石，中有石块凸起如凳。水由上注而下泻，搅之不浊，以之烹茶味特佳。”每日早晚，都有不少的市民载着瓶瓶罐罐来这里取水饮用，以图健康长寿。

3. 红树绿韵：红树林自然保护区

高桥红树林是中国大陆地区最大的连片红树林生长区，为广东湛江红树林自然保护区的核心区，被游客誉为“海洋天然湿地乐园”，位于北部湾英罗港内的廉江市高桥镇的沿海滩涂，全长27千米，面积达37500多亩，1997年被国务院批准为国家级自然保护区，主要景点有观海长廊、观林小道、观林亭、红树林牌坊等。

这带红树林的形成，与北宋大文学家苏东坡有关。相传，被贬到海南的苏东坡获赦北迁，乘船沿雷州半岛西岸而上，到达英罗港时适逢天黑，便靠岸采集松子照明。后人为了纪念此事，把苏东坡当年靠岸的村子改称松明村，并建造一座三圣堂（即苏东坡纪念堂）供奉其父子三人，以表达对他们的崇高敬意。北面的阿婆庙，则传说是苏东坡被英罗港的红树林风光所陶醉，留连忘返，就在庙里住了几天，每日对着旖旎的英罗港吟诗作对，庙中门联“声传万岁龙颜悦，班列千官虎拜齐”相传为苏东坡所作。现在，当地还流传着不少苏东坡创作的诗篇。

高桥红树林品种多、树龄长、林相美，隐藏的动物千奇百怪，远远望去，层层叠叠，密密匝匝，莽莽苍苍，成为独特的旅游资源。保护区内土壤肥沃，盐分大，潮沟纵横交错，构成了复杂的生态环境，为红树林及其他海生动植物的生长生育提供了良好的条件，被誉为"海上森林乐园"。

4. 九洲丽影：九洲江

九洲江是廉江最长、支流最多的河流，发源于广西陆川县大化顶，全长162千米，在廉江市境内89千米，集雨面积2137平方千米，从市北部的石角镇入境由东向西斜贯全境，将全市分隔成西北与东南两大片，最后分别经安铺、营仔注入北部湾。

九洲江河水清澈透明，河道弯曲盘旋，两岸绿树成荫，风景秀丽怡人，是廉江一道靓丽的风景。流域内支流众多，一级支流有武陵河、沙产河、陀村河和长山河；水系分布广泛，全市有18个镇从中用水受益。长期以来，九洲江对廉江的工农业生产、航运和发电都发挥着重要作用，被廉江人誉为"母亲河"。

5. 双峰藏幽：双峰嶂

双峰嶂是廉江八景之一，为湛江市第一高峰，位于塘蓬镇西北，海拔382米，双峰东西并立，相距不过数十米，峰廓浑圆，宛若美人双乳，故名。双峰嶂东邻仙人嶂，西靠婆髻嶂，远看酷似一尊巨大的睡美人像，头在婆髻嶂，胸在双峰嶂，臀在仙人嶂。三嶂鼎足相望，平均海拔320米以上，著名景点有阿婆照镜、仙人洞、通山石垌、乌龟石、将军石、五指石等。

景区面积100多平方千米，区内山峦起伏，山风轰鸣，松涛翻涌，峰奇石怪。山塘水库错落，山上石垌穿幽，山脚流溪缠绕，涧有清泉从山石中涌出。盛夏时，走进山中，清凉如初春。登临双峰，极目远眺，大山余脉苍苍莽莽，鹤地烟波渺渺茫茫，九洲江如飘玉带……如画仙境，尽收眼底。

这里自然景观众多。景点之一的阿婆照镜，其名的由来是因为在双峰嶂的山腰有一块椭圆形巨石，长约20米，宽约20米，高约15米，南面平整，日照放光，几里外可见，恰似一面巨型梳妆镜，因婆髻嶂在其南面对望，故称阿婆照镜。更令人叫绝的是，石镜旁还摆放着一把残留两齿的“石梳”。

婆髻嶂长约4千米，宽约3千米，海拔322米，因嶂顶有一高30米的巨石，酷似老太婆的发髻而得名。山势陡峭，嶂上部的坡度达75度。山上花岗岩层层迭迭，千奇百怪。著名景点有通山石垌、乌龟石、将军石、五指石等。汉朝伏波将军马援南征时在此设置大本营，并留下足印和石刻碑文。峰上还残存有明末清初建

双峰嶂下镜映湖

造的寺庙遗迹。

仙人嶂，面积达7.6平方千米，海拔367米，仅次于双峰嶂，而险要程度却胜过双峰嶂。在主峰北向有一口古井，称仙人井；主峰西向有一个山洞，名叫仙人洞。南峰脚下的花岗岩表面有臀和脚的印迹，印石旁泉水弯流，有一个几平方米的小潭，传说是仙人下凡到此欣赏美景时留下的足迹。

6. 谢鞋野荔：谢鞋山

谢鞋山，因三山相连形似狮子，又称狮子山。该山面积1500多亩，现存原始林木500多亩，最高峰海拔108米。据《石城县志》记载，明朝永乐年间，举人杨钦上京考试，高中进士，官至翰林编修，有功于朝。辞官返乡时，蒙皇帝赐鞋一双，回家后便把狮子山更名为谢鞋山。同时，在山顶建造书房，会友吟诗，研究文史，安度晚年。现在，山顶上还遗留天然石椅一张，人称“翰林椅”。杨钦逝世后，乡亲们敬仰其人，更爱其山，严立乡规，禁山护林。因此，千百年来，此山中的原始林木完好无损。

谢鞋山最大的魅力，就是保存了中国内陆仅存的连片野生荔枝林。一直以来，山上的荔枝漫山遍野，多得不可胜数，常有“谢鞋山荔熟天下贱”的说法。谢鞋山的荔枝不仅数量多，品种齐全，而且其中有“贡品级”果实。相传，南越王尉佗曾向汉高祖进贡过谢鞋山的荔枝。唐朝杨贵妃也偏爱谢鞋山荔枝的独特风味，现在谢鞋山村里残存的“送部衙”就是当年官府将荔枝送给杨贵妃的历史凭证。在《石城县志》中载有："荔枝产于大山者名山枝，谢鞋山为最多。"后来，科普作家贾祖璋在《南州六月荔枝丹》一文说："荔枝原产于我国，是我国的特产。海南岛和廉江有野生的荔枝林，可为我国是原产地的明证。"

谢鞋山不但有野荔枝，还有其他植物400多种，极具生态旅游、植物欣赏和科研价值。山里的荔枝在六七月间成熟，酸甜不一，还有许多其他野果，如黄榄、黑榄、山蕉、杨桃、山竹、乌果（当地人叫芩蛹），也有许多药材。这里的空气特别清新，负离子含量高，无论天气有多热，人们都不会有闷热和口渴的感觉。奇怪的是，这里没有山蚊子，也没有那些让人发痒的毛毛虫，因而平日里来这里观山、赏木、听鸟鸣、吸"氧"的人们都有一种得返自然的舒畅。

7. 飞龙古寺：龙飞嶂

龙飞风景区位于廉江市石岭镇北面，距廉江市区25千米，占地面积3000亩。该风景区山势磅礴，酷似蛟龙腾飞，龙头在吐雾，龙眼在张望，龙爪在挥舞，龙尾在摆动，因而得名"龙飞嶂"。

山上有众多寓意深刻的自然石景，如永安石、美女照镜、金象登峰、马鞍石、金蛇吐珠、双龙献宝、恩爱石等。登上半山腰，就会看见山岩下有一口龙井，清澈见底，甘洌清醇，泉水终年涌流不断。登上山顶，极目远眺，到处都是经过大自然千百万年造化而成的花岗岩石，奇形怪状，千姿百态，真是名副其实的"石景山"。

嶂下有一古刹，名叫永安寺。它始建于清康熙年间，建筑面积700多平方米，分前、中、后三座，每座五间，两旁低，中间高，为县官罗廷卓所建，意为"永保平安"。据传，修寺前，当地天灾人祸，民不聊生。当年12月10日，永安寺落成，天空出现日月交辉之景，次年正月5日巳时、10日巳时又出现日月交辉之景，是大吉大利之兆，从此四方百姓得以安居乐业。该寺于1866年和1994年重修。永安寺建造独特，错落有序，雕梁画栋，龙飞凤舞，充分体现了独特的人文景观和当地古代文化艺术及人民群众的智慧结晶，是历代群众向往的地方，吸引了不少善男信女前来祈求人寿年丰。这是廉江市保存最完好的人文景观之一，目前已被列为市级旅游风景区。

8. 百果之乡：杨桃沟

杨桃沟位于廉江市河唇镇，相邻鹤地银湖景区，距廉江市区5千

杨桃沟

米，覆盖新屋仔、良塘、横窝、莲塘口等19个自然村，总面积12平方千米。因开通一条从镇区贯通基地8千米的水泥硬地化道路，而这段路一边是高山层叠，一边是悬崖峭壁，沿途可见该沟青山绿水，果实累累，景色怡人，因而得名“杨桃沟”。

这里盛产的水果有上百种，五月有荔枝、杨梅，七八月有黄皮、龙眼、菠萝，九十月有红橙，一年四季都有青翠欲滴的红杨桃、番石榴等。其中，红杨桃通过了国家绿色食品A级认证。2005年，河唇杨桃沟成为廉江市生态文明示范区，拥有“百果之乡”的称号。

三、鸣翠橙乡，宜居廉江

廉江历史悠久，旧称石城县。据说是因县有石城冈，其山如城，故名。公元622年，始建石城县，属罗州。公元742年，以廉江河取名，石城县改名廉江县。公元972年，废廉江，划入吴川，属辩州（今化州）。1167年，复析吴川西乡置石城县，属化州。之后1368年属化州府，1374年属化州，1376年属高州府，1912年属高州道。1914年，改石城县为廉江县，属高州道。新中国成立后，县名沿用，属广东省南路专员公署、高雷专区、粤西行政区、湛江专区、湛江地区行政专员公署。1983年9月，撤销湛江地区，实行市辖县新体制，廉江县属湛江市管辖。1993年12月，廉江撤县设市改称廉江市（县级），由湛江市代管。

廉江市是湛江市管辖的三市（雷州市、廉江市、吴川市）、两县（徐闻县、遂溪县）、四区（赤坎区、霞山区、坡头区、麻章区）经济发展的排头兵。近五年来，廉江市连续五年获得湛江市落实科学发展观考核第一名，连续三年获得湛江市县（市、区）经济实绩考评第一名，四次获得湛江市招商引资和园区建设“三讲三评”考评第一名，连续四年获得省级产业转移园目标责任考核一等奖，主要经济社会发展指标实现了生产总值、工业产值、固定资产投资、财政收入、社会消费品零售总额、外贸出口、交通基础设施投入、民生事业投入、城乡居民人均可支配收入、居民储蓄存款的“十个翻番”。在2015年粤东西北县域经济振兴指数综合评价中，廉江市列第一名。

廉江市街景

2017年，廉江市跻身全国县域经济400强竞争力排行榜第220位，名列广东省第8位，是湛江市唯一入选的县（市、区）。

廉江市总面积2867平方千米，人口182万，下辖三个街道（罗州、城北、城南）、十八个镇（石城、新民、吉水、河唇、石角、良垌、横山、安铺、营仔、青平、车板、高桥、雅塘、石岭、石颈、塘蓬、长山、和寮）和一个省级经济开发区，还有黎明、红湖、红江、东升、长山五个国营农场（属粤西农垦局辖管），以及廉江、石岭两个国营林场（属雷州林业局管辖）和雷州青年运河管理局。[1]

根据新的城市规划，廉江市采取“西拓、东扩、北联、南和与中优”的策略，大力扩大城市的容量和提升城市的质量。西拓，就是城市向西拓展，建设全长12.4千米、双向八车道的北部湾大道，再造一个廉城。东扩，就是城市向东扩展，规划建设双向八车道全长14.5千米的东环大道和城东新区，使城区面积扩展至65平方千米，城区可承载人口达80万。北部湾大道和东环大道竣工后，加上原来的廉江大道和罗州大道，廉城将由四条双向八车道的主干道撑起中等城市“骨骼”。北联，就是城市向北扩展，与产业园融为一体。南和与中优，就是通过“三旧改造”，优化城市南部和城区中部核心区，力求塑造“青山秀水、粤西风情、江畔明珠、工业名城”的城市风貌。

[1] 廉江市志编纂委员会办公室编．廉江年鉴（2014-2015）［M］．北京：中国文史出版社，2015.11.

未来的廉江，立足数十年的发展，在交通上确定了建设"环北部湾县域交通枢纽中心"的战略目标，抓住"三高速两高铁"贯穿廉江市境内的契机，开启大交通建设热潮，打好交通基础设施建设攻坚大会战，为"宜居"增加含金量。

首先，在城区交通建设上，正在建设的东环大道全长10千米，道路宽度50米，这是廉江市突破铁路制约、开发东部城区的一个重要举措。北部湾大道三期4.6千米长、路宽80米的双向八车道，将与北部湾大道一、二期衔接，北部湾大道全线建成通车后，将成为廉江城市新的中轴线，不同功能组团将沿线分布，这是廉江市重构城区交通格局和发展格局的浓重一笔。罗州大道西延伸线全长约12.9千米，路宽约30～50米，与北部湾大道、遂六线以及玉湛高速合江出口相接，建成后将为沿线丰诚水泥等重点项目打通运输大通道，并缓解目前沿线居民出行的交通压力，这是廉江市服务企业、致力民生的生动体现。

其次，在拓展城市空间的承载能力方面，正在建设中的东环大道、北部湾大道三期、罗州大道西延伸线与人民大道西延伸线建成后，将建立起廉江承南启北、连贯东西的井型交通框架，不仅有利于缓解老城区交通拥堵问题，而且有助于改善过境交通环境。四条干线运输功能覆盖三个镇38条村庄，建成后将使城区规划面积由现建成区的23平方千米扩大到60平方千米，成为可容纳80万人口的中等城市。同时有效地促进近城多个镇（街道）的融合发展，极大地拓展城市发展空间，凝聚人气，形成产城联动的开放式架构，增强城市的聚焦效应和辐射功能，拉开廉江市打造一山（塘山岭）、二园（城南万亩植物园和城北塘山岭生态园）、三水（九洲江、廉江河、雷州青年运河）、五区（城中、城南、城北、城东、开发区）生态型城市的新序幕。

再次，在“三高速两高铁”建设上，廉江市主动抢抓境内汕湛高速、玉湛高速、环雷州半岛高速和广湛高铁、合湛高铁工程建设的契机，主动建设高速、高铁、机场的衔接线，主动争取省新增地方债券支持，并做到以最快的速度敲定规划，以最精干的力量配齐工作队伍，以最优的方案推进项目，以最短的时间保质建成。

最后，在深入实施“一县一港区”战略上，加强与华电集团、湛江港务集团合作，推进湛江港廉江港区公共码头规划及基础设施建设；加快推进龙头沙一级渔港二期工程、营仔二类渔港、湍流渔港三合避风塘等项目，争取启动营仔、安铺九二港区及码头航道建设，逐步完善廉江市境内港口码头的装卸、物流等相关功能配套，为廉江市工农业产品的出口拓宽海上之路。

通过引进碧桂园等房产名企，加上清华园、御景城、永兴国际城、二力城、冠利·万科苑、美景国际、锦绣华景、长盈·翰林苑、华源城等大楼盘的崛起，为市民提供更多优质房源的同时，打造更加安全、舒适、文明、和谐的社区环境。随着百信国际广场、永福商业、鑫源·国际广场等大型商贸载体的投入使用，加上兴旺发达的服务业、往北联接产业园，营造了一个宜居宜业的优美环境。

随着交通骨架干线网络化、对外交通高速化、城乡交通便捷

廉江市晨景

化、交通枢纽一体化的发展，廉江市将释放更大的城市动力与活力，走出一条具有地域特色的新型城镇化路子。从空中俯瞰廉城，廉江大道、罗州大道、北部湾大道像三条大动脉，为打造宜居橙乡奠定了基础，更为廉江的腾飞注入了巨大的能量。愿廉江的明天，山更青，水更秀，景更美，政通人和，人们安居乐业。

四、动感橙乡，宜乐廉江

由于祖辈迁徙聚居的历史渊源及地缘关系，涯话[1]、白话、黎话、海话等多种乡土语言相互交融，南粤文化、土著文化、闽南移民文化、海洋文化和中原文化熔于一炉，进而形成了独特的廉江民俗，

[1] 涯话，粤西及广西南部等地区的一类客家语方言。此处的涯，当地一般发音为 ngai(对应的普通话发音为 ái)，一般认为其来源于大部分客家语日常口语中的第一人称“我”(ngai/nai/)，根据发音可写作“涯话”“哇话”“崖话”“哎话”“埃话”等，其中“涯话”写法最普遍。为方便，本文均记作“涯”。

如安铺八音、营仔白戏、良垌舞鹰雄、吉水飘色、石角傩戏等。其中，新华舞鹰雄和石角傩戏被列为省级非物质文化遗产。

1. 新华舞鹰雄

舞鹰雄是集舞蹈、武术和杂技为一体的表演艺术，颇具民间特色。相传，鹰为飞禽之王，雄为民间传说的一种猛兽，二者常在一起嬉戏觅食，又常争斗，互不相让。人们观之，甚是有趣，便模仿鹰、雄嬉戏相斗的情景，娱乐健身。久之，舞鹰雄就发展成为一种民俗活动。每当逢年过节或喜庆日子，人们都希望有鹰、雄出现，驱邪镇妖，给人们带来如意吉祥。

1851年，新华两家滩圩一带就有舞鹰雄活动。改革开放后，新

舞鹰雄表演

华镇竹园的舞鹰雄队吸收民间舞鹰雄的传统特点，去粗取精，融武术和舞蹈于一体，刚柔相济，气势雄浑。舞鹰雄里有鹰、雄、大头佛和狮子，表演时鹰在前、雄在后，两者动作敏捷，配合默契，刚中带柔。表演套路为醒鹰雄、格斗四门、洗脸漱口、过天桥、采地菁、采天菁。其中，采天菁动作惊险，难度最大，鹰要"飞"上4米高的木杆，运用气功，肚顶杆头，展翅旋转720度，是整个舞的高潮和最精彩部分。

廉江市良垌镇竹园村的舞鹰雄起源早，且表演最具特色。1997年，良垌镇被广东省文化厅命名为"广东省民族民间艺术——舞鹰雄之乡"。2006年，舞鹰雄被广东省人民政府批准列入第一批省级非物质文化遗产保护名录。2015年，廉江市舞鹰雄艺术团表演的节目《舞鹰相斗竞风流》荣获第十二届中国民间文艺山花奖。

2. 粤西白戏

粤西白戏俗称"白仔戏"，是一种杖头木偶戏，流行于廉江、遂溪及合浦等地。这种戏始于清乾隆年间，由营仔镇龙村农民创造的"竹筒戏"发展而来。当时，村民用本地白话民歌演唱，辅之以自制简易木偶，一般二至五人即可演出（一人主演，一人协助操纵木偶，一人敲击竹筒）。由于使用竹筒配击节奏，又称为"木鱼班"，这便是白戏的雏形。

经过长期的发展，白戏艺术日益成熟。它借鉴粤剧艺术角色行当，分为"三脸"（大花脸、二花脸、黑脸）、"四净"（小生、

木偶飘色

武生、老生、丑生）和“五旦”（花旦、散旦、色旦、梅香旦、少旦），以具有原始民歌特色的“慢板”为主，辅之“快板”“反线慢板”等，而在唱词结构上基本保留了民用的七字句格式，也可根据剧情内容的需要加活动短句。音乐明快活泼，由长腔、变体板腔、小曲曲牌和锣鼓谱四个部分组成。白戏演出的舞台，以木架搭建的临时舞台为主，在村口街边随时可以搭台演出。

白戏（木偶戏）表演

白戏是粤西特有的传统民间艺术，是营仔镇独具特色的传统民间表演艺术。1996年，广东省文化厅命名营仔镇为"广东省民族民间艺术之乡"。

3. 廉江涯歌

涯歌，即用涯话（客家话）演唱的山歌，主要流行于两广交界讲涯话的地区，富有特色，历史悠久。据记载，唐朝"安史之乱"后，中原客家人南迁，明万历年间从福建迁入粤西、广西等地。清乾隆年间，独具特色的廉江涯话歌逐渐形成，分为山歌和木鱼。

山歌多由放牛老伯和牧童演唱于山上或田间，形式为七字一句，四句一首，一、二、四句押韵，音调高亢，旋律悠扬。其内容十分丰富，有的是诉说旧社会穷人的痛苦生活，如"难了难看，难了难，麻篮担水上沙滩；麻篮担得几多水，肚饿挨得几多餐"；有的是抒发男青年的"单相思"，如"日头到地月光来，月光到地竹叶开；竹叶叶开等露水，阿妹开门等郎来"；有的是流行于抗日战争时期的情歌，如"石榴青青石榴青，阿妹出嫁亦或招亲？你要招亲就找我，又会种田又能当兵"。此外，山歌还有民间高手摆歌台与众人对唱的形式。

木鱼是粤桂边区特有的民歌，其特点为七字一句，两句一节，上、下句尾有特定"接腔"，形式为一人独唱，或一人领唱，众人接唱。唱木鱼者，一是旧社会的一些乞丐，随街卖艺，挨家逐户唱，演唱者会根据听众不同，经常增加新的内容，如遇到学生围观，就唱一些知识性的东西，如"一字写来一条梁，二字一点一画长，三字三笔叠叠上，四字又扁又四方……"。二是乡村民歌手聚

涯歌对唱

会唱。这往往在夜间进行，一人主唱，众人接腔，场面十分热闹。如演唱《乾隆皇游江南》，每晚唱一二集，可以连唱好几个晚上。这些歌手，一般没有剧本，只需看看小说，熟悉书中的人物和情节，就能“出口成章”，随意编组唱词。

后来，木鱼发展成为文艺宣传的主要形式，唱家史、村史，颂英雄人物，表扬好人好事。更有甚者，对木鱼的句式和腔调进行大胆改革，把较为单调的涯木鱼演绎成载歌载舞的涯歌表演，如以歌颂廉江红橙为主要内容的代表作《王母寻宝下廉江》在2001年获得省市文艺汇演的奖励。

4. 黎戏

黎戏又称"公仔戏"，是木偶戏中的一个分支。它用黎话（即雷州话，属闽方言）演唱，通过木偶来表演，每班十多人。前台表演人员，通常是谁持木偶谁演唱。唱词、唱腔有固定格式，但根据剧情的需要，既有道白，又可以插入灵活句。唱词的格律一般是一、二句为平声，第三句尾为仄声，第四句尾又是平声，从第五句后就是一仄一平，末句为平声。演唱时，由一人主唱，众人和尾声，并有锣鼓、唢呐、弦乐伴奏。唱腔自成一格，演唱起来显得和谐动听，深受黎话地区的群众喜爱。

曾经，黎戏流行于廉江龙湾、横山、河堤一带的黎话方言区，龙湾"三洪胜"班小有名气。进入20世纪80年代，在本地演出的场次减少，他们便多在湛江市郊、雷州、徐闻等地演出。

5. 安铺八音

安铺八音是古镇安铺的一种民间艺术，常在元宵节和端午节演出，现有一百多年的历史。创立者是光绪年间该镇有名的音乐爱好者李六朋秀才，他琢磨"八

音”含义，根据广东民族乐器的特点和地方特色来配置乐器的种类及件数，计有手铃和小钹各一对，小扣锣、木鱼、清磬、煞板、小鼓、横箫、洞箫、高胡、二弦、三弦、大筒和琵琶各一件，椰胡、沉胡、月琴和秦琴各两架，共22人各执一件组成八音，再谱入当地传统的《到春来》《小桃红》《浪淘沙》《三仙会》等曲调，协奏起来，欢快清雅，袅袅动人。

6. 吉水飘色

飘色是一种融戏剧、魔术、杂技、音乐、舞蹈于一体的民俗艺术。它的奇妙之处在于演员们通过经过精心伪装的钢枝凌空而立，由看不见的色梗支撑，利用巧妙的力学原理，营造出飘飘欲飞的效果。扮演者服饰艳丽，年纪较小，通常是6~9岁的儿童。飘色所展现的内容大都是历史名人和神话传说中的人物，如仙女下凡、八仙贺寿、贵妃醉酒、杨家将、岳家军、包青天等。

吉水飘色以精、巧、奇的技艺而著称，被称为“隐蔽的东方艺术”。相传，明末清初年间，吉水群众为纪念明朝政治家海瑞受贬海南岛时途径廉江专程到吉水拜谢恩师梁逵的故事，别出心裁地制作了一台飘色在大街小巷巡游，深受群众的称赞和喜爱。此后，每年的农历正月十五元宵节和二月初三都是吉水镇展现飘色的重要日子。近十多年来，吉水飘色队参加廉江市醒狮、飘色、舞鹰雄大巡游和廉江红橙旅游文化节等大型活动，深受各届人士欢迎。

7. 石角傩戏

石角傩戏是迄今为止广东地区发现的唯一保存最完整、历史最悠久的傩戏。傩是中国原始宗教信仰的产物，而傩戏则是在傩祭、傩舞、傩歌的基础上发展而来的，主要分布在粤桂地区讲涯话的乡镇，现已有四百多年的历史，保存剧本一百多种。无论是取材于神话传说，还是取材于历史故事或现实生活，都有完整的故事情节，表现出丰富多彩的客家文化。

石角傩戏是粤西傩文化的重要载体。从形式来看，它是一种融说、唱、舞为一体的戏曲样式，具有娱人与娱神的作用。从装饰艺术来看，它是一种图形艺术，讲究观赏性、艺术性和娱乐性的统一，具有祭祀和艺术的双重功能。在傩戏的表演过程中，佛、道、儒家文化

傩戏表演

交错渗透，具有浓郁神秘的楚巫文化色彩和珍贵的艺术价值。

傩文化最直观、最形象的特色是傩面具，通过人物面具的造型、色彩等多种装饰形式的变化，传达一种特殊的视觉信息。石角傩戏团现存九个有三百多年历史的面具（部分已失传），共五类人物。石角傩戏面具制作是以整块樟木雕刻而成，面具造型朴实、夸张，色彩庄重凝厚，人物形象诙谐、滑稽，色彩斑驳，光怪陆离。表演者一般4至6人，多至10余人。其表演动作滑稽、粗犷、夸张，展显出原始野性美以及扑朔迷离的故事情节，深受当地群众喜爱。

石角傩戏不仅集音乐、演唱、舞蹈于一体，而且承载了中原的傩祭文化、农耕文化，并与佛、儒、道结合在一起，有驱瘟逐疫，劝人弃恶扬善，为人祈求吉安的美好愿望。2012年2月，石角傩戏被列入广东省第四批省级非物质文化遗产名录。

五、美食橙乡，宜品廉江

除了橙红色果肉且带蜜香的廉江红橙之外，廉江还有极具本土特色的美食。廉江的美食，总是让人心生向往。俗话说：“天下唯美食与爱不可辜负也。”红橙时节，让我们带上眼睛、味蕾和心灵，一起走进美食橙乡吧！

1. 安铺白切鸡

白切鸡又名"白斩鸡"，恰熟不烂，皮爽肉滑，香而不腻，是广东安铺古镇的一道传统名菜，源于清道光咸丰年间。相传，从博罗县流落到安铺圩居住的李苍佑以开设小食店谋生。后来，他的四个儿子都以开设小食店、客栈、饭店等为业。其中，三儿子李国超秉承粤菜特色，厨艺超群，制作的各种菜式和各式包点色、香、味俱好，尤以安铺鸡饭有名。安铺白切鸡选用本地土养鸡为食材，经过煲、煮、滚、冷等一系列复杂工序烹制而成，配上生抽靓豉油，伴以沙姜、蒜蓉、麻油，吃起来皮爽肉滑，美味可口。

2. 良垌广海鸡

广海鸡又叫"清水鸡"，肉质鲜嫩不油腻，骨香入味，是廉江的一道美食品牌，在整个广东乃至广西都小有名气。广海鸡为廉江市良垌镇刘水海首创，因其在鸡场散养长大，肉质细嫩，重量1千克左右。母鸡在产蛋前上厨，吃时必以一碗浓汤伴食，此汤极为鲜美，配方秘而不传，故名"清水鸡"。2003年，广海鸡被评为广东省名牌产品，已获中国绿色食品认证。

3. 山雨湛江鸡

山雨湛江鸡，皮脆弹牙，肉质鲜香，是湛江山雨生态特色品牌。它源于湛江走地鸡，通过精选优良品种，运用生物防控技术，营造原生态养殖环境；通过选配优质中草药有机鸡饲料，养殖零农残、零抗生素和零激素的优质生态鸡；通过食品生产加工、冷冻排酸、冷链配送等全产业链现代安全技术，生产更加健康的排酸白肉。

4. 营仔龙鲕饭

龙鲕饭，鲜美可口，营养丰富，蛋白质高，是营仔特色美食之一。龙鲕，是章鱼的一种，但又和章鱼不同，因为它的躯干特别细，有八只特别长的“脚”，每条都超过10厘米，有的甚至长达15厘米，上面布满了细小的吸盘，吃起来口感比章鱼更香脆。龙鲕饭就是把龙鲕和米一起煮成饭，简单的做法却透漏着营仔人对自家海鲜的自信。他们用最新鲜、最天然的龙鲕做原料，再加上自产的有机香米，无需调料就可以吃到鲜美可口的海鲜饭。

5. 石角扣肉

石角扣肉，俗称“石角第一扣”，油而不腻，味带清香，是廉江的特色美食之一。将酸菜放在已煮至八成熟的带皮五花猪肉上面蒸，约30分钟至肉软烂，一盘热气腾腾、香味扑鼻的石角扣肉就呈现在眼前，让人情不自禁地夹起一块放在嘴里，香嫩的一层肥肉与香浓的一层瘦肉，这就是石角扣肉的独特美味。

6. 塘蓬焖猪肉

塘蓬焖猪肉，肥甘不腻，味特香醇，是廉江特色美食之一。猪肉主要来自塘蓬镇山区农民养的本地猪，该猪食用薯苗和米水，要一年多才出栏。烹饪时，选择半肥瘦的猪颈肉或腩肉，经过慢火生焖25分钟，入味后再配搭酸菜、蒜苗等一起吃，其肉香皮滑，肥而不腻，令人垂涎。2003年，塘蓬焖猪肉被评为廉江市最佳旅游美食产品。

7. 河唇鱼头汤

河唇鱼头汤汤色浓白，甜而不腥，是廉江特色美食之一。鱼头汤用鹤地水库自然生长的鳙鱼头烹制，鳙鱼头大而多髓，配以豆腐、防党、北芪、杞子、红枣等材料煎煮，汤色变白后加入胡椒粉。这时的鱼头汤香郁浓白，朴实无华，新鲜美味尽在其中。更重要的是，鱼头汤甜而不腥，含有丰富的骨胶原，是补脑益寿、美容养颜的佳品。

8. 山姜头鸡汤

山姜头又叫沙姜头，是姜科植物的块根，具有温中散寒、祛风健脾、活血下气、祛湿等功效。山姜头鸡汤是用山姜头和秘制汤料配制而成，汤纯白如牛奶，味微甘，具有山姜头独有的奶香和鸡肉的清香，喝下去十分鲜甜可口，再辅以葱炒牛肚及酸菜鱼头，堪为一绝，是滋补的好食品。

9. 安铺年糕

年糕又称“年年糕”，与“年年高”谐音，寓意着人们的工作和生活一年比一年好。年糕有黄、白两色，象征金、银。由于禾谷成熟一次称为一年，所以过年吃年糕，就含有五谷丰登和“年高”长寿之意。安铺年糕是有名的糕点，不仅历史悠久，而且味道独特。它以糯米、红糖、白砂糖、花生油等为原料制作，采用高压锅炉蒸汽成型生产技术，因其粽红透亮、甜粘适口、风味独特、品质上乘、品种丰富、知名度高，成为粤西地区最受欢迎的大众美食。2011年，安铺镇被广东国际食品博览会组委会授予“广东年糕之乡”称号。

10. 簸箕炊

簸箕炊又叫“米乞”，软滑爽口，咸香不腻，是粤西地区汉族传统小吃之一，因其采用竹篾编制而成的簸箕为盛具而得名。将磨成浆的米粉放在簸箕当中，上锅蒸煮，待一层熟透后再逐渐添加，一般有三层以上，等米粉全熟后，用小刀将其切成格状，在表面撒上芝麻，或配蒜头、酱油、花生油等。簸箕炊入口细腻，富有弹性，软滑爽口，再加上秘制的酱料，香浓不腻。

11. 横山煎堆

煎堆又叫麻团、珍袋，色金形圆，外香内糯，是横山镇的一种特色小吃。过年做煎堆，意味着“煎堆碌碌，金银满屋”，又言

“年晚煎堆，人有我有”。形如拳头大小的油炸糯米粉团，表面布满芝麻，馅料丰富，制作考究。横山煎堆以实心为主，口感外香酥脆，内软黏连，馅料香甜可口。2003年，横山煎堆被评为“廉江市最佳旅游美食产品”称号。

12. 石岭古粽粑

石岭古粽粑，熟而不烂，香而不腻，是廉江的特色小吃之一，其独特之处在于用簕古叶包蛤蒌猪肉馅。用簕古叶包的粽子特别香，糯米熟而不烂，且有利水去湿、清热解毒的功效。用蛤蒌猪肉作馅，不仅可以消除猪肉的肥腻，而且可以中和糯米的湿热，祛热毒。猪肉进口而化，混着蛤蒌，也不怎么觉得油腻，让人“吃一个想两个”。

13. 番薯粥

番薯粥清凉爽口，微甜，是廉江的特色小食品。番薯粥原是廉江人贫困日子里的充饥之物。20世纪80年代后，随着人们生活水平的提高和饮食口味的变化，廉城、安铺都兴起了食番薯粥“热”。它的做法十分简单，将新鲜番薯切成丝，用清水洗去薯丝上的淀粉，滤干水分，投入沸水中，待至将熟时下白糖即成，成品清凉爽口，若配煎咸鱼则更具风味。

14. 青平腊肠

秋风起，食腊味。风味独特的青平腊肠名扬四海，为廉江一大特色美食，是廉江人居家必备和送礼佳品。青平腊肠肉色红白分明，剔透红润，瘦而不柴，肥而不腻，醇厚有嚼劲，甜度很浅，却足够提住肉的香味，还不会盖住肉糜本身的浓香，吃到口中宛如浓汤般散开，每一个味蕾都溢满了肠香。

15. 廉江生滚白粥

廉江生滚白粥以清滑、爽口、解渴著称。这与广州煮成糊的粥不同，它是把米煮开即可。具体来说，粥煮至既不夹生又不腩烂时，冲入事前煮沸晾凉的凉开水缸里，使粥粒成粒，粥水清沏，不至于沾牙糊嘴。吃时，配上各种特色小菜，如瓜干、黄瓜干、萝卜干、甜蒜头、花生米、熟鸭蛋、辣椒酱、鲜嫩的蕹菜和腌制柠檬仔等，更是美味。

16. 廉江牛杂串

牛杂是廉江当地最有名的小吃。为了保持牛杂的原汁原味，采用了牛杂煲的原始制作方法。牛杂煲好不好吃，关键看煲的配料。廉江牛杂以十三香为主要的卤水香料，包括茴香、花椒、八角、桂皮、陈皮、沙姜、豆寇等。将煮熟的牛肠、牛筋、牛腩等用剪刀剪成小块，然后用长约20厘米的铁丝串起来。吃时，别忘了蘸一点儿辣椒酱，辣得边吃边喘气，这样才够刺激。

17. 菜头粑

菜头粑，软糯咸香，是廉江的特色小吃之一。它是用菜头丝加上米粉做成的糕点，像一张扑克牌那么大，经过煎炸后，颜色金黄，看起来更加诱人，味道更香。刚刚煎出来的菜头粑冒着热腾腾的白烟，根据自己的口味加上酱油或者辣椒酱，再配上一碗爽滑的豆腐花，味道更赞。

橙乡美食，不仅仅是一种香与味，而在于八方食客亲临廉江时，能真实地享受廉江给自己带来美好心情的同时，真切地感受廉江特色美食给味蕾带来的美妙体验。

六、创新橙乡，宜学廉江

廉江发展靠创新，创新靠人才，而人才关键靠教育。教育是一座城市蓬勃发展的根基，是一座城市永葆生命力的重要保证。一座城市，教育强则城市强，教育兴则百业兴。在廉江这片热土上，有全日制普通高等院校、百年重点中学、新建窗口学校、民办实验学校等几所具有代表性的学校。

1. 广东文理职业学院

广东文理职业学院是由广东省人民政府批准成立，国家教育部备案，面向全国招收国家任务生的全日制普通高等院校，隶属省教育厅。

千亩“生态园林式”校园依山傍水，环境优雅，常年绿树成荫，四季繁花飘香，威武将军山、俏丽日月湖把校园点缀得绚丽多姿。学院办学用地1097亩，建筑面积38万多平方米，拥有现代化的教学大楼、图书馆、行政大楼、高标准的学生公寓、高校示范性餐饮中心、高标准的艺术馆、网球场、羽毛球馆、乒乓球馆、室内外篮球场、排球场、健身房等。学院实验实训中心8.2万平方米，已具备教学、培训、科技开发、生产四位一体功能。校外实训和顶岗实习基地228家，覆盖所开设的全部专业。基础设施按20000人的办学规模配套建设，为学生提供了一个舒适的学习和生活环境。为支持学院升格为应用型本科院校，国家发改委下拨了专项实训设施建设资金。学院将建成全省一流的广东奥克体育运动中心，内设劳丽诗游泳跳水馆。

学院秉承“生态文理、人文文理、特色文理、品牌文理”的办学理念，设有教学单位“七系一部三院”，共50个专业、88个方向。现有学生11000多人，教职员工756人，专任教师587人，“双师型”教师365名。正、副教授等高级专业技术职称教师占39.6%，博士、硕士学位教师占48.7%，聘请了30多名著名专家、教授为学院的特聘教授和学科带头人，引进了50多名知名度高的专家、教授

为各专业课程带头人，而且每年邀请海内外专家、学者来校讲学交流，使教育教学充满活力，让学生拓展视野，提升文化涵养。一大批优秀青年教师迅速成长，荣获全国优秀教师、南粤优秀教师、南粤优秀教育工作者等称号。学院高度重视教研与科研工作，设置有粤西区域经济发展研究中心、岭南文化研究中心、廉江市电子电器研发中心、广东文理发展研究中心、茗龙茶学研究所、岭南廉江红橙研究所等，并制订相关政策，对教师取得教研、科研项目及成果给予经费支持与奖励。近年来，教师主持省级课题近20项，形成了良好的科研氛围；师生在各级各类期刊上发表学术论文360多篇，编写教材13种，申请国家发明专利和实用新型专利80多项，其中太阳能LED广告牌、节能印刷机装置等10多项已被企业转化应用；学生

参加全国职业院校技能大赛获奖200多人次。

学院坚持以就业为导向，致力于推进校企合作，建有三个校办工厂和一大批校外实训基地，学生专业基础知识扎实、实践动手能力强、综合素质高、富有敬业创新精神，深受用人单位好评，近年来就业率达97%以上。

学院一直坚持“全环境育人”，致力于打造园林意境生态校园，种植来自世界各地的名贵植物3000多种、20多万株，山水花木，石桥楼阁，皆是具有审美价值的景观元素，构成了丰富多彩、有意味的校园景观。

学院致力于打造健康、和谐、向上的校园文化，每年举行一次大型校园文化艺术节，60多个学生社团积极开展一系列主题鲜明、富有特色的校园文化活动，让学生懂得感恩，善于分享，学会发展。学院醒狮队多次参与社会大型活动，每年组队参与香港国际武术节、湛江国际龙舟邀请赛、珠海全国龙舟邀请赛，并取得好成绩；组织学生参与广东省运动会、2010年亚运会、东盟博览会、中国国际海洋博览会、红橙旅游文化节等大型活动，担任志愿者，这拓展了学生的视野，提升了学生服务社会的意识和综合素质。

学院"文理大讲坛"是实施综合素质教育的又一课堂，多次聘请专家学者、企业家和社会知名人士作讲座，把中华精神文化和企业管理文化直接引进课堂，实现学校与企业以及学生与用人单位的"零距离双对接"。

学院正努力塑造新时代的大学精神，通过全环境育人，学生的综合素质明显提升，在全国和全省高职高专技能大赛中获得多个奖项。2006年以来，学院获得全国文明单位、军民共建社会主义精神文明先进单位、全省爱国拥军模范单位、广东省文明单位、广东省军民共建先进单位、安全文明校园、园林式单位等荣誉，学院的立体育人环境和人才培养特色备受社会赞赏。

2. 廉江中学

廉江中学创建于1919年11月，是一所具有悠久历史和光荣传统的市重点中学。学校位于廉江市区三台山南麓，占地面积135840平方米，现有在校学生6729人，在岗教职工570人。

百年名校底蕴深厚。学校历史悠久，文化底蕴历经积淀和拓

展，形成了“团结勤奋，求是进取”的校训精神，“传承创新，孕育英才”的办学理念，“正德厚生，和谐发展”的办学特色；树立起“敬业爱生，严谨治学，创新求精”的教风，“尊师守纪、勤奋好学、实践求真”的学风。

育人环境钟灵毓秀。学校科学规划，依山而建，拾级而上，碧草如茵，绿树掩映，亭台池苑，错落有致，形成了“春开花、夏成荫、秋结果、冬有青”的自然景观和“德育、启智、怡情”的人文景观，其中，古朴典雅的校史馆记载着百年老校的辉煌，校史馆前陈列的四门清代铁炮见证着创建基业的沧桑，劝学钟亭的钟声和鸣，激励着莘莘学子奋发向上。

基础设施与时俱进。学校拥有设备先进的教学楼、宿舍楼、办公楼、科学馆、图书馆、体育馆以及标准化运动场等教学场所设施，建成了校园广播系统、学校官方网站、千兆主干校园网络，教室设置多媒体教学平台，实现与Internet的互联互通、信息交流与资源共享。

学校师资力量雄厚。现有高级教师84人，中级教师274人；特级教师2人，全国优秀教师2人，省级优秀教师18人；"广东省百千万人才工程"培养对象2人，广东省骨干教师培养对象9人；湛江市名师工作室主持人4人，廉江市专业技术拔尖人才6人。近年来，学校教师发表论文200多篇，出版教师论文集6辑。

教育教学业绩显著。其中，2014年，上本科线1452人，上重点大学线166人，1人被清华大学录取；2015年，上本科线1659人，上重点大学线290人；2016年，上本科线1501人，上重点大学线213人；2017年，高考成绩再续辉煌。

屡获殊荣闻名遐迩。学校先后荣获广东省绿色学校、广东省"四五"普法先进单位、广东省现代教育技术示范学校、广东省一级学校、广东省文明单位、广东省普通高中教学水平优秀学校、全国教育科学"十五"规划重点课题实验学校、奥运事业突出贡献先进单位等荣誉。

3. 廉江市第一中学

廉江市第一中学创建于2008年12月，是廉江市委、市政府高起点规划、高标准建设的市直属完全中学，现有学生5000多人，教职工397人。学校依山而建，各功能区自成一体，规划科学，环境优美，是湛江市的窗口学校。

设备设施先进。全校实行校园"一卡通"管理，学生进出宿舍和校门、学费缴交、校内消费、借阅图书以及请假等都已实现智能化管理。教室全部安装多媒体教学平台，科学楼设实验室、探究室、语音室、电脑室、网真教室（教育空间站），功能齐全。图书馆设学术报告厅、藏书室、阅览室、电子图书室，馆藏图书30万册。德政楼设多功能大型会议室、美术室、音乐室、舞蹈室、钢琴室、古筝室。学生宿舍宽敞、舒适。学生食堂可容纳3500人就餐，干净卫生。

办学特色鲜明。学校以论语广场为平台，以传统文化教育为抓手，创新了“仁德教育”范式，全面践行社会主义核心价值观。“仁德教育”包括仁师、仁生、仁教、仁学四个方面，涉及仁德文化、仁德课程、仁德课堂、仁德育人四大领域。一是理念明确。确立了“以德立校、以智强校，先成人、后成才”的办学理念，以“培养有中华灵魂和世界眼光的当代人才”为办学宗旨，以“争一

廉江一中

流、创特色，办名校、育英才"为办学目标，以"厚德、博学、砺志、笃行"为校训，形成了"孝亲、尊师、赞美、鼓励"的校风，"传道授业、诲人不倦，言为世则、行为世范"的教风，"勤学、善思、互助、奋进"的学风。二是文化鲜明。以论语文化的"仁、义、礼、智、信、温、良、恭、俭、让"为德育主题，以校本教材《读〈论语〉学做人——让青少年受益一生的儒学智慧》《读经典明智慧——廉江市第一中学仁德教育读本》《廉江市第一中学文明礼仪手册》等为载体，开设礼仪课、论语课、心理健康教育课、幸福文化课堂等校本特色课程，学习文明礼仪，宣扬国学文化，启迪学生心智，鼓励学生读圣贤书、立君子品。论语广场、仁德广场、历史文化长廊、校门喷泉、校内盆景、名人警句等，构成了独具特色的校园文化景观。和谐的校园是莘莘学子求知的理想乐园，是传播国学精髓和古今文明对话的集结地。

办学成绩显著。一是中、高考成绩显著。自2012年首届高考、中考以来，学校年年被评为湛江市和廉江市高考、中考先进单位，高考成绩综合评价年年居湛江市同类学校前列，中考成绩连年居廉江市前茅。办学至今，为全国高等学校输送了数千名优秀毕业生，其中，黄春令、何美琴考上中国人民大学，陈国东考上中央美术学院。二是科研成绩突出。学校至今已拥有省市课题20多项，其中张旭主持的"'仁德教育'：现代化视域下教育理念的范式变革"是广东省教育科研"十三五"规划重点课题。三是素质教育硕果累累。学校成立了34个学生社团，社团在各级各类比赛中屡获殊荣：

学校合唱团参加第四届香港国际青少年合唱节比赛夺得小组合唱金奖、混声合唱银奖，参加广东省第五届中小学生艺术展演获得一等奖，2016年7月赴北京参加第十三届中国国际合唱节比赛获重唱小组银奖；科技协会成员在全国航模比赛、青少年创造力大赛等活动中摘金夺银，多人次获国家级奖励；学校女子足球队于2016年12月获得湛江市第一届青少年足球联赛女子甲组第一名和道德风尚奖；叶德瑜同学发明的作品“便携式高效发电装置——重力势能太阳能风能互补蓄电演示仪”荣获第68届德国纽伦堡国际发明展银奖，并获第9届国际发明创意大赛金奖；高二学生韩雪仪获得2017年广东省美式九球锦标赛女子组冠军。

办学九年，廉江市第一中学通过研究孔子、弘扬国学、浸润育德，逐渐探索出一条适合本校的“仁德教育”特色发展之路，不仅推动学校不断前行，而且引领教师专业发展，其中张旭校长先后被评为高中语文正高级教师、湛江市名校长工作室主持人、广东省骨干校长培养对象、广东省名校长工作室主持人。学校先后荣获广东省交通安全文明示范单位、广东省书香校园、广东省德育示范学校、广东省文明守法优秀单位、广东省文明单位、广东省依法治校示范学校、全国特色学校、全国创新名校、全国优秀家长学校、全国青少年校园足球特色学校、广东省一级普通高中等荣誉。

4. 廉江市实验学校

廉江市实验学校是经廉江市人民政府、湛江市教育局批准创办的，一所集幼儿园、小学、初中、高中为一体的全日制现代化非营利性民办学校。学校总投资6.8亿元，中、小学校区占地面积276亩，建筑面积25万平方米，办学规模240个教学班，可提供11000个优质学位；幼儿园园区占地面积36亩，建筑面积3.7万平方米，办学规模50个班。

办学理念先进。学校以“创中华名校、育华夏英才”为办学目标，追求高起点、高规格、高效率、高质量，努力打造德育品牌、教学质量品牌、科学管理品牌、优质服务品牌。学校坚持“教学生一天，想学生一生”的办学理念，以“教学质量是学校发展的生命线”为立校之本，力求“三天改变态度，三月改变习惯，三年改变人生”；以“立德树人，博学笃志”为校训；以“养成教育、感恩教育、雅行教育、人生规划教育”为德育特色，让每一位学生牢记“国家、荣誉、责任”，懂得“尊重、理解、包容”；以“有教无类、因材施教”为教学原则，大力推进分层教学，全面挖掘学生的潜能，让每位学生得到进步。

设施设备完善。学校按照省一级学校标准规划建设，教学楼、实验室、音乐室、美术室、多媒体演播室、大型多媒体会议室、电脑室、图书馆、运动场、教职工活动室、食堂等设施齐全；教室配备多媒体教学平台，教室、宿舍全部安装空调，并配备直接饮用水系统，宿舍还安装冷热水系统，学校设有洗衣房等。学生宿舍配有专职的生活指导老师。学校实行二十四小时无缝隙对接管理，让学生安心，让家长放心。

师资力量雄厚。学校拥有来自全国31个省、自治区、直辖市的优秀教师，其中包括享受国务院特殊津贴的教育专家、特级教师以及一大批省市级骨干教师、学科带头人、模范班主任。他们分别毕业于中山大学、北京师范大学、华中师范大学、陕西师范大学、华南师范大学等国家重点大学，具有高级或中级教师职称，大部分曾在国家级示范性高中、省市级重点学校任教，教育教学经验丰富。

教育成绩卓著。学校教育教学成绩卓著，有11名学生分别被北京大学、清华大学录取，100多名学生被复旦大学、上海交通大学、中国人民大学、浙江大学、武汉大学等全国十大名校录取。2017年有7名学生分别考上清华、北大，一本、二本上线人数均创新高，创造了湛江教育史上的奇迹。首届中考成绩创湛江市纪录。学校童声合唱团获广东省中小学艺术展演一等奖，参加第十三届中国国际合唱节比赛被评为民谣组B级合唱团。学校被评为廉江市青少年感恩文化教育示范学校、湛江市社会组织党建工作示范点、湛江市特色文化校园、广东省绿色学校；学校食堂被授予餐饮服务食品安全A级饭堂称号，被评为广东省食品安全示范学校食堂。

说一千，道一万，廉江红橙实质上承载着一种艰苦创业、勇于创新的廉江精神。说起廉江精神，不禁想起1958年廉江人参与鹤地水库建设时那惊天地、泣鬼神的场景：30多万来自全国各地的劳动大军，他们自带生产工具和生活用品，浩浩荡荡开赴鹤地库区，随即开始开山劈石、战天斗地的“造海”历程。他们肩挑手扛，铲挖筐装，顶风冒雨，日夜奋战，拦蓄九洲江，筑起鹤地水库，兴建雷州青年运河。他们自力更生、艰苦奋斗、团结协作和无私奉献的革命热情异常高涨，用不到两年的时间，建成了两个国家级工程，从根本上解除了雷州半岛的旱涝，同时筑起了一座建库开河精神之丰碑。

正是这种艰苦创业的廉江精神，一直激励着廉江人民奋勇前进，不断创造新的业绩。廉江有山有海，山与海造就了廉江人敢为人先、开拓进取、包容开放和无私奉献的廉江精神。

参考文献

[1] 周开隆，叶荫民主编．中国果树志·柑橘卷［M］．北京：中国林业出版社，2009.

[2] 廉江市志编纂委员会办公室编．廉江年鉴（2012-2013）［M］．北京：中国文史出版社，2013.

[3] 陈汉能．红江橙“一品多牌”弊端分析与名牌战略探讨［J］．中国热带农业，2007.

[4] 黄铁鹰．褚橙你也学不会［N］．北京：机械工业出版社，2015.

[5] 邱上深，佟伟．优质红江橙原产地农业气候条件分析［J］．中国农业气象，1997.

[6] 蔡志婉．湛江市红橙生理黄化原因及对策［J］．广东农业科学，1996.

[7] 宣承柱．无核少核红橙选育成功［J］．中国柑橘，1993.

国家社科基金项目“社会资本、知识管理与科技型小微企业成长研究”（16BGL037）

北京市朝阳区科委“互联网＋朝阳区小微企业”协同创新中心项目、北京市属高校高水平教师队伍建设支持计划 高水平创新团队建设计划“面向创新网络的小微企业公共服务体系构建研究”（IDHT20180514）

北京联合大学人才强校优选计划资助出版

互联网＋小微企业成长研究

陶秋燕　何勤　主编

李立威　等编著

中国经济出版社
CHINA ECONOMIC PUBLISHING HOUSE
·北京·

图书在版编目（CIP）数据

互联网+小微企业成长研究／陶秋燕，何勤主编．
—北京：中国经济出版社，2019.5（2024.6重印）
ISBN 978-7-5136-5367-1

Ⅰ.①互… Ⅱ.①陶… ②何… Ⅲ.①互联网络—作用—中小企业—企业创新—研究
Ⅳ.①F276.3-39

中国版本图书馆CIP数据核字（2018）第220906号

责任编辑　邓媛媛
责任印制　巢新强
封面设计　任燕飞工作室

出版发行　中国经济出版社
印 刷 者　三河市金兆印刷装订有限公司
经 销 者　各地新华书店
开　　本　710mm×1000mm　1/16
印　　张　13.75
字　　数　180千字
版　　次　2019年5月第1版
印　　次　2024年6月第2次
定　　价　69.80元
广告经营许可证　京西工商广字第8179号

中国经济出版社 **网址** http://epc.sinopec.com/epc/ **社址** 北京市东城区安定门外大街58号 **邮编** 100011
本版图书如存在印装质量问题，请与本社销售中心联系调换（联系电话：010-57512564）

前言

随着经济的发展,小微企业的数量和规模不断增加,已经成为我国市场主体中的主力军,并逐渐成为推动我国经济和社会发展的重要支撑力量。根据国家统计局的数据,截至2017年7月底,我国小微企业名录收录的小微企业已达7328.1万户,其中,企业2327.8万户,占全国企业总数的82.5%;个体工商户5000.3万户,占全国个体工商户总数的80.9%。小微企业数量多、分布广,在扩大就业及维护社会和谐稳定、促进经济增长和推动创新方面发挥着重要作用。近年来,受国内外经济发展形势的影响,以及资金不足、规模小等自身原因,小微企业在发展成长过程中面临着融资难、公共服务不健全、创新活力不足、市场竞争力弱等亟待解决的问题。

互联网的发展正从消费互联网向产业互联网转变,“互联网+”等相关行业持续保持高速增长态势,这为小微企业的发展带来了挑战和机遇。当前小微企业利用互联网、移动互联网、云平台提升信息技术应用能力,不断创新管理和营销模式,创新生产组织、营销和市场决策方式已成为发展趋势。随着“互联网+”进程的不断推进,互联网已经逐渐渗透到小微企业生产、采购、经营的各个环节。如何运用新技术构建和完善小微企业

公共服务体系,怎样快速提升小微企业的信息化能力,促进小微企业与互联网的深度融合,激发小微企业的创新创业活力,推动小微企业的转型升级,成为小微企业发展面临和亟须解决的突出问题。

2015 年 3 月,李克强总理在政府工作报告中提出制订“互联网 +”的行动计划,并提出到 2018 年互联网与经济社会各领域的融合发展进一步深化,基于互联网的新业态成为新的经济增长动力,互联网支撑大众创业、万众创新的作用进一步增强,互联网成为提供公共服务的重要手段。2017 年 10 月,党的十九大报告进一步提出“推进互联网、大数据、人工智能和实体经济深度融合”。互联网与实体经济的深度融合已成为社会各界关注的热点问题。《国务院关于扶持小型微型企业健康发展的意见》(国发〔2014〕52 号)、《促进中小企业发展规划(2016—2020 年)》《工业和信息化部关于进一步推进中小企业信息化的指导意见》(工信部企业〔2016〕445 号)等文件均指出,积极推动“互联网 +”与小微企业的融合发展,激发中小微企业的创新活力。

针对“互联网 +”环境下小微企业发展和成长的问题,本书聚焦北京市小微企业,以北京市朝阳区为案例,采用理论分析与典型案例分析相结合的方法,对“互联网 +”背景下小微企业发展概况、小微企业公共服务体系建设、小微企业创新创业空间建设、小微企业“众创”“众包”“众筹”及众扶新模式应用等问题进行了分析,并提出了“互联网 +”背景下小微企业发展的政策建议。在北京建设全国科技创新中心的背景下,小微企业创新成为推动科创中心建设的重要抓手,针对小微企业知识产权商用化服务的实际需求,设计并开发了小微企业知识产权商用化平台,以期为小微企业知识产权商用化搭建平台。

北京联合大学管理学院陶秋燕教授、何勤教授编写了本书的研究体

系和框架，北京联合大学管理学院李立威副教授负责全书的统稿、修改工作。全书共分6章，第1、2、5章由北京联合大学管理学院李立威编著，第3章由北京联合大学管理学院杜辉、张迺聪编著，第4章由北京联合大学管理学院黄艳、陶金元、胡艳君编著，第6章由李立威、杜辉、黄艳、严鸿雁编著。严鸿雁、徐鲲、王艳娥、赵森茂等设计了小微企业知识产权商用化平台，并撰写了小微企业知识产权商用化平台的需求文档(附录1)。北京联合大学管理学院肖文东副教授、鲍新中教授等对本书的写作提供了很多有价值的资料和建议，本书在写作过程中还得到了北京联合大学中小企业研究中心、北京市朝阳区科委的大力支持，在此一并表示衷心的感谢。

由于时间仓促，作者水平有限，书中难免有错误或不妥之处，恳请各位读者和专家批评指正。

目 录

1 “互联网+”环境下北京市小微企业发展概况

1.1 北京市小微企业发展概况

小微企业是小型企业、微型企业、家庭作坊式企业、个体工商户的统称。2011 年工信部发布的《中小企业划型标准规定》中提出了微型企业这一类型的标准，正式把中小企业分为：中型、小型和微型。2011 年国家统计局出台《统计上大中小微企业划分办法》，2017 年进行了修订，按照行业门类、大类、中类和组合类别，依据从业人员、营业收入、资产总额等指标，将我国的企业划分为大型、中型、小型、微型等 4 种类型。

小微企业是一个相对比较模糊的概念，不同国家和地区经济发展水平不同，对小微企业的界定也不同。即使在同一国家，不同的历史时期、发展阶段也可能有不同的标准。从各国对小微企业的划分看，可以概括为 2 类：一类是从量的方面界定，标准主要有人数、资产和收入；另一类是从质的方面，主要以企业的经济特征和控制方式作为小微企业的划界标准。总体来看，以定量方式划分小微企业被多数国家采纳。

随着经济的发展，小微企业的数量和规模不断增加，截至 2017 年 7 月底，中国小微企业名录收录的小微企业已达 7328.1 万户，小微企业成为吸纳就业、方便群众生活、促进创新、优化产业结构、促进经济增长的

重要支撑力量。

根据北京市统计局2017年10月发布的小微企业经济状况数据，2017年1—3季度，北京市小微企业从业人员达到114.2万人，实现收入11890.8亿元，实现利润1981.2亿元，如表1-1所示。小微企业组织机构灵活，创新潜力大，在不同规模的企业中，按照人均利润额看，小微型企业显著高于中型企业。

据统计，2014年以来，北京市新设立企业中与"互联网+"、电子商务等新兴业态有关的企业快速成长。2016年末，在资产超千万的新设立企业中，与互联网、科研创新有关的企业数量最多，占比达到33.3%[①]。在资产排名前10的新设立企业中，有近半数属于科学研究和技术服务业。以新经济企业为代表，新设立企业在推动经济转型升级和增长动能接续等方面发挥了重要作用。

从行业来看，以信息技术为主导的新经济和现代服务业具有较高的成长性，与互联网和信息技术相关的信息传输、软件和信息技术服务业具有较强的获利能力，人均创造的利润额最高，其次是商务服务业，如表1-2所示。

表1-1 2017年1—3季度北京市小微企业情况

规模	收入（亿元）	同比增长（%）	利润（亿元）	同比增长（%）	从业人员（万人）	同比增长（%）	人均利润
小型	10027.7	9.8	996.6	69.9	108.7	-1.5	9.176
微型	1863.1	4.5	984.6	79.1	5.5	-19.3	179.02

① 中国产业经济信息网．北京市新设立小微企业户均资产首超200万元[EB/OL]．http.//www.cinic.org.cn/xy/gdcj/856.html.

表1-2 2017年1—3季度北京市不同行业小微企业情况

行业	收入	同比增长（%）	利润（亿元）	同比增长（%）	从业人员（万人）	同比增长（%）	人均利润
工业	5103.3	1.9	362.2	8.5	56	-5.4	6.47
其中:制造业	4798.4	2	325.8	14.2	53.1	-5.5	6.14
建筑业	1572.2	-0.5	51.4	27.6	22.3	-4.7	2.30
批发和零售业	19100.6	17.5	415.3	110	29.8	-3.5	13.94
交通运输、仓储和邮政业	759.5	7.9	22	105.9	14.4	-6.7	1.53
住宿和餐饮业	326.5	4.3	0.5	—	17	-3.9	0.03
信息传输、软件和信息技术服务业	1989.2	9.6	857.2	66.2	31.3	-3.6	27.39
房地产业	1031.6	2.4	177.3	98.2	19.9	0.9	8.91
租赁与商务服务业	3894.8	5.8	1026.9	48	68.1	3.6	15.08
科学研究和技术服务业	1554	11.4	101.3	20.8	20.3	0.7	4.99
水利、环境和公共设施管理业	146.7	-2.4	6	-28.8	2.3	-10.6	2.61
居民服务、修理和其他服务业	72.9	13.9	1.9	260.8	3.1	-5.2	0.61
卫生和社会工作	1.2	22	-0.4	—	0.1	26.7	-4
文化、体育和娱乐业	450	-7.1	37.6	-8.6	6.6	-1	5.70

数据来源:北京市统计局

从区域来看,2017年前3个季度朝阳区小微企业在北京市具有最高的收入额,以及较多的从业人员,从业人员66万,仅次于海淀区的67.1万,但是利润额和人均利润却比较低,这说明朝阳区小微企业的结构以盈利能力较低的传统业态为主。利用互联网等现代信息技术手段提升朝阳区小微企业的盈利能力和健康可持续发展,成为朝阳区小微企业发展转型面临的重要问题,这对疏解非首都核心功能和构建"高精尖"经济结构具有重要的现实意义。

表 1-3 2017 年 1—3 季度北京市不同区行业小微企业情况

区域	收入	同比增长（%）	利润（亿元）	同比增长（%）	从业人员（万人）	同比增长（%）	人均利润
东城区	3506.1	8.2	608.6	162.6	17.8	-3	34.19
西城区	3245.8	6.5	1212.5	59.2	23	-2	52.72
朝阳区	9003.5	12.8	423.7	154.5	66	-2.3	6.42
丰台区	2169.6	10.5	110.1	75.7	19.3	-1.5	5.70
石景山区	957.3	15.1	42	-24.2	9.2	-5.5	4.57
海淀区	8005.5	15.8	321.2	-14.1	67.1	-0.4	4.79
房山区	930.8	5.8	18.3	15	6.3	-9.8	2.90
通州区	959.3	3	22.6	-14	11.5	-2	1.97
顺义区	1602.2	1.2	54.5	-26.3	16.4	-0.6	3.32
昌平区	1849.2	21.1	69.2	-15.5	14.6	1.8	4.74
大兴区及北京经济技术开发区	2378.7	7.2	136.1	14.7	22.1	-3.8	6.16
门头沟区	214.8	33.5	1.3	—	1.8	2.2	0.72
怀柔区	402.9	4.7	24.9	14.8	4.7	-0.8	5.30
平谷区	280.5	-11.1	0.3	-97.6	4.9	-5.8	0.06
密云区	371.3	1.3	6.2	36.3	4.6	-7.2	1.35
延庆区	125.1	10.1	7.8	-51	1.8		4.33

数据来源：北京市统计局

1.2 互联网+小微企业的内涵

“互联网+”是互联网发展到一定阶段后，针对传统行业利用互联网产生的概念。“互联网+”是指互联网与传统行业的融合。2015 年 3 月，李克强总理在政府工作报告中提出制订“互联网+”的行动计划。2015 年 7 月 4 日，国务院印发《关于积极推进“互联网+”行动的指导意见》，该意见指出，“互联网+”是把互联网的创新成果与经济社会各领

域深度融合，推动技术进步、效率提升和组织变革，提升实体经济的创新力和生产力，形成更广泛的以互联网为基础设施和创新要素的经济社会发展新形态。“互联网 +”行动计划是结合我国互联网融合社会不同领域的发展现状提出的创新型发展模式，具有浓厚的本土实践色彩。

小微企业是小型企业、微型企业、家庭作坊式企业、个体工商户的统称。从税收的角度划分，将资产总额不超过 1000 万元人民币、从业人数不超过 80 人、年度应纳税所得额不超过 50 万元人民币的企业认定为小微企业。根据行业的不同，小微企业在资产总额、从业人数和纳税所得额方面有具体的认定。

小微企业在促进经济增长、科技创新、就业及社会和谐稳定等方面发挥着不可替代的作用，是国家实施“双创”战略的重要主体。小微企业具有经营规模小、市场反应迅速、组织机构灵活、创新潜力大等优势，但是相比大型企业的成熟完善，小微企业在管理体系、人才配置和资本方面有着较大差距。

互联网 + 小微企业，是指小微企业主动与互联网深度融合，通过运用互联网手段实现小微企业经营模式、商业模式的创新和变革，利用互联网、云计算、大数据、物联网等技术，降低成本、提高效率，创新产品和服务、增加客户满意度，提升生产力和创新能力。

互联网的发展正从消费互联网向产业互联网转变，这样的转变为小微企业的发展带来了挑战和机遇。一方面，互联网的冲击使得部分传统行业面临着挑战，实体店的大量关闭让越来越多的小微企业经营者感受到发展的危机；另一方面，得益于互联网，一些小微企业将互联网工具和实体产业相结合，获得了大量客户资源。“互联网 +”已成为小微企业转型的强大助力之一。

1.3 北京市小微企业与互联网融合发展现状

1.3.1 小微企业与互联网融合的程度加深

根据国家统计局北京调查总队开展的“互联网+”情况调研①,北京市小微企业已普遍触网,对“互联网+”有较高的需求,各行业都希望利用“互联网+”实现企业的转型升级。九成被调查小微企业在日常工作中使用互联网。在使用互联网的企业中,有96.1%的小微企业有意愿或已经实现“互联网+”的转型升级;近七成的小微企业愿意付费使用互联网服务或平台。

随着“互联网+”进程的不断推进,互联网已经逐渐渗透到小微企业生产、采购、经营的各个环节,更多的小微企业成为互联网深度用户。从采购及销售环节看,被调研的小微企业网络采购量及销售额占比均与上年同期持平或提升。从获取行业或市场信息看,45.8%的小微企业从互联网获取的信息量比上年提升,54.2%的企业与上年基本持平。目前,小微企业对互联网的应用更加广泛和多元。调研结果显示,企业在经营中使用最多的互联网工具分别为内外交流类(如微信、邮件等,使用率为74.5%)、人才招聘类(使用率为58.8%)、行政管理类(使用率为41.2%)。此外,商业营销、财务管理类工具的使用也较为频繁,使用率分别为39.2%和23.5%。

---

① 国家统计局北京调查总队.2017年新设立小微企业“互联网+”呈现出三大变化[EB/OL]. http://www.bjstats.gov.cn/zxfb/201712/t20171208-388593.html.

1.3.2 互联网服务助力小微企业实现“互联网+”

互联网在降低企业成本，提升企业效率的同时，也为小微企业带来了巨大的机遇，越来越多的小微企业愿意为“互联网+”埋单。调研显示：68.6%的小微企业愿意付费使用网络服务。其中，41.2%的企业已经付费使用一些服务或平台，主要用于企业的内外交流（使用率85.7%）、人才招聘（使用率61.9%）和考勤等行政管理（使用率47.6%）；27.4%的企业虽然暂时没有付费使用，但也表示愿意接受付费使用的方式①。

面对较高的开发成本和技术门槛，小微企业受自身实力所限，自主研发能力相对不足，这也为互联网技术服务类企业提供了商机。目前已经出现了一批第三方服务企业，帮助小微企业开展线上业务，为小微企业提供培训、招聘等低接入成本的互联网服务（或平台）。数据显示，96.5%的被调研企业对SAAS（软件即服务）和PAAS（平台即服务）的推出表示认同，小微企业“互联网+”实现方式的变革值得关注。小微企业对于定制互联网服务较为认可，其业务保持平稳发展。

根据国家统计局北京调查总队的调研数据，从小微企业对互联网的投入变化看，94.0%的企业在2017年前3季度对互联网应用的投资比上年同期增加或持平，其中投资增加的企业占32.0%，投资减少的企业仅占6.0%，企业对互联网投入的增长势头明显。从投资回报看，90.0%的企业认为投资带来了一定收益，14.0%的企业认为带来了非常

---

① 国家统计局北京调查总队. 2017年新设立小微企业“互联网+”呈现出三大变化[EB/OL]. http://www.bjstats.gov.cn/zxfb/201712/t20171208-388593.html.

显著的收益[①]。小微企业经营观念的变革将进一步加快“互联网+”进程，推动经济转型和创新驱动的步伐。

随着移动互联网的不断普及，小微企业也逐步迈进了移动互联网时代。数据显示，被调查企业中，有34家通过移动终端开展业务，占比达66.7%。有82.4%的企业对移动终端的使用效果给予了积极评价，其中，对“工作便利，提升效率”的认可度最高，为70.4%；其次为“推广品牌，服务客户”，比重为19.2%[②]。

1.4 “互联网+”背景下北京市小微企业发展存在的问题

1.4.1 互联网+小微企业公共服务体系建设不够完善

小微企业在促进就业、科技创新、税收等方面对北京市的经济和社会发展做出了巨大贡献。小微企业的发展存在诸多先天的劣势，如融资困难、抗风险能力差、资源不足等，与大企业相比是弱势群体，在发展过程中迫切需要政府各方面的政策支持和公共服务。在创业过程中，小微企业创业成本高企，原材料成本和人力薪酬上升、税费负担居高不下、资金周转压力大。而企业创业阶段，又急需融资、法律、培训等服务，小微企业很难找到对应的服务提供机构，即使找到了也难以支付昂贵的费用。

虽然国家和北京市出台了很多支持小微企业发展的政策推进企业公共服务体系建设，但是目前针对小微企业的公共服务还存在很多不

① 国家统计局北京调查总队.2017年新设立小微企业“互联网+”呈现出三大变化[EB/OL]. http://www.bjstats.gov.cn/zxfb/201712/t20171208-388593.html.

② 国家统计局北京调查总队.2017年新设立小微企业“互联网+”呈现出三大变化[EB/OL]. http://www.bjstats.gov.cn/zxfb/201712/t20171208-388593.html.

足,如服务的专业化不足不能满足需求、服务体系不健全、服务质量有待提高、服务意识不够、服务渠道不畅、互联网+服务手段不足等。

"互联网+"带动小微企业公共服务需求释放,服务供给也呈现出激增态势,但目前各级服务载体服务提供能力明显不足,服务内容与小微企业实际需求还有一定差距、服务手段和方式还不够丰富、服务缺少针对性。在创新性和专业性方面,服务体系内各服务载体和服务供给方自身创新性不强,导致服务不够精准、特色服务供给少,难以满足"互联网+"背景下小微企业对公共服务个性化、精准化、便利化、丰富化的服务需求。

1.4.2 小微企业创新创业活力没有充分激发

小微企业已成为国民经济中最活跃的部分,在创造社会财富、推动科技创新、带动社会就业等方面都发挥着不可替代的重要作用。小微企业创新创业的最大困难就是融资问题,小微企业在投资规模、技术含量、竞争实力等方面处于弱势地位,获得和利用政策信息的渠道不通、能力不强,在创业过程中存在着融资渠道单一、融资难等问题,制约了小微企业创新创业的活力。尽管国家出台了相关政策,主要金融机构也采取了一定措施,但还是有大量的小微企业面临资金紧张的状况。如何千方百计为小微企业创新创业清障,使其充分释放活力,服务经济社会发展,成为小微企业发展中的重要问题。

1.4.3 小微企业与互联网深度融合不够

"互联网+"让小微企业有了更多细分的市场机会,给小微企业的发展和转型升级带来了难得的机遇。《国务院关于扶持小型微型企业

健康发展的意见》(国发〔2014〕52 号)、《国务院关于积极推进“互联网+”行动的指导意见》(国发〔2015〕40 号)、《促进中小企业发展规划(2016—2020 年)》《工业和信息化部关于进一步推进中小企业信息化的指导意见》(工信部企业〔2016〕445 号)等文件均指出,积极推动“互联网+”与小微企业的融合发展,激发小微企业的创新活力。

在认知方面,目前很多小微企业对互联网的认识还非常片面,有的企业认为在淘宝上开店,或者是通过网络销售产品就是在走“互联网+”的道路。在实践方面,小微企业互联网手段利用不足,很多企业仅仅把互联网作为一种工具和手段,应用在研发设计、生产管理、营销推广等某一环节,没有从企业转型升级和战略的高度去思考互联网给企业经营方式带来的变化,企业与互联网融合的深度不够。

1.4.4 小微企业知识产权公共服务体系有待完善

2014 年 10 月 8 日,国家知识产权局印发《关于知识产权支持小微企业发展的若干意见》,从扶持小微企业创新发展、完善小微企业知识产权社会化服务、提高小微企业知识产权运用能力、优化小微企业知识产权发展环境等方面,提出要完善小微企业知识产权保护体系和加快知识产权公共服务体系建设。

小微企业尤其是科技型小微企业是大众创新创业的主体,对于北京市国民经济和社会发展、构造高精尖经济结构具有重要的战略意义。一直以来,我国和北京市在扶持科技型小微企业方面做了大量工作,但在这一过程仍然面临着知识产权管理制度不完善、保护体制不健全、政策体系不系统、针对性不强、覆盖范围不够、服务模式单一等问题。

1.5 本书的研究框架

面对"互联网+"背景下小微企业发展存在的典型问题,本书通过理论分析与典型案例分析相结合,对"互联网+"背景下小微企业发展概况、北京市朝阳区小微企业公共服务体系、小微企业创新创业空间、小微企业"众创、众包、众筹"等四众应用模式等问题进行了分析,并提出了"互联网+"背景下小微企业发展的政策建议。针对小微企业知识产权商用化服务的需求,设计并开发了小微企业知识产权商用化平台,平台的需求分析和基本功能模块见本书附录。

全书的研究框架如图1-1所示。

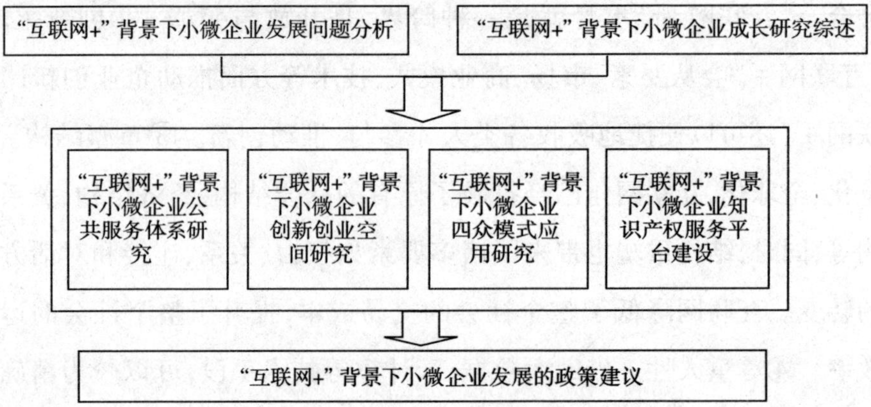

图1-1 本书的基本框架

2 “互联网 + ”环境下小微企业成长研究综述

2.1 “互联网 +”的特征研究

根据马化腾等(2015)的总结,“互联网 + ”的基本特征包括:①跨界融合。“互联网 +”本身就是一种跨界,是开放与变革。②创新驱动。“互联网 +”会从要素、市场、商业模式、技术等方面推动企业创新;“互联网 +”还可以便捷地吸收各类人才参与、推动创新。③重塑结构。信息化、全球化、互联网化已经打破了原有的社会结构、经济结构、关系结构等,同时,结构重塑也带来了诸多要素如权力、关系、连接和对话方式的转变。互联网降低了整个社会的交易成本,提升了整个社会的运营效率。④尊重人性。借助大数据、云计算等技术手段,可以较为精确地计算出每个个体的消费习惯、消费特征,从而满足不同个体的差异化需求。⑤开放生态。“互联网 +”要求企业优化企业内外部生态,使生态更好地融合,企业还应该不断地建立、完善、创新生态。⑥“连接一切”。借助互联网的相关技术、信息与平台,可以实现信息共享。

根据谢平等(2015)的归纳和总结,与互联网有关的领域普遍具有以下特征:①固定成本一般很高,边际成本很低。例如,互联网初期的产品需要投入大量的设计、开发、推广、调试等费用;由于信息传递几乎零

成本,因此每增加一个产品的边际成本很低,甚至接近于零。②网络外部性,即梅特卡夫法则。该法则认为,网络价值的增长倍数几乎等于网络节点数量增长倍数的平方。梅特卡夫法则意味着:网络成员越多,信息传播、交流、共享就更加充分,基于信息的交易、合作也更加充分,由此产生的网络价值也就越大,这会进一步促使更多的人愿意加入网络。

李海舰(2014)等认为互联网改变了交易场所、拓展了交易时间、丰富了交易品类、加快了交易速度、减少了中间环节,互联网是一种思维方式,包括互联网精神、互联网理念和互联网经济3方面。互联网的精神即开放、平等、协作、共享;互联网理念包括虚拟实体打通、时空约束打破、产品极致化、模块化、个人帝国主义、利用大众力量、通过免费赚钱、用户本位主义;互联网经济包括交易技术层面的长尾理论、交易结构层面的市场均衡理论、交易绩效层面的消费者主权论。根据互联网思维,传统企业必须进行再造,其方向是打造智慧型组织:网络化生态、全球化整合、平台化运作、员工化用户、无边界发展、自组织理论。成立于2010年4月的智能手机企业小米在短短4年多时间里,从零成长为预计2014年销售额达800亿元人民币的大型企业,备受世界瞩目。小米公司创始人雷军在谈及小米的成功经验时,常以“互联网思维”作为核心要素。

2.2 互联网与小微企业公共服务体系建设

小微企业公共服务机构,是指由政府设立、推动设立或以购买服务的方式设立的专门为小微企业提供公共服务的中介机构。由政府设立、扶持设立或者推动设立的为小微企业提供服务的中介机构,是政府加强小微企业公共服务的一个重要载体。政府通过这些中介机构,以

一定的形式,如定期发布市场信息、政府的指导性政策等信息,为小微企业提供政策咨询和创业支持等公益性服务,来达到促进小微企业生存和健康发展的目的。

我国建立的小微企业公共服务机构,包括小微企业公共服务平台、小型微型企业创业基地、小微企业信息化服务平台等。各类小微企业公共服务平台是小微企业公共服务机构的重要载体和表现形式。服务平台在解决小微企业共性需求,畅通信息渠道,改善经营管理,提高发展质量,增强市场竞争力,实现创新发展等方面发挥着重要的支撑作用。

小微企业公共服务体系一般是指所有向小微企业提供服务的机构的总和,是以服务社会各类小微企业为宗旨,以营造良好的发展环境为目的,为小微企业的创业创新和发展提供多层次、多渠道、多功能、全方位服务的社会化公共服务网络,既包括基础设施等硬件,也包括机构平台运营和各类服务活动。国家从上到下推动建立社会化的小微企业公共服务体系是各国促进小微企业发展的重要举措。

互联网和大数据的快速发展正在改变公共服务模式。对小微企业公共服务体系的改进与完善,是增强小微企业创新能力,激发其创新活力的重要手段。互联网和大数据的快速发展不但使得小微企业对于公共服务的需求发生巨大转变,也为促进小微企业公共服务体系的供给模式提供了新的思路和手段,对服务体系完善服务内容、丰富服务手段、提升服务水平、优化服务运营也提供了新的方向。

小微企业公共服务体系是以小微企业服务机构为核心,以小微企业公共服务平台网络和公共服务平台为骨干架构,发挥各类行业协会(商会)和专业服务机构等的桥梁纽带作用,各层级服务机构纵向贯

通、各类服务机构横向协同，线上线下相结合，服务于小微企业各类公共服务需求的动态、开放、协同、共享系统。在我国，平台网络、示范平台和创业创新基地是提供公共服务的重要载体和主要抓手（徐西峰等，2017）。

构建完善的小微企业公共服务体系，集成各类公共服务资源，提高服务体系的质量和效率，已成为使供给侧和需求侧得以合理匹配的重要政策手段，对于适应小微企业需求结构变化，推进小微企业持续增长都将起到十分关键的作用。电子商务、互联网金融、网络众包众创等互联网技术和商业模式的变革为我国进一步完善“互联网+”企业公共服务体系建设提供了难得的机遇，电子商务为小微企业公共服务体系运营与拓展提供新途径，互联网金融为完善小微企业公共服务体系的投融资功能提供新方式，网络众包众创为小微企业公共服务体系创业创新提供新选择（徐西峰等，2017）。

孙林生（2018）认为“互联网+”环境下小微企业公共服务需求呈现出服务需求个性化、运营方式共享化、融资渠道丰富化的特征。互联网为小微企业公共服务需求表达和实现供需对接提供了便利的渠道，激发了小微企业公共服务的个性化需求，近年来针对小微企业提供各种个性化和定制化的服务也不断涌现；从供给视角而言，互联网的发展有助于完善服务供给内容、丰富公共服务方式，提升公共服务水平。

王继承（2016）认为“互联网平台+小微企业”模式有助于克服小微企业的规模不经济问题，比政府提供的公共服务更加高效，弥补了小微企业的天然弱质性，发挥了小微企业灵活性、个性化特点，形成了网络上的产业集群。该模式也面临着个人产品服务提供者是否需要工商登

记、市场主体之间的权利义务关系不清、监管责任如何有效落实等问题。

互联网线上线下新业态、新模式的快速涌现倒逼各类小微企业公共服务向线上延伸服务内容、拓展服务对象、丰富服务方式。在互联网+公共服务方面,杭州基于“互联网+”打造了小微企业公共服务体系,其中政府主导建立了“创新券、活动券、服务券”制度,企业为主打造形成了“互联网+”商标注册服务、创业活动平台、数据化创投等特色服务。江苏中小企业公共服务平台网络与爱合同平台开展对接,向小微企业提供免费的合同审核服务,实现买卖类、租赁类、借款类、合同劳动类等20类合同的自动化审核、风险提示。

2.3 互联网与小微企业开放式创新

随着互联网向各个领域的融合渗透,小微企业利用互联网开展创业创新及参与竞争的方式也相应地变化,创新方式从封闭式创新转向开放式创新。

2.3.1 开放式创新的概念

2015年7月,国务院《关于积极推进“互联网+”行动的指导意见》提出鼓励各类创新主体充分利用互联网,把握市场需求导向,加强创新资源共享与合作,促进前沿技术和创新成果及时转化,构建开放式创新体系。

开放式创新的概念源自美国加州大学伯克利分校哈斯商学院加伍德公司创新中心主任亨利·切萨布鲁夫(Henry Chesbrough)教授于2003年出版的专著《开放式创新》,切萨布鲁夫对“开放式创新”做出如下定义:为了促进组织内部的创新,有意图且积极地活用内部和外部的

技术及创意等资源的流动，其结果是增加将组织内创新扩展至组织外的市场机会。切萨布鲁夫认为开放式创新主要表现在2个方面：一是组织打破边界吸收外部资源，进行内外部资源的整合利用；二是将创新成果商业化。这种创新模式打破了传统的资源壁垒，有利于改善创新效果。在信息技术迅猛发展的影响下，切萨布鲁夫预测今后市场将由以产品为中心转为以服务和平台为中心，并提出公司应将用户体验和呼声融入公司的服务开发。

开放式创新强调对企业内部和外部2个方向上创新资源的应用，包括外部创新资源的内引和内部创新资源的外流，即内向型创新形式和外向型创新形式。在商业模式变革的过程中，创新是第一动力。开放式创新对企业在新形势下的价值创造和价值推广有着较为重要的意义，它能够通过对企业内部、外部创新资源的优势互补，为企业塑造新时代的商业模式提供动力来源(李若辉,2018)。

开放式创新战略作为一种聚焦于创新领域，旨在形成创新优势的开放型基于创新合作网络(或生态系统)的创新管理战略，不仅可以帮助新创企业形成针对目标顾客的独特创新优势，而且可以通过组织的创新活动连接各类创新主体，形成相互信任、相互依赖、相互支持的利益相关集体，进而在与利益相关者共同创造顾客价值的过程中获得合法性的认同，改善企业在创业初期面临的脆弱性(易锐、夏清华,2018)。

2.3.2 互联网环境下的开放式创新

互联网已经成为创新驱动发展的先导力量，互联网的发展为开放式创新提供了助推力量，在互联网环境下，企业开放的对象从研发、生产到营销几乎涵盖价值链上的所有环节。基于互联网的开放式创新是

一种以网络平台为媒介,广泛吸引和整合各类创新资源的新模式(杜晓静等,2014)。

基于价值链理论,李若辉等(2018)将企业商业模式演变路径分为“价值洞察——价值创造——价值传递——价值转化”4 个阶段,在价值洞察环节,企业常采用的开放式创新活动有用户调研、网络社区话题讨论、用户体验反馈、同行业交流研讨等。在价值创造阶段,企业采用的活动主要有技术委托研发、跨界合作、技术购买、设备购置等;在价值传递阶段,企业采取的活动以跨界联盟的形式为主,借助信息技术平台实现原有营销渠道与技术平台营销渠道的整合,如通过微店、电商等方式实现线上、线下销售方式的相互促进。在价值转化过程中,企业采用的手段有租赁、共享以及嵌入其他商品和服务等。企业应注重市场和用户因素在开放式创新中的作用;通过构建网络平台发挥各方优势;注重跨领域协作,积极借助外部创新资源为我所用;应充分发掘数据要素在驱动商业模式演化中的重要作用;加强对创新主体的联结能力,形成开放式创新的组织管理机制。

将“互联网+”融入制造企业的生产制造中,构建符合企业自身发展的内外部资源整合模式,是制造企业进行“互联网+”开放式创新模式的核心。制造企业通过发展“互联网+”开放式创新模式进行创新升级,能实现企业生产销售模式的变革,特别是有助于制造企业优化生产流程,将生产制造和市场需求紧紧地结合在一起,从而构建新的商业模式,实现企业竞争力的提高。红领集团利用“互联网+”所带来的互联红利建立“酷特智能”定制平台,通过平台对顾客的信息进行收集,之后再对收集的信息进行数据处理,形成初始化的个性化数据,再对海量的个性化数据进行分类重组,将重组后的数据再发送到制造端,进行个性

化制造，最后形成个性化定制产品。“互联网+”为数据处理提供技术支持，同时将信息技术嵌入智能制造中，优化产品生产。随着数据处理能力的提升，智能平台建设得到进一步完善，更加便于企业与顾客交流，从而建立良性发展循环，使个性化定制模式逐渐成熟，也能推动智能制造水平提高。“互联网+”融合于整个红领集团的开放式创新模式中，在此基础上构建了“红领模式”——大规模个性化定制（郑大亮、韩明华，2017）。

开放式创新战略能切实提升企业的技术创新竞争力，有利于整合全球资源、节省企业的产品研发成本、缩短新产品的上市时间。海尔集团通过开展开放式创新产生了显著的经济效益和社会效益。2014年，海尔建立了互联网开放创新交互平台——HOPE（Haier Open Partnership Ecosystem）平台，全球的用户和资源在平台上零距离交互，持续产出创新的解决方案。HOPE平台打破了原来单向的研发模式，即企业研发产品卖给消费者或者从用户的需求和创意获取后再由企业研发产品卖给消费者，转而采用全流程交互手段将用户和资源吸引到平台上。在该平台上，全球顶尖科研机构、工程师、用户、合作伙伴可以自由交互，产生大量颠覆性需求和技术解决方案。目前，已有超过10万家资源在HOPE平台注册，每月交互产生创意超过500个，每年成功孵化创新项目超过200个。包括麻省理工学院、斯坦福大学等国外大学以及中科院、弗莱恩霍夫协会等顶尖机构纷纷进入HOPE平台参与技术创新的交互（郭露，2018）。

客户通过互联网参与企业产品创新的过程正在逐渐成为一种趋势，小米是利用互联网进行创新的典型企业。小米商业模式最特别之处在于重新定义了企业与用户的关系。小米开放众包充分利用客户认知盈余，

在很短的时间里建立了一个高质量的粉丝文化群,不断从中挖掘、集聚和利用其价值,让客户在产品创新的每个阶段都起到重要作用,建立相应的平台和组织构架以实现产品创新团队与客户的无缝合作。这种依靠粉丝热情、能力和时间碎片来帮助组织发展的做法已经成为互联网时代公司的新竞争点,小米是在这个方面最早成功的硬件公司。迭代循环创新快速推出新产品。小米聚焦互联网新生代客户群的生活方式,充分利用互联网工具和平台,让产品设计、制作、发布以至销售的过程都在互联网环境中高效而低成本地完成(董洁林、陈娟,2014;2015)。

2.3.3 互联网助力小微企业开放式创新

互联网的快速发展为小微企业进行开放式创新提供了机遇,但是小微企业由于资金、规模等资源约束,其进行开放式创新面临着如下困难:①小微企业可开放和共享的资源有限,对创新资源的管理能力、识别能力和技术预见能力相对不足,导致其参与开放式创新困难重重。②知识产权是打破其开放的重要瓶颈。对小微企业来说,一旦实施开放式创新,就会面临交易成本、知识产权保护以及管理上的挑战。创新项目具有高度的资产专用性,促进开放式创新除了提高小微企业的信息技术能力,还需政府进一步完善知识产权保护制度环境(陈加奎、徐宁,2018)。③服务小微企业进行开放式创新的平台较少。通过对早期开放式创新的案例研究发现,能够开展开放式创新的大型企业大多具有充足的经费和良好的人力资源保障,而小微企业研发资源和平台建设上与大型企业存在较大差距(王方,2016)。

在互联网时代,企业利用众包这样的在线平台与成为互联网用户的社会大众进行互动、解答自己的非核心技术问题逐渐变得普遍,众包

模式下的网络社区成为企业进行开放式创新的一个重要渠道。夏恩君、王文涛(2018)总结了基于众包模式的企业开放式创新的运作流程:第一步,企业选择可以进行众包的任务;第二步,企业选择适当的众包策略,即选择适当的众包中介——是采用自己建立的众包网络平台还是采用第三方的众包网络平台;第三步,企业对得到的接包方的方案进行筛选,选择最优方案。第四步,企业对筛选出的方案进一步优化和完善并着手实施;第五步,评估众包绩效,进一步积累和拓展企业利用众包模式进行开放式创新的经验和范围。企业采取众包模式进行开放式创新,社会大众的参与是必不可少的。这需要企业在众包社区中建立合理的激励机制,吸引社会大众参与众包社区,积极为企业创新提供智慧和人力资源。

王春燕、张玉明(2018)将小微企业互联网应用分为互联网灵活性、互联网整合性和互联网开放广度3个维度,研究结果表明:互联网整合性、互联网灵活性、互联网开放广度对小微企业创新绩效产生显著的正向影响;创新环境在互联网灵活性、整合性与创新之间起到正向调节作用,在开放广度与创新之间则无明显的调节作用;吸收能力在一定程度上对互联网灵活性、互联网整合性与创新绩效之间的关系起到调节作用,在互联网开放广度与创新绩效之间未起到调节作用。

2.4 互联网与小微企业融资

2.4.1 互联网对小微企业融资的作用

资金和融资问题是制约小微企业发展的关键问题之一。互联网金融的普惠性、便捷性和针对性特点更加贴近新兴企业和创业者的需求,

拓宽了融资渠道,降低了融资门槛,使小微企业可以选择适合自身融资需求和额度的融资产品,互联网金融的发展为解决小微企业融资问题提供了新的思路和途径。据“网贷之家”网站的统计数据显示,截至2017年2月,我国P2P网络借贷平台累计数量达5882家,历史累计成交量达3.854426万亿元,较2016年增长超过2万亿元。互联网金融的蓬勃发展,为助力“双创”,推动广大小微企业成长提供了资金支持与保障。过去5年,“蚂蚁小贷”为300多万家小微企业提供了6000多亿元的融资额。

互联网金融是一个有成熟产业基础的新兴领域,所依托的产业基础包括金融与互联网2个方面,金融是指以商业银行为主要代表的传统金融产业,所依托的互联网技术主要包括互联网平台技术、互联网安全技术以及衍生出来的大数据、云计算、搜索引擎、社交网络技术(江晶,2014)。

信息不对称是造成小微企业融资难的关键原因。信息不对称是指在交易双方的信息不对称分布或者一方信息的不完全性,进而阻碍其做出正确的决策,导致交易效率降低的现象。事前的信息不对称导致信贷市场的逆向选择,进而导致小微企业融资难、融资贵。事后的信息不对称导致信贷市场的道德风险。在贷款合同签订以后,由于信息不对称,贷款者的行为不总是被银行所知,银行很难获得小微企业贷款用途及其经营管理等事后的真实信息和行动,更难以完全监督小微企业的行动。基于大数据应用的互联网金融模式,正在凭借互联网开放平台的信息收集优势与数据挖掘能力,突破束缚小微企业融资的信息不对称难题(刘芸、朱瑞博,2014)。

互联网金融创新要参与到整个小微企业融资需求环节分析中,互联网企业不仅要对小微企业的信用起到评价作用,更要起到融资引导和辅

助作用,这样才能有效提高融资效率,降低融资风险(蔡皎洁,2018)。

孙瑞婷、熊学萍(2018)利用 18 个互联网平台的 612 家企业项目融资数据,分析了小微企业网络融资满足率的影响因素,研究结果显示:项目信息质量、企业质量、不确定性对融资满足率都存在一定程度的影响,且信用在注册资本与融资满足率的关系中起到正向调节作用。

科技型小微企业融资难主要是因为政府对传统金融机构风险管制、传统金融机构信贷歧视、资本市场不发达、自身融资吸引力不足,理想的互联网金融能够实现金融脱媒、信息对称和低信用风险,匹配科技型小微企业的融资需要。大数据小额贷款、P2P、众筹、电子金融机构融资等互联网金融模式迅速发展,但是当前互联网金融大量的“跑路”现象说明,互联网金融存在独特的投融资风险和第三方支付风险,完善互联网金融风险资本监管、信用风险监管、网络安全、投资者保护等有利于互联网金融的健康发展和科技型小微企业的金融支持(王黎华等,2016)。

互联网金融的出现拓展了金融服务对象的范围,小微企业的金融服务缺口在传统的金融体系中难以得到满足,互联网金融尝试以其新的金融定价体系、风险控制机制显著削减单笔金融服务业务的固定成本,使得为小微企业提供金融产品与服务成为可能;互联网金融提高了资金跨时、跨地配置效率需求,互联网金融模式则以量化放贷为核心,以电子商务交易为基础,以大数据技术为支撑,直接通过反映真实交易的线上交易数据和信息分析获取小微企业的信用情况和抵押状况,并在风险控制范围内为小微企业提供融资服务(江晶,2014)。

石建勋(2015)认为互联网金融创新的理论基础有信息经济学理论、金融中介理论、声誉理论、长尾理论、优势理论和交易费用理论,并指出利用大数据、云计算、信息集散处理,互联网金融将能大大提升金融

服务与风险管理的效果。互联网金融从提高参与主体信息的透明度、降低金融服务的交易费用、挖掘潜在小微金融服务的供需双方这三个层面对小微金融服务进行了重新解构(王曼怡、尹江宁,2014)。

2.4.2 基于互联网金融的小微企业融资模式

从服务小微金融的角度,互联网金融服务小微金融可划分为传统金融机构通过互联网优化小微金融服务、电商企业向小微金融领域扩展、第三方支付平台通过网络平台建立 P2P 网络借贷和众筹模式参与小微金融 3 种模式(王曼怡、尹江宁,2014)。徐细雄、林丁健(2014)把互联网金融助推小微企业融资的模式分为 P2P 网络信贷融资模式、大数据金融融资模式和众筹平台融资模式 3 种主要模式。戴东红(2014)将我国互联网金融支持小微企业融资归纳为 4 种模式,即电商网贷模式、P2P 小额贷模式、众筹模式、金融垂直搜索模式。

P2P 网络信贷,即点对点信贷,P2P 网络信贷模式是指个人或企业通过独立的第三方网络平台进行资金借、贷双方的匹配,及由 P2P 网络信贷平台作为中介平台,借款人在平台发放借款标,投资者进行竞标向借款人放贷的一种个人对个人的直接信贷模式,如拍拍贷和宜信等。P2P 融资模式的发展背景是正规金融机构一直未能有效解决小微企业融资问题,而以互联网为代表的信息技术,大幅降低了信息不对称程度,小微企业通过此模式进行融资可自主择优选择利己的贷款利率从而降低交易成本,而多个贷款方也可通过共同出借融资资金以降低所需承担的风险。

大数据金融是依托于海量、非结构化的数据,通过互联网和云计算等信息化方式对其数据进行专业化的挖掘和分析,并与传统金融服务相结

合,创新性地开展相关资金融通工作的统称,如阿里小贷等。基于大数据的金融服务平台主要指拥有海量数据的电子商务企业开展的金融服务,关键是从大量数据中快速获取有用信息的能力。这种基于大数据的融资模式与银行相比有一个很大的不同,不是根据企业资产负债表上可能产生的还款能力来放款,而是基于该企业的行为数据来判断这家企业的还款能力,进而确定贷款,为小微企业融资提供了新的模式。

电商网贷模式是指电商企业凭借运营互联网的产业经验,以及积累下的海量数据,通过小贷公司或与银行合作,用“借贷”的方式为各自平台上的小微商户创造一个从供货、销售、融资到结算的闭环,通过这个闭环在解决小微商户资金需求的同时,增加平台的黏性和影响力,将供应商紧紧圈住,营造出良性共赢的生态圈。阿里金融、敦煌网、网盛生意宝、京东商城、苏宁及慧聪网等电商企业陆续试水,其中以阿里金融、京东最具代表性。

众筹(Crowdfunding)也叫大众筹资或群众筹资,即发起人借助互联网众筹融资平台,为其项目或创意发起募集资金的活动,而大众投资者每个人通过少量的投资金额,支持发起人完成项目并最终从发起人那里获得实物或者股权回报。众筹商业模式要由项目发起人(即筹资人,通常是需要解决资金问题的创意者或小微企业的创业者)、公众(即出资人,往往是数量庞大的互联网用户)和中介机构(众筹平台的搭建者)3 部分组成。

金融垂直搜索模式,有的学者称之为电子金融机构融资模式,其实扮演的是金融领域的“百度”,由于纷繁复杂的金融市场中存在着大量的信息不对称,各家银行的信贷产品在贷款期限、利息和审核周期方面差别很大,这些差异化使得用户产生了信息搜索的要求,金融垂直搜索

平台就是为用户提供搜索、匹配和推荐的信息平台,融360是这方面的典型企业。其融资模式流程:①小微企业寻找与自身相匹配的互联网金融门户平台;②输入融资金额、期限、利率、用途,垂直搜索匹配的电子金融机构;③小微企业通过网上银行、电话银行、手机银行、自助银行组成的电子银行服务功能,可靠、高效、快捷地取得资金和服务,有利于小微企业融资。

马毅(2018)认为互联网金融创新了我国科技小微企业融资的模式与渠道,科技型小微企业知识产权融资可借鉴4种创新融资模式:知识产权P2P借贷、知识产权网络众筹、知识产权网络小额信贷和知识产权互联网金融门户。

2.5 互联网与小微企业发展战略

"互联网+"的跨界融合、开放共享、去中心化等特征,打破了企业的边界推动小微企业发展战略的变革,差异化、网络化、场景化等发展战略得到越来越多企业的采用。"互联网+"导致小微企业服务需求长尾化、个性化,小微企业创新创业模式众创化、众包化,资产运营方式共享化、轻资产化,融资渠道线上化、丰富化(张琳等,2017)。

Porter(1985)强调存在3种竞争战略,即差异化、成本领先和集中化。通过这三种策略,才能帮助企业获得竞争优势;实施"互联网+"是企业的重要战略行为,企业实施"互联网+"是为了实现差异化或成本领先,目的是获得竞争优势。杨德明(2018)等利用中国A股上市公司2013—2015年的相关财务数据,实证检验发现:"互联网+"显著提升了企业业绩。相比未实施"互联网+"的公司,实施"互联网+"的公司每股收益提升了约31%,而资产收益率则提升了约24%。进一步研究发

现,“互联网 +”影响了差异化程度,从而提升了企业业绩,“互联网 +”并未影响企业成本,成本领先并不是“互联网 +”影响企业业绩的一个重要中介变量。而盈余质量会影响“互联网 +”的实施效果,公司盈余质量越高,“互联网 +”提升业绩的作用越大。因此,传统企业应积极实施“互联网 +”战略,在互联网环境下,传统企业要获得持续的竞争优势,必须采取更为有效的措施来控制、降低企业成本。传统企业应借助“互联网 +”,实现创新驱动的差异化,并不断改进、完善、提高,利用创新驱动的差异化形成不易被模仿的竞争优势。从政府和监管的角度看,应通过一些制度层面的措施,切实提升上市公司盈余质量。

程立茹(2013)认为在互联网经济下,企业网络创新能力比单个企业的创新能力更加重要。与传统经济相比,互联网经济具有不同的运行特点:互联网经济下交易环节大大减少,交易成本下降;客户和企业可以直接互动,更加自由地表达个性化需求;经济主体跨越国界、打破交易时间限制,市场规模更大;交易频率高,周期短,竞争格局变化快。互联网经济的这些特点为企业创新行为提供了坚实的发展基础。互联网经济的本质是一种创新经济,互联网经济下存在 3 种创新的正反馈机制:节点创新与网络价值的正反馈机制;软件创新和硬件创新的正反馈机制;企业创新与产业地位的正反馈机制。价值网络创新架构要素包括核心企业、节点企业和客户。核心企业创新战略引领者地位增强并组织平台实现创新;节点企业呈现出模块化的特征,并以大量弱联系改变价值网络的创新特性;客户作为价值提供者进入价值网络创新体系。企业价值网络通过构建利益分配机制、知识产权联盟、内部创业制度和网络研发基金等路径实施制度创新,通过大数据管理、物联网管理和网络文化理念构筑等路径实施管理创新。制度创新和管理创新是价值网

络实现技术创新的有效途径。

罗珉、李亮宇(2015)认为互联网颠覆了传统的商业模式,互联网使企业间联系数字化、顾客互动直接化,企业将具备“连接万物”的能力而获得“连接红利”,社群平台代替技术研发作为企业的主要隔绝机制,社群成为企业的异质性资源,跨界协作成为商业新常态;互联网的特质驱动了新商业模式的发展,带来了厂商组织环境的模糊与混沌,互联网环境的不确定性使得企业商业模式具有高度的随机性和不固定性、极强的不可复制性,互联网推动去中心化。

赵振(2015)认为互联网进入2.0阶段,互联网2.0实现了产业结构的去中心化、经济活动的泛数据化、社会生活的物联网化,互联网不仅是企业可利用的资源,而且成为企业能力的衍生,“互联网+”的实质是实体经济与互联网虚拟经济相融合的“跨界经营”现象,并对传统产业和市场基础造成“创造性破坏”。“互联网+”跨界经营的创造性破坏表象包括:市场基础从购买到租赁、从购买到自制、从购买到免费跃迁,产业基础从制造到“智”造,从制造到服务,从制造到整合跃迁,“互联网+”是因全新的“连接”能力而直接触发经济结构改变,这种能力能够形成商业、制造和研发生态圈的三重正反馈循环,并在整体上形成一个联合正反馈循环,从而实现更有效的报酬递增,并推动经济进步。顾客社群、低交易成本的外部经济性和网络效应、由IT到DT引发的平行互动、制造技术与IT技术的迭代演进成为正反馈循环的关键因素;情感、知识及虚拟中间产品所具有的“非消耗性”特征成为支撑报酬递增和创造性破坏的根本机制。以场景占领顾客生活时间、以“接口”实现产品使用价值丰富化,“场景+产品”的有机组合是“互联网+”模式中企业建立隔绝机制的关键路径。

3 “互联网+”环境下小微企业公共服务体系研究

3.1 小微企业公共服务体系研究概述

建立小微企业公共服务体系,是为了扶持小微企业更快、更好地发展。重视小微企业发展已成国际普遍趋势。据统计,小微企业占我国市场主体的90%以上,贡献了全国60%的GDP和50%以上的税收,解决了80%以上的就业。[①] 对于消费者来说,数量众多的小微企业,提供了优质、高效、多样的供给,满足了当代个性化、小众化、高端化需求趋势。对于大企业来说,与其协作配套的众多小微企业,是其产业链的重要组成部分;合作的小微企业素质,将决定以大企业为龙头的这个产业链条与另外一个产业链条竞争的结果。对于地方政府来说,高质量发展中小企业,是实现区域均衡,充分发展的重要保障。

现有企业公共服务体系的研究数量很少,且绝大多数的研究对象是中小企业公共服务体系。中小企业的研究范围比较大,可以划分为中型、小型、微型3种类型。本书将研究范围聚焦于小微企业,完善小微

---

① 数字技术让小微金融更接地气. 经济日报,[EB/OL][2018-07-25]http://paper.ce.cn/jjrb/html/2018-07/25/content_368384.htm.

公共服务体系,是对现有研究的细化和补充。

梅强等(2000)率先提出了“中小企业服务论”:以政府为主导,联结社会上的各中介机构,建立起专业化、系列化、社会化和市场化的中小企业服务体系,共同为中小企业提供服务,以引导中小企业的创业行为、经营行为符合国家产业政策,改善和提高中小企业素质,使中小企业更好地生存和发展。并论证了政府、社会化服务中介机构和中小企业服务体系之间的关系,指出为中小企业服务是政府的天职,中小企业服务体系是落实政府扶持中小企业政策的有效载体,服务体系的主体是有政府部门支持的社会化服务中介机构。

现有文献梳理了我国建立中小企业公共服务体系建设的现状、问题并提出了建议。从国家整体情况来看,周平军(2017)分析了全国中小企业公共服务体系建设的情况,指出现有服务体系存在的问题:一是法律法规与配套政策相对滞后。我国《中小企业促进法》仅对中小企业服务作原则性描述,没有相应的法律法规支撑,各级政府支持没有相应的依据,影响了中小企业服务工作的有效开展。二是服务意识与服务理念还不到位。中小企业公共服务体系中政府发挥着主导作用,又通过资金支持和购买服务等政策措施,进一步强化了导向作用。许多服务机构特别是政府主管的服务机构开展的服务往往落在完成政府交办的任务上,服务效果较差。三是服务机制需要改善。中小企业服务需求的特点是多样化、个性化、持续时间长,需要一个或几个服务机构开展协同化服务,建立协同服务机制。目前,我国中小企业服务体系还没有形成有效的商业化运作模式。四是服务产品与技术相对落后。一些地方对小微企业服务是应急性和粗放的,服务产品达几百或上千种,内涵与边界不清,导致对中小企业服务开展小而散,难以形成规模化。而且

服务机构缺乏产品创新意识，跟不上小微企业需求变化的速度。

从地区层面来看，刘文芝等（2015）对北京市朝阳区公共服务体系建设进行了研究，发现朝阳区公共服务体系建设中存在以下问题：一是中小企业公共服务体系建设的宣传力度不够。许多中小企业不了解政府的扶持政策，经常错失了申请政策扶持的机会，影响了政策的落实。二是中小企业公共服务平台建设缓慢。从数量和质量上，朝阳区与一些发展较早、较快的县市相比还有很大的差距。三是中小企业主动参与公共服务体系建设的积极性不高。对于该体系和平台持观望态度；商会协会会员和平台注册企业的数量与朝阳区总的中小企业数量差距悬殊。四是管理服务结构不完善。朝阳区没有权威的负责中小企业协调管理的部门，多头、重复和交叉管理现象严重，同时也容易引发缺位和越位服务管理的问题。

国内中小企业公共服务体系建设实践分析。1999 年 9 月中共十五届四中全会通过了《关于国有企业改革和发展若干重大问题的决定》，明确提出了我国要建设中小企业公共服务体系的计划。2004 年 4 月，中小企业公共服务体系经国家贸易发展委员会批准正式列入建设试点项目。2004 年 6 月，在北京、上海、广州等 10 个城市开始建设试点。2010 年，财政部、国家工商总局等 7 个部委印发了《关于促进中小企业公共服务平台建设的指导意见》。意见指出，目前我国各个地区中小企业公共服务体系建设进度不一，建设状况和建设水平差距较大，同时指出各省市应根据本地区具体的实际状况建设服务本地的公共服务体系，中小企业公共服务体系的建设要充分发挥政府的主导作用，解决中小企业公共服务的需求。周小娥（2013）在中小企业公共服务体系建设方面提出了应当在财政和税收上给予必要的支持；陈宏辉（2014）提出

了推动信用担保机制的建立,为中小企业提供融资上的便利,并对中小企业融资方面提出了政策供给方面的建议,李毅(2014)分析了我国当前公共服务体系建设的现状,主要从法律法规的完善、提供便捷的投融资渠道、中小企业行业联合协会等方面建成了我国初步的中小企业公共服务体系。

3.2 北京市朝阳区小微企业公共服务的现状分析

朝阳区小微企业公共服务体系由线上和线下2部分构成。线上部分是朝阳区小微企业公共服务平台。该平台依托市级平台,汇聚了33家服务机构,覆盖信息咨询、投融资担保、创业辅导、人才与培训、技术创新、管理培训、市场开拓和法律咨询等服务。截至2018年5月,该平台累计服务企业15042次、展开活动218场,服务满意度达到99%。

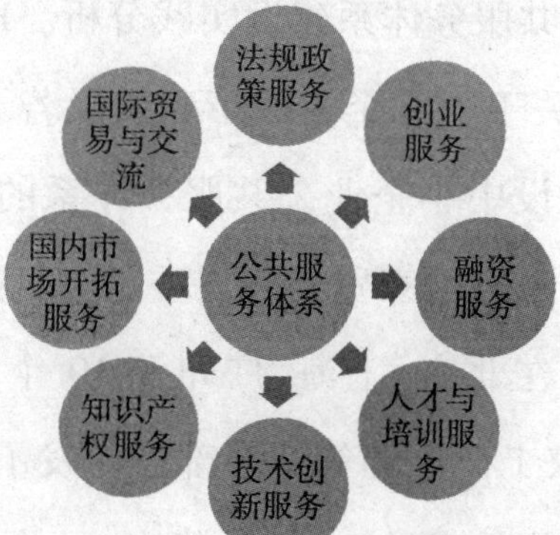

图3-1 朝阳区线下小微企业公共服务体系示意

线下部分,主要是通过功能区引导,促进小微企业发展。在朝阳区政府推进各大功能区建设之初,就为小微企业发展预留了空间,积极鼓励功能区配套建设小企业创业基地,对符合条件的小企业创业基地给予政策和资金支持。主要的服务类型包括:法规政策服务、创业服务、融

资服务、人才与培训服务、技术创新服务、知识产权服务、国内市场开拓服务、国际贸易与交流(见图3-1)。

3.2.1 法规政策服务

朝阳区政府各部门通力合作,出台了一系列政策引导小微企业发展。2003年开始制定地方性的小微企业公共服务政策,先后出台7项政策文件(见表3-1)。这些政策文件可以分为4类:第一类为朝阳区小微企业公共服务体系发展纲领性文件,包括:《朝阳区促进中小企业发展指导意见》《朝阳区促进科技企业孵化体系建设工作实施方案》;第二类为朝阳区中小企业扶植资金管理办法,包括《朝阳区中小企业扶持资金管理暂行办法》《中国北京(望京)留学人员创业园的扶持办法》《朝阳区促进中小企业发展引导资金管理办法》;第三类涉及小微企业金融服务,如《朝阳区中小企业担保资金业务操作管理办法》;第四类涉及小微企业国际市场开拓,如《朝阳区中小企业国际市场开拓资金管理办法(试行)》。

表3-1 朝阳区小微企业扶植政策汇总

政府部门	政策名称	主要内容
区商务局、区财政局	《朝阳区中小企业国际市场开拓资金管理办法(试行)》朝外经贸字〔2003〕2号	落实"走出去"战略,促进区域外向型经济的发展。凡通过朝阳区外经贸委向北京市申报资金并获得北京市资金补贴者,朝阳区将在北京市补贴金额的基础上再追加10%~20%的补贴
区政府委托担保公司,对担保资金进行运作	《朝阳区中小企业担保资金业务操作管理办法》朝政发〔2007〕13号	提供的融资担保为商业服务,按以下原则收取担保费用:担保费用=担保金额×担保期限(年)×担保费率
区发展改革委、区商务局、区财政局	《朝阳区中小企业扶持资金管理暂行办法》朝政发〔2007〕12号	2006年起,区预算中列支中小企业发展专项资金,额度为500万元。区级配套资金额度原则上控制在项目实际获得市级扶持资金的10%以内

续表

政府部门	政策名称	主要内容
望京留学人员创业园管理委员会	《中国北京(望京)留学人员创业园的扶持办法》朝政发〔2008〕7号	区政府设立留学人员创业扶持资金,用于支持和鼓励留学人员创业,每年额度为1000万元
区发展改革委、区财政局	《朝阳区促进中小企业发展引导资金管理办法》〔2012〕	重点扶持:中小企业服务体系和公共技术平台建设、企业创新融资、企业产业结构调整和市场开拓、鼓励吸纳本区劳动力就业等,每年不低于3000万元
	《朝阳区促进中小企业发展指导意见》朝政办发〔2014〕24号	健全中小企业服务体系。多渠道缓解中小企业融资困难。促进中小企业自主创新和转型升级。加强促进中小企业发展工作的组织领导,充分发挥工作协调机制的组织领导和政策协调作用
区科委、区发改委、区信息化工作办、区文化创意产业领导小组办公室、区财政局、区电子城管委会	《朝阳区促进科技企业孵化体系建设工作实施方案》朝科文〔2014〕27号	发展目标:到2017年,形成具有朝阳特色的服务网络化、模式多元化、资源国际化、能力专业化的科技企业孵化体系。完善"创业苗圃—孵化器—加速器—产业园"的孵化链条,形成以孵化机构为节点,涵盖研发试验、科技金融、科技中介、创业导师等要素的孵化服务网络和平台

3.2.2 创业服务

在政策推动的同时,朝阳区还积极打造创业服务体系,形成了"以区政府为主导,以企业全生命周期孵化链为载体,以小微企业为主体"(见图3-2);具有服务网络化、模式多元化、资源国际化、能力专业化特色的创业服务体系。全面涵盖研发试验、科技金融、科技中介、创业导师等创业资源要素。

在孵化链层面,朝阳区打造"创业苗圃—孵化器—加速器—产业园"的孵化链条。在链条中,最前端是创业苗圃,起到预孵化的作用,以激发创业团队的创业意愿、提高创业技能、降低创业门槛为主要导向。朝阳区的创业苗圃以扶持大学生创业为主,北京联合大学蜂巢创意空间是典型代表,该空间是北京联合大学践行应用型、城市型大学的办学宗旨,为在校大学生量身打造的创业平台,以成功孵化"黑玫瑰烘焙"

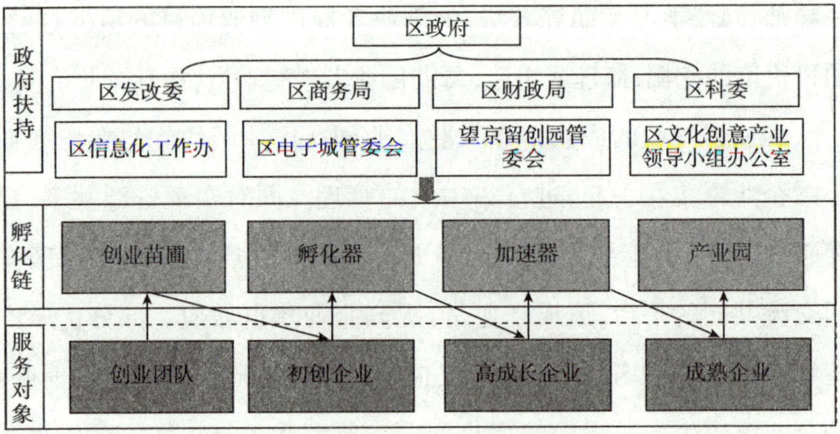

图 3-2 朝阳区小微企业创业服务体系示意

"时间银行""大禾拍"等创业项目。

从创业苗圃"育苗"结束的创业团队,将正式注册为企业,入驻孵化器。孵化器以初创企业为服务对象,降低初创企业创业风险,提高创业成功率,主要提供低价的办公场所、基础设施,以及一系列创业孵化服务(如工商注册、财务管理、人力资源咨询等)。典型代表是优客工场,优客工场把盈利模式分为4个部分:办公桌出租;基础增值服务,如会议室、IT维修服务等;高级服务,如培训、传媒推广、活动组织等;会员体系,收取相应的会员费,加入会员即可享受各种资源与福利。其创始人毛大庆认为:优客工场的核心不是办公,是连接人与人、人与服务、对接各种资源的分享平台。

孵化器培养成熟、具有高成长性的毕业企业将入驻加速器。"加速器以个位数的股权交换少量的资金和指导。它们一般会执行三到四个月的计划,之后初创企业就毕业了",美国的洛杉矶加速器 Amplify 联合创始人 Paul Bricault。加速器主要以孵化器毕业的具有高成长性的企业为服务对象,为其提供后续的发展空间及资源与服务支持(专业技术、国际合作、上市培育等)。典型代表是 AA 加速器,AA 加速器通过严格的项目筛选,一

对一导师、同伴学习互助等方法,为创业者提供创业项目的精准打磨,以及项目价值的挖掘、梳理或再造,帮助创业者融智融资,提升企业价值。

从加速器毕业的成熟企业入驻产业园。产业园的优势在于产业园将小微企业聚集在一起,进行集中式的管理。同时实现资源共享,提供管理服务,帮助企业最大限度地降低运营成本。产业园搭建园区企业之间交流共同的平台,形成产业链,提高企业集群效应。部分优质产业园还将会有特色服务项目,为园区企业提供更多周到便捷的增值服务,帮助企业解决生产过程中的大小问题。典型代表是东亿国际传媒产业园,东亿国际传媒产业园利用毗邻中国传媒大学的区位优势,采用影视制作基地与高端创意人才培养相结合的校企联合模式,园区配套服务完善,产学研政支撑条件齐备,成功引入了橡果国际、浩沙国际、聚美优品等行业龙头企业,目前入驻企业的年产值达16亿元,年上缴税金近3亿元,实现了优质高效的产业聚集。

3.2.3 融资服务

朝阳区完善的金融服务体系拓宽了微企业融资渠道。CBD核心区、CBD东扩区、金盏金融服务园区,共同构建了完整的金融服务体系。CBD地区(CBD核心区、CBD东扩区)基础设施完善、商务氛围浓厚、涉外资源丰富等优势,集聚了国内外大量金融机构;金盏金融服务园区,与CBD前呼后应、联动发展,开展银行卡、数据处理、呼叫业务等金融后台服务。依托优势的金融产业,朝阳区政府积极引导金融机构创新金融产品和服务。国有商业银行和股份制银行建立小微企业金融服务专营机构,逐步提高小微企业中长期贷款的规模和比重,鼓励社会资本投资村镇银行、小额贷款公司等金融企业,为小型微型企业提供服务;并开展小微企业集合信托发

行试点工作,帮助小微企业通过发行集合债券、股权融资及信托产品等形式直接融资。担保公司创新担保方式,为小微企业提供商业性和企业互助性等各项担保服务。金融服务机构全力支持小企业上市融资,鼓励成长型、科技型中小企业在创业板、中小企业板上市融资,推动中小企业加快上市进程;朝阳区政府对符合条件的上市后备企业申请上市有关费用予以适当补贴。

3.2.4 人才与培训服务

朝阳区利用自身优质的资源条件,采用多种有效方式,广泛聚集国内外前沿领域的科技领军人才或创业团队,实现以人气带商气,以高端人才聚集带动高端产业聚集。为人才提供便利的办公条件,优先为科技领军人才提供优惠的土地、办公场所和厂房等资源。为人才提供满意的居住环境,实施人才公寓建设计划,开发适量的生活配套租赁公寓,提供高品质低租金住房。为人才提供施展抱负的平台,推行以项目为载体的"人才驿站",广泛吸引海内外高级人才来电子城全职、兼职或短期工作。为人才提供施展抱负的平台和交流活动的空间,通过开展人才培训、举办人才沙龙、人才论坛等活动,为企业和人才提供见面机会,帮助人才拓宽人脉、增进友谊。

3.2.5 技术创新服务

朝阳区着力构建小微企业技术创新支撑体系,引导和服务小微企业技术创新。培育小微企业公共技术服务示范平台,提供产品研制、技术开发、设计、咨询、检测等服务。加强产学研联合,鼓励高等院校、科研院所与小微企业开展产学研用合作,促进科技成果向小微企业转化。朝阳区政府鼓励小微企业参与国际标准、国家标准、行业标准和地方标

准的研制工作;支持大企业联合小微企业承担科技重大专项、科技基础设施建设、各类科技计划项目和高新技术产业化项目。

3.2.6 知识产权服务

知识产权服务。朝阳区政府引导小微企业实施知识产权战略,通过科技创新与开发形成自主知识产权。朝阳区科学技术委员会(知识产权局),打造朝阳区知识产权服务中心,为小微企业提供知识产权咨询辅导和服务,提高小微企业知识产权创造、运用、保护和管理水平,支持中小企业获得相应的知识产权。

3.2.7 国内市场开拓服务

朝阳区政府引导功能区内大企业和小微企业联系沟通,鼓励小微企业与大企业配套发展,促进小微企业产品进入国内外大企业的产业链或者采购系统。并利用朝阳区丰富的会展资源,支持参加国内外各类展览展销活动,加大产品和品牌宣传力度,提高小微企业产品的市场占有率。

3.2.8 国际贸易与交流

朝阳区作为国际商务中心,能够充分发挥国际经贸枢纽作用,推动小微企业参与国际贸易。朝阳区聚集了几乎所有外国驻华使馆(除俄罗斯),集中了北京市90%的国际传媒机构,80%的国际组织、国际商会,70%的跨国公司地区总部,被称为"中国涉外第一区"。"十三五"期间,朝阳区积极搭建国际经贸交流合作平台,推动外资、外贸等对外经济合作联动发展。举办东欧、东南亚、泛俄语等地区单国别专场经贸洽谈会,为小微企业进入国际市场提供了大量机会。

3.3 北京市朝阳区小微企业公共服务需求及问题分析

3.3.1 朝阳区小微企业公共服务需求分析

通过直接访问、微信、网上提交3种方式,发放251份问卷。回收了224份有效问卷,回收率为89.24%。以下对朝阳区224家小微企业的公共服务需求情况进行分析。

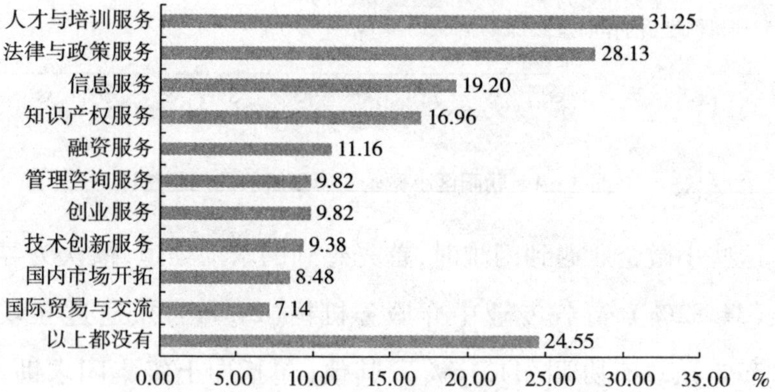

图3-3 朝阳区小微企业接受公共服务现状统计

在224家小微企业中,有75.45%的企业(169家)接受过公共服务,24.55%的企业(55家)表示目前还没有接受过公共服务。参与调研的大多数小微企业接受过公共服务,表明朝阳区小微企业公共服务覆盖面较广。接受过的公共服务包括:法律与政策服务、技术创新服务、人才与培训服务、创业服务、信息服务、知识产权服务、融资服务、管理咨询服务、国内市场开拓服务、国际贸易与交流。超过10%的企业接受过人才与培训服务(31.25%)、法律与政策服务(28.13%)、信息服务(19.20%)、知识产权服务(16.96%)、融资服务(11.16%)。

根据问卷设计阶段的前期访谈，目前朝阳区小微企业所面临的问题涉及产品营销策划、融资贷款、人才招聘、寻找科研机构建立合作联盟、企业财税筹划、利用互联网技术提升竞争力等方面。通过问卷调查发现，30%以上的小微企业认为亟须解决的问题包括：利用互联网技术提升竞争力、融资贷款、人才招聘、产品营销策划（见图3-4）。

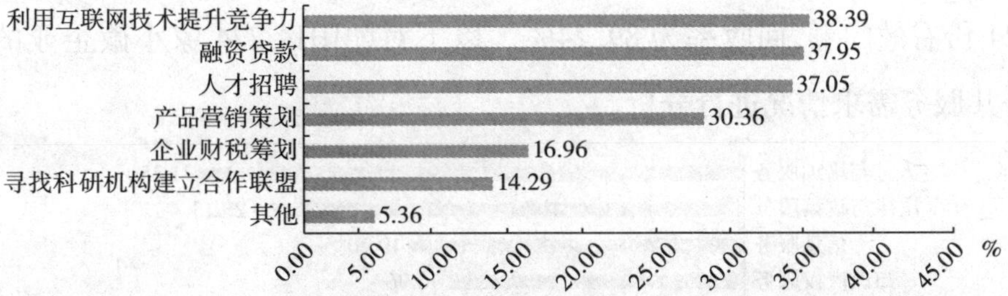

图3-4 朝阳区小微企业亟须解决的问题统计

这些小微企业遇到困难时，首先想到的求助渠道，依次为寻找同行朋友（34.82%）、寻找专业中介服务机构（24.11%）、通过互联网求助（13.39%）、政府协调（11.16%）、其他（包括向上级集团求助、自行解决、内部解决等，10.27%），而向小微企业服务中心寻求帮助的企业数量非常少只占6.25%（见图3-5）。

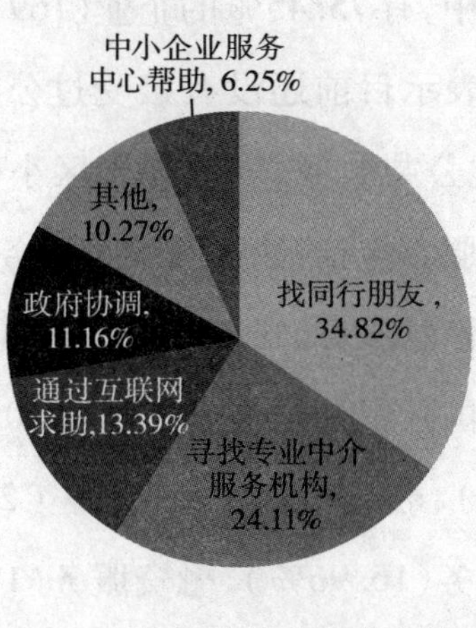

图3-5 朝阳区小微企业求助渠道统计

表3-2 朝阳区小微企业希望得到的公共服务汇总(按照急需程度进行排序)

单位:%

服务项目 \ 按急需程度排序	第1	第2	第3	第4	第5	第6	第7	第8	第9	第10	不选
国内市场开拓	17.0	15.6	8.0	9.4	5.4	0.9	2.7	4.9	8.0	3.1	25.0
融资服务	16.1	12.9	13.8	6.7	2.7	8.5	4.5	4.9	1.3	2.2	26.3
法律与政策服务	15.6	6.3	7.1	8.5	9.8	6.3	4.5	5.4	2.7	0.9	33.0
人才与培训服务	11.6	13.4	12.1	7.1	7.6	8.0	4.9	3.1	3.1	0.4	28.6
技术创新服务	11.6	12.1	10.3	4.9	1.8	3.6	6.3	3.1	4.5	2.2	39.7
国际贸易与交流	8.5	7.1	9.4	1.8	4.5	2.7	2.2	3.6	5.4	16.1	38.8
信息服务	7.6	15.6	12.9	11.6	7.6	5.4	5.4	3.1	3.1	0.4	27.2
创业服务	5.4	7.6	8.5	4.0	5.4	3.6	4.5	4.5	4.9	8.9	42.9
知识产权服务	3.6	4.5	5.4	5.4	8.9	7.1	6.3	5.8	6.7	3.6	42.9
管理咨询服务	3.1	2.2	7.6	6.3	4.5	6.3	6.7	8.5	5.4	2.7	46.9

企业希望得到的公共服务包括:法律与政策服务、技术创新服务、人才与培训服务、创业服务、信息服务、知识产权服务、融资服务、管理咨询服务、国内市场开拓、国际贸易与交流。但是,不同的小微企业需求存在较大差异。表3-2汇总了朝阳区小微企业希望得到的公共服务。从中可以看出,每一个独立的小微企业对于各项公共服务,按照急需程度进行排序的结果存在较大差异。具体来说,第一,不同企业需要的公共服务类型有较大差别,单一一项公共服务很难照顾到所有小微企业的需求,每一项服务都有一些企业(多于25%的企业)是不需要的。第二,各项公共服务需求是相互联系的、企业需要一系列配套的相应服务,有40.63%的企业(91家)全选了10项公共服务。第三,10%以上的企业将国内市场开拓(17.0%)、融资服务(16.1%)、法律与政策服务(15.6%)、人才与培训服务(11.6%)、技术创新服务(11.6%)排在了需求的首位,这些方面的需求亟待解决。

3.3.2 朝阳区小微企业公共服务问题分析

从被调研的小微企业视角来说，公共服务存在的问题主要有：不知道如何获取需要的公共服务（53.13%）、不知道有哪些公共服务机构（44.20%）、政策性引导缺乏政策落实不到位（32.59%）、服务专业性不强（24.11%）、线上服务手段缺乏（24.11%）、对小微企业的生产经营不熟悉无法开展有效服务（20.98%）、服务功能不足服务种类不全（20.54%）、服务收费偏高（10.71%）（见表3-3）。

表3-3 朝阳区小微企业认为公共服务中存在的问题汇总 单位：%

朝阳区小微企业认为公共服务存在的问题	所占比率
不知道如何获取需要的公共服务	53.13
不知道有哪些公共服务机构	44.20
政策性引导缺乏，政策落实不到位	32.59
服务专业性不强	24.11
线上服务手段缺乏	24.11
对小微企业的生产经营不熟悉，无法开展有效服务	20.98
服务功能不足，服务种类不全	20.54
服务收费偏高	10.71
其他	1.79

“不知道如何获取需要的公共服务”“不知道有哪些公共服务机构”，都表明公共服务的需求方（小微企业）与公共服务的供给方在对接上出现了较为严重的问题。市场上可能存在着小微企业需要的服务，但是小微企业缺乏有效的“搜索引擎”去找到服务商。小微企业公共服务平台是对接需求方和供给方的有效方式之一。朝阳区的公共服务平台，依托北京市的“1+16+N”的平台网络体系（联通16个区县小微企业服务平台和N家窗口服务平台），覆盖信息咨询、投融资担保、创业辅

导、人才与培训、技术创新、管理培训、市场开拓和法律咨询等服务。虽然，这个窗口服务平台的覆盖面非常广，但是平台的匹配效率不高、小微企业还是难以找到服务。

“政策性引导缺乏，政策落实不到位”，表明企业因为缺乏对政策的足够了解、不能够很好地利用现有政策。企业需要了解的政策按照需求程度高低排序依次为：税收和融资优惠政策(53.57%)、产业政策(47.77%)、现有各项专项资金支持政策(44.20%)、市场开拓政策(31.70%)、科技创新政策(28.13%)、和知识产权政策(20.54%)、人才政策(18.30%)(见图3－6)。

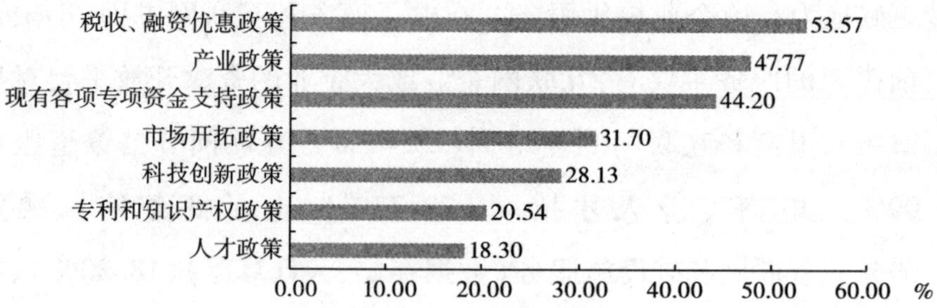

图3－6 朝阳区小微企业需要了解的政策统计

“服务专业性不强”“对小微企业的生产经营不熟悉无法开展有效服务”“服务功能不足服务种类不全”“服务收费偏高”，表明朝阳区的小微企业公共服务供给侧存在短板、有效供给能力有待提高。朝阳区在小微企业公共服务供给方面，处于“偏科”状态，金融服务发展较好，其他服务有待提高。在金融服务方面，朝阳区大力度积极引导金融服务小微企业融资。目前，朝阳区金融机构总数已达1500家，占全市比重超过1/4。其中，外资机构307家，占全市2/3以上，涵盖了银行、证券、保险及各类新型金融机构。截至2016年上半年，朝阳区小额度贷款公司

注册资本19.4亿元,贷款余额16亿元[①]。融资性担保公司资产总额90亿元,注册资本总额75亿元,在保余额126亿元,同比增长80%,对缓解小微企业融资难题、改善金融服务取得了一定的成效。2016年9月,国家金融与发展实验室在朝阳区正式落户,这将促进高端金融智力资源不断聚集,为首都经济转型升级、构建高精尖产业结构提供智力支持和咨询服务,提升首都国际金融机构主聚集区建设水平。

"线上服务手段缺乏",表明"互联网+小微企业"的公共服务模式亟须开发。面对朝阳区数量众多的小微企业,只有深入挖掘"互联网+"的新兴商业模式,充分利用互联网的技术来推进服务体系建设,才能更好地为小微企业提供服务。在电子商务和互联网方面,小微企业目前需要的服务主要有:互联网企业或大企业的资源开放平台对接(35.71%)、电商和互联网专业培训(25.45%)、互联网分销渠道服务(25.00%)、电商专业人才招聘(22.77%)、电子商务信用融资(20.09%)、互联网基础设施服务(数据存储、云计算等)(18.30%)、在线研发设计等软件应用服务(12.95%)。

表3-4 朝阳区商务服务业情况统计 单位:%

朝阳区小微企业电子商务和互联网需求	所占比重
互联网企业或大企业的资源开放平台对接	35.71
电商和互联网专业培训	25.45
互联网分销渠道服务	25.00
电商专业人才招聘	22.77
电子商务信用融资	20.09
互联网基础设施服务(数据存储、云计算等)	18.30

① 人民网.国家金融与发展实验室已在朝阳区落户[EB/OL].http://bj.people.com.cn/n2/2016/0909/c82840-2897462.html

续表

朝阳区小微企业电子商务和互联网需求	所占比重
在线研发设计等软件应用服务	12.95
其他	12.05

综上所述,目前朝阳区公共服务存在以下 4 个问题:

一是公共服务供求匹配存在问题,“互联网 + 小微企业”的公共服务平台需要加快发展。公共服务种类繁多,提供公共服务的主体不一,小微企业需要花大量时间和精力来搜寻适合自身特点的服务机构,这导致公共服务的需求方(小微企业)与公共服务的供给方对接不畅。“互联网 + 小微企业”的公共服务模式是供求双方对接的有效方式,但是目前朝阳区小微企业公共服务平台上仅汇集了 33 家服务机构,服务规模和服务种类都受到了限制,一些小微企业不得不通过其他渠道寻找公共服务。朝阳公共服务平台需要进一步建设,尽可能多地吸纳公共服务的供给方和需求方,以制造更多的服务对接机会。

二是小微企业不能很好地利用现有政策。政府是扶持小微企业发展最重要的力量之一。政府为小微企业提供了各项扶持政策,但是一些小微企业表现出对政策的不了解,不知道有相应的政策。也就是说,即使是涉及切身利益的政策条文,也只有部分小微企业会主动去关注政策,能够真正解读政策、享受政策带来收益的企业数量更少。

三是小微企业公共服务在供给侧方面存在“偏科”的问题。金融服务发展较好,其他服务有待提高。朝阳区发展总部经济,吸引了大量的知名服务机构,但是这些服务机构的市场目标主要瞄准高端商务服务。金融服务能够“落地”面向小微企业提供优质服务,离不开朝阳区政府的积极引导。目前朝阳区其他公共服务,存在两极分化的现象;高端服务专业性强,但是“服务收费偏高”,小微企业用不起;低端服务,“服务

专业性不强”“对小微企业的生产经营不熟悉无法开展有效服务”“服务功能不足服务种类不全”。

四是线上服务种类少。目前，小微企业难以与互联网企业或大企业的资源开放平台对接。互联网基础设施服务（数据存储、云计算等）、在线研发设计等软件应用服务不对小微企业开放。小微企业电子商务专业人才匮乏，不能很好地应用互联网分销渠道，获得电子商务和互联网专业培训的机会也很少。

3.4　小微企业公共服务体系建设的比较分析——以典型城市为例

2011年新的“中小企业划型标准”颁布后，小微企业的发展引起了国家和社会的高度重视。针对小微型企业发展中反映突出的困难和问题，《国务院关于扶持小型微型企业健康发展的意见》（国发〔2014〕52号），在强调落实好已有支持政策的基础上，从财政扶持、税收优惠、金融支持、公共服务、政策信息互联互通等方面提出了10项政策措施，努力推动实现精准扶持，对提高小型微型企业“成活率”和生存质量，促进小型微型企业健康发展具有重要意义。

但是，由于缺乏统一完善的统计体系，目前，我国小型微型企业的数量、结构等情况没有相对准确的数据，这在一定程度上影响了政府优惠政策的落实。为了摸清全国小型微型企业的数量情况，国家工商总局全国小型微型企业发展报告课题组于2012年11月开展了《全国小型微型企业发展报告》的课题研究工作。报告指出，整体上看，由于各地经济社会发展水平、产业布局和产业政策导向等存在区域差异，不同地区小型微型企业的发展水平和产业特点也呈现出很大的差别，呈现出

发展不平衡,优势地区集中,具有明显的地域集群特色。

基于各地小微企业公共服务体系建设的现状,本节首先从市级层面进行小微企业公共服务体系建设的比较分析,具体来说,就是从小微企业发展的各种助力政策、条件,结合已获批的小微企业创业创新基地城市示范,选择深圳市和杭州市作为比较借鉴城市;从各地已经实施的"互联网+"建设小微企业公共服务平台的现状,选择重庆市和成都市作为比较借鉴城市,其中重庆市的"互联网+"小微企业公共服务体系建设已经形成"重庆模式",成都市的中小企业服务中心成为国家首批中小企业公共服务平台,并被工信部评选为"国家中小企业公共服务示范平台",获"中国中小企业首选服务商"殊荣。在本章最后提出小微企业公共服务体系建设的政策建议。

3.4.1 深圳市小微企业公共服务体系建设

1. 建设概况

深圳市小微企业公共服务体系的主要机构包括中小企业服务署、中小企业公共服务平台、中小企业公共服务联盟、深圳市中小企业公共服务示范平台等。

深圳市中小企业服务署直属市经济贸易和信息化委员会管理,为各类中小企业提供综合协调服务,主要设立了综合部、上市与融资服务部、监测与市场服务部、创新与创业服务部等机构。2012 年 6 月,国家工信部批准深圳建设"1+15"省级公共服务平台网络,即以 1 个枢纽平台为核心,联通 15 个战略性新兴产业(新材料、LED、电子装备、电子信息、物联网、医疗器械等)、优势传统产业(机械、家具、服装、珠宝、钟表等)和现代服务业(物流、工业设计、软件、港澳服务资源等)窗口平台,

并依托市中小企业公共服务联盟向全市中小企业提供公共服务。2014年12月22日，根据国家工信部的规划布局和建设要求，在深圳市中小企业服务署的指导下，依托深圳市中小企业公共服务平台，由深商总会、深圳市商业联合会及全市100余家知名企业服务机构共同发起，深圳市中小企业公共服务联盟成立。联盟主要立足深圳市政府公信力的支持，依托深圳市中小企业公共服务平台，凝聚优秀企业服务供应商，强化中小企业会员互助制度的流程设计与平台搭建创新，切实为全市中小微企业的强大贡献力量。

2. 建设现状

深圳市小微企业公共服务平台经过不断完善，不断开发特色产品，已经形成成熟的企业服务链，包括企业萌芽期服务、企业初创期服务、企业成长期服务、企业成熟期服务和企业其他服务。并且每一个不同阶段根据企业的主要需求又细化了为企业提供的具体服务内容，如企业萌芽期服务包括行政许可证服务、代理服务、创业培训服务和商业计划服务；而企业初创期服务则包括品牌规划服务、市场开拓服务、信息化建设服务和投融资服务；企业成长期服务包括管理咨询服务、产权法律服务、融资担保服务和人才管理服务；企业成熟期服务包括融资上市服务、成果转化服务、资产管理服务和知识产权服务；企业其他服务包括资产评估服务、财务会计服务、技术转让服务和维权诉讼服务。而公共服务平台网络又包括政府资助、政府采购、服务商城、阳光采购、服务红包、好项目、互动社区等，每一个栏目都紧密贴近企业需求，服务领域广泛、服务方式新颖。

3. 主要举措

(1)创设良好的政策环境和制度环境

为推动打造政府支撑小微企业市场化、专业化、集成化、网络化的

新型载体,营造有利于大众创业、万众创新的政策环境和制度环境,深圳市知识产权局出台了《深圳市小微企业创业创新基地城市示范专项资金知识产权项目操作规程(暂行)》(以下简称"《操作规程》"),在小微企业商标注册、一般作品著作权登记、专利保险、知识产权孵化基地等4个方面给予资助奖励,激发小微企业的创新创业热情。另外,启动小微企业自主项目申报工作,主要由深圳市知识产权局与中国平安财产保险股份有限公司签署战略合作协议,推出专利侵权损失保险、专利申请费用保险、专利代理责任保险等多个创新险种,共同推进专利保险试点工作。

(2)分批次、分年度、有计划地设立专项资金培育创新型小微企业

深圳市中小企业服务署根据《深圳市民营及中小企业发展专项资金管理办法》(深财科〔2012〕177号)和《深圳市民营及中小企业发展专项资金资助计划操作规程》(深经贸信息中小字〔2012〕91号)文件,结合中小企业发展的实际需要,开展市民营及中小企业发展专项资金小型微型企业培育项目资助计划。该计划在2017年重点资助了创新型的小型微型企业培育项目。如要求企业主营业务和发展重点符合深圳市产业、能源、环保等政策,近2年在提升企业专业化、精细化和特色化发展水平和产品创新水平等方面已有一定的实际投入资金,扶持更多的企业走专精特新之路。

(3)支持小微企业做大、做优

根据产业发展政策及投资导向目录,引导小微企业调整产业结构和产品结构,推进技术创新;推动小微企业与大型企业开展协作配套。

全面落实支持中小微企业发展政策措施。发挥国家中小企业发展基金深圳子基金的投资引导作用,深圳市政府投资引导基金参与设立

规模为100亿元的市级中小微企业发展基金,重点支持符合深圳市产业导向的种子期、初创期成长型中小微企业发展。推动大众创业、万众创新,启动小微企业创新创业培育行动,推进小企业创业基地规划建设,做好民营及中小企业家培育工程,完善中小微企业创业创新服务体系。

构建从“种子企业”到“领军企业”的良性发展梯队。以创新型小微企业、成长型中小企业、国家和深圳市高新技术企业为基础,加快培育一批成长潜力大、商业模式新、产业特色鲜明的高成长型企业。加大企业上市培育力度,重点支持一批市场前景好、综合效益高、核心竞争力强的企业在多层次资本市场上市或挂牌。实施骨干企业培育工程,在现代服务业、先进制造业、战略性新兴产业等领域培育出一批自主创新能力强、主业突出、掌握核心关键技术、拥有自主知识产权和品牌优势的领军型企业。

(4)开通政策法规频道,加大政策引导

深圳市中小企业服务署设立了政策法规服务,开设了“新法速递”“重要政策”“非公经济政策”“中小企业政策”“财务税收法规”“工商行政管理法规”“个人所得税”“劳动法”等栏目,并明确推出了“推动民营及中小企业发展的主要政策”通道,除了列出国家的相关政策,还有深圳市的相关政策,包括《关于支持企业提升竞争力的若干措施》《深圳经济特区中小企业发展促进条例》《深圳市〈融资性担保公司管理暂行办法〉实施细则》《关于加快民营经济发展的意见(深发)〔2003〕5号》《深圳市民营及中小企业发展专项资金管理暂行办法》《关于扶持我市中小企业改制上市的若干措施》,涉及从竞争力提升到经济可持续增长、融资担保、专项资金管理、改制上市等政策措施。

3.4.2 杭州市小微企业公共服务体系建设

1. 建设概况

小微企业创业创新，往往面临着专业服务、创业辅导、设备投入等诸多“缺口”。杭州市以建设“小微企业创业创新基地城市示范”为契机，整合社会资源，通过政府主导、财政扶持、市场运作，先后打造“小微企业专业化服务平台”“创业社交平台”“科技创新公共服务平台”，为小微企业提供“服务券”“活动券”“创新券”，走出了一条优化公共服务、助力创业创新的新路子。

2. 建设现状

1999 年，杭州市经信委设立中小企业服务中心，负责落实中小微企业扶持政策、推进服务体系建设及组织引导社会中介机构提供优质服务，成立之后的服务中心受到小微企业的极大欢迎，解决了小微企业发展中的诸多难题。

经过多年发展，中小企业服务中心不断完善，中小企业服务平台建设，通过搭建杭州市中小企业公共服务平台，统筹规划，集聚各类优质公共资源，以金融、信息、科技和创业辅导为重点，不断完善中小企业服务体系，有力地推动了小微企业快速发展。目前，已搭建“杭州市小微企业专业化服务平台”，形成了政府部门“搭台”、服务机构“配菜”、小微企业“点菜”的合力推进小微企业创业创新发展的新模式。

3. 主要举措

(1)以“服务券”提供专业服务

让专业的人帮助干专业的事，通过市场运作，让创业变得简单，这

是杭州市服务小微企业创业创新的基本思路。杭州财政局从中小企业发展专项资金中安排5000万元,通过政府购买服务,给符合条件的小微企业免费发放"服务券",为小微企业购买专业化服务"埋单"。2015年下半年,杭州市着手打造"小微企业专业化服务平台",专业服务机构自主报名参加,由行业协会进行资格审查后入驻,为小微企业提供市场化服务。对服务机构采用"宽进严管"的管理原则,除通过制度规范服务行为外,还规定服务费用根据服务对象评价打分,按评价等级折扣兑现,同时明确淘汰标准,保证服务质量。服务平台开放后,为小微企业提供财务会计、法律咨询、企业管理、知识产权等8大类120多项服务。截至2016年8月初,平台入驻专业服务机构241家,小微企业在线注册4213户,领券企业3470家,共计1041万元,其中已使用540万元①。

(2)以"活动券"打造创业活动的"助推器"

杭州市的创业创新氛围浓厚,不少众创空间、创业咖啡等机构会定期举办开放式创业交流活动,为众多小微企业提供免费创业创新辅导。为此,杭州市财政部门在全国首创,依托创业社交平台微链App,发放"活动电子券",对第三方机构举办的创新创业公益活动,根据服务质量和参与规模给予资助。据微链App统计,目前杭州日均创新创业活动达到10.35场,较"双创"示范基地城市获批之前,日均增加130%,这是杭州实施"活动券"补助后带来的一个显著变化。

(3)以"创新券"降低科创成本的"新路径"

"创新券"是杭州市盘活科技资源,解决小微企业缺少大型科研设

① 人民网.杭州优化小微企业创业创新环境[EB/OL].http://finance.people.com.cn/n1/2016/1121/c1004-28884369,html

备难题的重要举措,有效降低了科研成本,推动了科技创新。杭州市通过建设科技创新公共服务平台,对接供需双方,推动有条件的企事业单位向社会开放大型科研设备,实现科技资源合作共享,财政部门按照不超过技术服务合同金额 10% 的额度,以"创新券"的形式给予双向补贴。2016 年,全市已建成服务平台 25 个,覆盖物联网、移动通信、软件动漫、装备制造、工业设计、节能减排、早期成药性评价、食品(农产品)安全与标准化生产等领域,可减轻企业创新创业设备投入成本超 20 亿元。

众创空间、科技企业孵化器和加速器中小微企业申领创新券热情高涨。截至 2015 年底,全市 5300 多家企业通过"创新券"寻求科技服务,开展技术交流活动 2600 余场,参与人员近 5 万人次,培训 6.3 万人次,提供检测服务近 4 万次。2016 年开始,杭州市借助省科技云服务平台,将"创新券"推广到区县,1—7 月共发放创新券 11279 万元①。

正是通过"三种券"的实施,有效增加了小微企业创业创新公共服务的供给,降低了小微企业创业创新成本,为小微企业创新创业注入了活力,构建起杭州创业创新的良好生态环境。

3.4.3 重庆市小微企业公共服务体系建设

1. 建设概况

重庆市提出了用好大数据,推进"互联网 + 公共服务"的口号。主要是依托经济户口、企业年报、企业信用信息公示系统等数据资源,在全国率先上线小微企业名录,通过"扶持政策集中公示""申请扶持导

① 人民网. 杭州优化小微企业创业创新环境[EB/OL]. http://finance.people.com.cn/n1/2016/1121/c1004-28884369,html

航”“企业享受扶持信息公示”“小微企业库”等功能板块,实现对小微企业各类扶持政策和企业享受扶持政策信息数据的归集共享、互联互通,并不断提升扶持政策实施的公开透明度,从而将小微企业与大数据、“互联网+公共服务”联系起来,不仅推动了大众创业、万众创新,还推进了政府决策科学化、社会治理精准化、公共服务高效化。

2. 建设现状

(1)建立小微企业大数据库,充分满足小微企业创立企业的需求

截至2015年3月,重庆市通过建立小微企业大数据库,归集整合小微企业经济户口、企业年报、经营情况等相关数据信息2500万条,为数据的分析运用奠定了良好基础。新建的小微企业大数据监测管理中心,设计了小微企业分布地域、行业、人群和带动投资、吸纳就业等数据模板,可对小微企业存活率、活跃度、生存现状、发展形势等进行动态监测和跟踪分析。此外,根据小微企业需求,还出台了一系列政策措施,提高政策扶持的精准性、针对性和有效性,最大限度地满足重点人群的创业需求。

(2)利用“互联网+”,通过线上线下,双渠道为小微企业服务

在重庆市微型企业发展网建立工商干部“办事平台”,实现微企各类扶持政策申请及相关审批的全程网上受理、办理、反馈、公示,以此降低办事成本,提高服务效率。截至2015年,该平台已累计处理各类申请审批、办事服务40余万人次。该平台还提供工作情况全程在线监督,市工商局可以24小时线上跟踪全市相关业务的办理情况,区县工商局可跟踪本区域相关业务的办理情况,一级抓一级,层层抓落实。此外,工商干部“办事平台”还与阳光公示平台实时关联,当某一企业申请扶持政策被举报时,系统会自动中止被举报企业的申办流程,提醒工作人员开

展核查。

3. 主要举措

(1)加大大数据运用力度,对小微企业实施精准扶持

一是归集整合数据。建立大数据库,集中整合全市小微企业数据,已归集相关数据信息2500万条。二是实行动态监测。建立数据监测中心、数据模型等,跟踪分析小微企业经营状况。经监测,享受创业补助的微型企业发展活跃度达88.79%。三是分类扶持监管。将创新性强、发展态势好的企业纳入重点项目推介名单,对经营异常、有不良信用记录的企业进行预警,对违法失信企业实施联合惩戒。全市享受创业补助的19.71万户微型企业中,已有1.32万户成长壮大为中小企业。

(2)利用大数据,转变工作思路

充分利用小微企业大数据,推进政府决策科学化、社会治理精准化、公共服务高效化,掌握小微企业发展态势、畅通政企沟通渠道、辅助决策施政。出台《完善小微企业扶持机制方案》,对微型企业申请、受理、审核及创业补助资金评审等各个环节全程公开公示。截至2016年,设立微企基础信息公示、申请流程公示、创业补助资金评审公示、后续帮扶公示等板块,已公示相关信息19.78万条次,申请人可以便捷查询处理流程和结果。

(3)提升服务能力,畅通公共服务“最后一公里”

推行“互联网+公共服务”,畅通公共服务“最后一公里”,推动建立了重庆市微型企业协会“微企助”网站,提供“一站式”服务,既包括全部微企类政府性服务,也包括一系列社会化服务。创业者可通过登录该网站,申请享受创业补助、创业培训、后续补助、创业券等各项微型企业扶持政策。申请人网上申报和上传材料后,该平台自动将申请信息传

送给工商干部“办事平台”,材料审核通过后,平台通过短信提示申请人前往工商部门提交纸质资料存档,从而实现了全程网上审批和一次性网上办结。

3.4.4 成都市小微企业公共服务体系建设

1. 建设概况

近2年来,四川省的小微企业公共服务建设秉承“平台聚集资源、资源催生服务、服务助力企业”的总体思路,致力于将互联网技术转化为中小微企业创业创新、转型升级的基础设施和实现路径,助力中小微企业转型升级和加快发展。成都作为四川省的省会,于2015年4月建立了西南地区首个智慧城市项目——“在成都”市民融合服务平台,同时2017年7月四川省与阿里巴巴签订的“互联网+中小微企业双创服务平台”也落户在成都。该平台将利用云计算、大数据、区块链等新一代信息技术,构建服务于小微企业的生态系统,将平台构建成开放式、全球化的创新创业服务共同体,缓解中小微企业公共服务“开放性与封闭性、公益性和市场化”的矛盾,推进形成全省小微企业全要素的生态服务体系,推动小微企业服务供给侧结构性改革,助推企业转型升级,加速朝“专、精、特、新”方向发展。

2. 建设现状

成都市已建成了一套完整的覆盖市、区(市)县、聚集政府和社会资源的多层次服务体系,在助推小微企业创业创新上,取得了良好的成效。这套多层次服务体系以成都市中小企业服务中心为枢纽,20个区(市)县中小企业服务中心为延伸,60个成都市中小企业服务“窗口”(创业基地)为依托,300个社会化专业服务机构(包括认定的成都市中

小企业公共服务平台和成都市中小企业服务机构）为触手，形成覆盖全市的中小企业公共服务平台网络。成都市小微企业可以通过线上和线下的方式方便、快捷、顺畅地享受到政策信息、投融资、科技成果转化、创业创新、人才与培训、管理咨询、市场开拓、法律税务等各类专业化社会服务。

截至目前，成都市共有国家中小企业公共服务“窗口”平台4家，国家中小企业公共服务示范平台10家，省级小企业创业示范基地12家，省级中小企业公共服务示范平台21家，市级小企业创业基地35家，市级中小企业公共服务平台60家，初步形成了国家、省、市三级联动，政府平台、行业协会、专业服务机构多种类型共存的公共服务网络。

3. 主要举措

在成都市中小微企业多层次的服务体系建设中，打破部门壁垒，创建“一站式”公共服务平台，同时，鼓励行业协会和商会开展服务，在做法上有较大的创新。

（1）政府部门合力搭建服务小微企业平台——“四方”对接平台

成都市政府为解决小微企业融资难、融资贵和科技成果转化不足、信息沟通不畅等问题，打造了小微企业银企校院“四方”对接平台。该平台由成都市经信委、市发改委、市财政局、市农委、市商务委、市科技局、市金融办等14个部门共同搭建，依托成都市中小企业服务中心开展建设、运营。该中心是国家首批中小企业公共服务平台，被工信部评选为“国家中小企业公共服务示范平台”，获“中国中小企业首选服务商”殊荣，为成都市广大中小微企业提供全方位、多层次“一站式”的综合服务。

首先，打造了3个平台。“四方”对接平台同时打造线下平台（物理实体大厅）、线上平台（PC终端和移动终端）以及流动服务平台（园区

行、商圈行),利用线上、线下,静态、动态相结合的方式开展活动,为全市中小企业提供快速、高效、便捷的服务。

其次,整合4项资源。平台整合了政策、资金、信息、机构4项资源,通过横向加强部门协同和社会化服务机构的聚集效应,纵向加强上下沟通形成合力,发挥其"政策聚集、机构聚集、资金聚集、项目聚集"的功能。

最后,提供5项服务。平台为不同成长阶段的小微企业提供包括金融、科技、市场拓展、人才、信息5大方面的多层次、多元化、多渠道的公共服务,助力小微企业快速发展。主要服务内容包括:第一,金融服务。收集企业融资需求、对接金融机构,为企业量体裁衣,精准匹配最适合的机构和产品;提供企业从初创到成熟包括债权、股权、上市的全金融产品链;组织银企对接会和项目路演会,促进机构和企业沟通,提高融资效率。第二,人才服务。定期开展人力资源培训,提升管理者与员工综合素质;北大、清华"总裁班"特邀国内外顶尖大学教授和知名讲师,招收川内优秀企业家,帮助企业家开阔视野、拓展人脉;举办专场定向人才招聘会,为企业招贤纳士,解决人才问题。第三,科技转化。为企业对接成都市各大高校、科研院所和创业园区;组织科技顾问团和院士专家深入企业提供技术咨询;协助企业与院校共建实验室、共同进行产学研合作;聚集市以上的技术中心、中小企业公共服务平台为企业提供开放共享资源。第四,市场拓展。组织企业在各大工业园区及商圈开展服务上门活动;通过政府平台推广企业及产品;举办营销沙龙、中外企业交流及免费产品发布会等活动。第五,政策信息。定期举办"政策大讲堂",解读最新国家政策,为企业现场答疑,有效解决政策实施"最后一公里"问题;收集各部门近期出台的扶持政策,归类整理入库,供企业查询;与成都政务中心合作,共同开展政策、审批咨询服务。

(2)中小企业协会积极开展服务创新

在成都市搭建的小微企业服务平台上,行业协会也是开展小微企业创新服务的重要力量。成都市中小企业协会是由成都市各中小企业及企业经营者自愿组成的联合性、自律性、非营利性社会团体组织。会员由来自不同行业、不同地区的小微企业,关注、支持小微企业发展的大企业,小微企业服务机构和小微企业社会团体等组成。

成都市中小企业协会的4大功能:①企业与政府沟通对话的主渠道;②企业与企业交流合作的大平台;③企业转型升级发展的大学校;④企业履行社会责任的大舞台。

协会下设7个子平台和5个服务中心,针对小微企业发展的需求及所遇不同领域的困难,提供全方位、全覆盖式的服务,帮助企业解决问题,从资金、人力、管理、文化、健康、法律等全方位扶持、孵化一批优秀企业,带动小微企业群体发展。7个子平台包括信息化管理平台、培训教育平台、交流合作平台、金融投资服务平台、公共服务平台、企业家健康管理平台、法律服务平台。5个服务中心包括信息网络服务中心、教育培训服务中心、商贸合作服务中心、投融资服务中心、综合服务中心。

同时,协会研发了自己的App项目,结合会员管理、会员自助服务、商业运营模式为一体,从手机端实现协会平台的商业资源整合、人力资源管理、应用功能拓展、社交沟通、信息发布、分享传播等功能。App的运用也成为7大平台5个中心最有效的工具,也是实现“互联网+模式”的第一步骤,还通过广告和品牌合作、消息推送、线上线下互动、大数据精准投放、高端品牌植入与数据收集、在线交易或订购、商家市场调查全面的众筹整合实现各大商业价值。

3.4.5 比较分析

通过梳理总结以上城市在“互联网+”环境下小微企业公共服务体系建设的概况、现状和主要举措，可以发现不同的城市通过结合自身的资源优势，重点针对小微企业的实际需求，从“互联网+”出发，基于大数据、信息化、网络化，从服务项目、服务流程、服务效果、服务生态体系的形成等多个方面，已形成了各地自身的特色。

深圳市构建了“1+15”省级公共服务平台网络，联通了15个战略性新兴产业、优势传统产业和现代服务业，依托深圳市中小企业公共服务联盟向全市小微企业提供公共服务。公共服务的内容又根据企业不同成长阶段的不同需求，已经形成了成熟的企业服务链。

杭州市以建设“小微企业创业创新基地城市示范”为契机，整合社会资源，通过政府主导、财政扶持、市场运作，先后打造“小微企业专业化服务平台”“创业社交平台”“科技创新公共服务平台”，为小微企业提供“服务券”“活动券”“创新券”，走出了一条优化公共服务、助力创业创新的新路子。

重庆市将小微企业与大数据、“互联网+公共服务”联系起来，不仅推动了小微企业创新创业，还推进了政府决策科学化、社会治理精准化、公共服务高效化。

成都市聚集政府和社会资源，建造了一套多层次服务体系，同时联合各级中小企业公共服务窗口、示范平台、示范基地等，形成了国家、省、市三级联动，政府平台、行业协会、专业服务机构多种类型共存的公共服务网络。同时又鼓励行业协会和商会积极参与，打造了小微企业银企校院“四方”对接平台，会员App管理等服务创新模式。

同时也梳理了以下3点共性特征。

一是各地政府都非常重视运用"互联网+"为小微企业公共服务体系建设注入新的活力和动力，快速转变自身的服务理念和意识。小微企业是经济的重要组成部分，政府为了大力推进小微企业创新发展、创业成长，推动小微企业迈向中高端水平，都在积极寻求运用"互联网+"为小微企业服务的路径和办法。

二是借助"互联网+"提升自身的服务水平和能力。为了更精准地为企业和经济管理服务，政府充分利用大数据理念整合、分析了云服务平台及涉企相关系统中的企业信息、政务及服务信息数据，从政务、创业孵化、金融、市场开拓、智能制造、人才、信息化、园区和大数据等为企业提供一站式、综合服务、专业服务、精准化服务等，服务平台充分共享开放，服务手段充分信息化，服务途径不断创新，与大数据、微信、云平台等接轨，实现线上线下服务统一，服务效果和能力不断提升。

三是充分运用"互联网+"解决企业的实际困难。从在线服务对接与需求发布、信息定制与自动推送、政策发布与解读，到提供政务、融资、技术、培训等，政府充分运用"互联网+"，利用先进信息技术，整合优质服务资源，创新服务方式，深耕互联网+微平台+大数据，依托云服务平台、微服务平台和企业大数据平台，开启了互联网+小微企业智慧服务新常态，解决了企业各个发展阶段所面临的问题，提供了各个阶段所需要的服务。

表 3-5

地区 城市	深圳	杭州	重庆	成都
建设现状	构建了"1+15"省级公共服务平台网络，联通了15个战略性新兴产业、优势传统产业和现代服务业，依托深圳市中小企业公共服务联盟向全市中小企业提供公共服务。公共服务的内容又根据企业不同成长阶段的不同需求，已经形成了成熟的企业服务链	以建设"小微企业创业创新基地城市示范"为契机，先后打造了"小微企业专业化服务平台""创业社交平台""科技创新公共服务平台"	较早提出"互联网+公共服务"的口号，在全国率先上线小微企业名录，对小微企业各类扶持政策和企业享受扶持政策信息数据的归集共享、互联互通，并不断提升扶持政策实施的公开透明度	已建成一套完整的覆盖市、区（市）县、聚集政府和社会资源的多层次服务体系，并以成都市中小企业服务中心为枢纽，20个区（市）县中小企业服务中心为延伸，依托60个成都市中小企业服务"窗口"（创业基地），以300个社会化专业服务机构（包括认定的成都市中小企业公共服务平台和成都市中小企业服务机构）为触手，形成覆盖全市的中小企业公共服务平台网络
建设特色	构筑了以1个枢纽平台为核心，联通15个战略性新兴产业（新材料、LED、电子装备、电子信息、物联网、医疗器械等）、优势传统产业（机械、家具、服装、珠宝、钟表等）和现代服务业（物流、工业设计、软件、港澳服务资源等）窗口平台	为小微企业提供"服务券""活动券""创新券"，走出了一条优化公共服务、助力创业创新的新路子	建立小微企业大数据库，充分满足小微企业创立企业的需求；利用"互联网+"，通过线上线下，双渠道为小微企业服务	成都市聚集政府和社会资源，建造了一套多层次服务体系，同时联合各级中小企业公共服务窗口、示范平台、示范基地等，形成了国家、省、市三级联动，政府平台、行业协会、专业服务机构多种类型共存的公共服务网络。同时鼓励行业协会和商会积极参与，打造了中小微企业银企校院"四方"对接平台，会员App管理等服务创新模式

续表

地区 城市	深圳	杭州	重庆	成都
主要举措	结合中小企业发展的实际需要，开展市民营及中小企业发展专项资金小型微型企业培育项目资助计划；构建从"种子企业"到"领军企业"的良性发展梯队	以"服务券"提供专业服务，即政府为小微企业购买专业化服务"埋单"； 以"活动券"打造创业活动的"助推器"，即在全国首创，依托创业社交平台微链App，对第三方机构举办的创新创业公益活动给予资助； 以"创新券"降低科创成本的"新路径"，即通过建设科技创新公共服务平台，按照不超过技术服务合同金额10%的额度，以"创新券"的形式给予双向补贴	借助大数据，对小微企业实施精准扶持；推行"互联网+公共服务"，畅通公共服务"最后一公里"	政府部门合力搭建服务中小微企业平台——"四方"对接平台；行业协会通过下设7个子平台和5个服务中心，App项目，实现"互联网+模式"
借鉴启示	重视小微企业发展的政策环境和制度环境； 有计划、更精准地进行创新型小微企业的培育扶持； 通过发展梯队、会员互助制度等，支持小微企业做大做强	充分发挥政府对小微企业的帮扶作用，从小微企业急需的专业服务、创业创新辅导活动、科技创新经费出发，创新补贴方式，更好地为小微企业发展提供高效的服务	充分利用大数据，深化对小微企业的服务，还推动政府决策、社会治理、公共服务的水平	利用云计算、大数据、区块链等新一代信息技术，充分发挥行业协会的力量，构建小微企业全要素生态服务体系，打造多种机构多种类型的公共服务网络，助推小微企业发展

3.5 小微企业公共服务体系建设的案例分析——以北京市海淀区为例

相对于其他城市的小微企业公共服务体系建设，海淀区小微企业公共服务体系建设更加关注创业服务，从而构建了涵盖“创业交流+创业培训+创业孵化+创业投资+公共服务+专业服务”的创业服务生态体系。

3.5.1 建设概况

海淀区依托自身的双创环境，打造双创生态，逐步建成了以“集中办公区—孵化器—加速器—产业园区”为载体的服务链条，满足企业各个发展阶段的不同需求，基本形成了从无形到有形，从创意到产品的全生命周期创业服务链条，以及涵盖“创业交流+创业培训+创业孵化+创业投资+公共服务+专业服务”的创业服务生态体系。

3.5.2 建设现状

1. 构建引领全国的创业服务体系

海淀区着眼于建成具有全球影响力的科技创新中心，大力支持创新创业载体建设，建立起一批以科技孵化器为核心，集众创空间、小企业创业基地等形态为主的创业创新载体。以2009年创新工场成立、2011年车库咖啡成立、2014年中关村创业大街开街为标志，通过政府引导，鼓励市场化运作，海淀区培育了一批低成本、便利化、全要素、开放式的新型创业服务平台（众创空间），为草根创业提供了便利的网络空间、办公空间、社交空间和产业资源共享空间，同时还提供创业培训、投融资对接、商业模式构建、团队融合、政策申请、工商注册、法律财务、媒体

资讯等全方位创业服务的生态体系。

2. 打造针对小微企业的各类创业服务平台

一是投资+孵化:针对初创企业最亟须解决的问题——资金问题,以天使投资为核心和纽带,帮助企业启动项目并提供配套服务。典型代表有创新工场、天使汇等。

二是创业培训+投资型:凭借专业化的投资和创业顾问团队,以特色创业培训为基础,筛选优质项目和产业人才,进行投资服务。典型机构有联想之星、亚杰商会等。

三是创业媒体+平台+投资型:由面向创业企业的媒体开始做起,逐步发展成为为企业提供线上线下相结合的,包括宣传、信息、投资等各种资源在内的综合性创业服务平台。这一类创新型孵化器的典型代表有创业家和36氪等。

四是创业教育+平台型:以清华X-lab为代表,依托高校资源,从学生和校友的创意、创新、创业教育入手,为学生和校友提供学习、活动、资源网络和项目培育等服务。此类代表还有北大创业训练营、北邮壹零时光等。目前以高校为主体建设。

五是产业链+技术平台型:专注于战略性新兴产业,大企业、平台型企业等拥有产业资源的主体围绕产业链上下游,围绕创业企业对通用技术平台和专业技术的需求,进行专业化服务。代表机构有微软云加速器、创客空间、IC咖啡、硬创邦、京东孵化器等。

六是交流平台+开放办公:以咖啡为载体,致力于搭建创业者、天使投资人、国内外投资机构、全球知名企业、企业服务机构的交流、服务和合作平台。代表机构有车库咖啡、3W咖啡、binggo咖啡等。

七是"工作+生活"的创业社区孵化模式:如You+创业社区,是第

一家以公寓为载体的创新型孵化器,集居住、办公、娱乐于一身。将居住与社交融合、改变青年创业者的居住习惯、形成创新创业氛围的独特创新模式型社区。

八是创业服务集聚区:如中关村创业大街以创业企业的需求为导向,以全球范围内的服务资源整合为基础,积极引进各类创业服务机构。2013 年 3 月—2014 年 5 月,2014 年 6 月开街以来,截至 2016 年 12 月,大街及入驻机构累计孵化创业团队 1581 个,其中海归团队和外籍团队超过 194 个,655 个团队获得融资,总融资额达到 65.34 亿元。共举办各类创业活动 2891 场,形成一批品牌活动,参与人数超过 28 万人次,持续增强创新创业活力。2016 年全年接待各级参访团队 682 批,共计 17516 人次,其中海外 114 批,涉及 29 个国家和地区、3000 余人次。

3.5.3 主要举措

1. 转变政府职能,优化公共服务环境

一是多举措落实商事登记制度改革。推行"五证合一、一照一码、先照后证",降低市场准入门槛。继续推进工商营业执照、组织机构代码证和税务登记证"三证合一"登记制度。加强工商登记注册信息与其他部门企业信息的整合,大力推进企业信用建设。二是在全国率先试点企业登记全程电子化工作。全面推行电子营业执照和全程电子化登记管理,率先实现新版营业执照的网上申请、网上受理、网上审核、网上公示、网上发照。三是发挥社会力量提供精准工商注册服务。积极探索并试点运行"北京市工商局登记注册网上服务系统第三方平台",通过众筹平台天使汇、工商银行、建设银行,延伸工商登记服务触角,开放服

务渠道,实现线上受理、审批与反馈的“全程电子化”,并结合执照寄递形成整体打包服务模式,做到工商登记注册“零见面”。

2. 引入专业化力量,多路径推广服务模式

通过多种路径,引入专业化社会化力量,在海淀区积极推广创业会客厅服务模式。一是在新综合政务大厅引入专业化社会化力量,实现政务服务与社会化服务的有机结合。启用北部政务分中心(企业加速驿站),为北部企业创新创业提供有针对性的定制化服务。主动对接政务服务站,把个性化、贴身式的政务服务主动送到企业身边。大力推动“互联网+政务服务”,推进实体政务大厅向网上政务大厅延伸。二是国地税联办,营造优质高效的纳税服务大环境。国地税共建办税服务厅,简化办事程序,为“双创”企业提供便捷的纳税服务,实现企业“进一家门、办两家事”,降低征纳成本,提高办税实效。三是建设海淀区开放式创新云服务平台。着力打造面向小微企业的开放创新云服务平台,建立统一接口,链接和聚合已有中关村协同创新服务平台、技术转移与知识产权服务平台、创新创业服务平台等政府公共服务平台、专业化服务平台以及产业共性技术平台,形成高效快捷的网络协同系统,采用线上、线下结合的服务模式,推动形成技术、人才、资金等创新资源高效循环机制,充分发挥各种创新资源的最大价值。四是加强区内服务平台与国家、京津冀相关平台的对接。积极与国家软件公共服务平台、国家中小企业信息化公共服务平台、国家集成电路产业公共服务平台、国家文化产业项目服务平台,首都科技条件平台、北京市中小企业投融资服务平台、北京市中小企业公共服务平台等相关服务平台开展对接,通过新一代信息技术手段实现政府、企业、服务机构和平台之间的互联互通。

3. 健全创新体系,搭建“双创”公共服务平台

充实完善创业服务平台、协同创新平台、技术转移与知识产权服务平台、企业信用信息服务平台、小微企业融资服务平台、创新营销平台等创新创业公共服务平台,构建创新无鸿沟、创业无障碍的网络化、特色化、专业化服务支撑体系。

4. 为科技创新和高精尖产业提供创新服务

建设技术研发专业服务平台,构建以企业为主体的技术创新体系。持续推进开放实验室建设,加强创新资源和创新服务资源的开放共享,助推企业创新发展。

推进北斗导航位置服务产业公共平台、下一代互联网评测与认证公共服务平台、行业云服务测试公共服务平台、大数据平台等一批产业公共技术平台建设,为企业提供相关领域的技术和服务支持。

5. 构建服务生态圈,提供服务保障

目前已构建了包括中国科学院、北京大学、中国农科院饲料所技术转移中心、北京理工大学、北京航空航天大学、北京邮电大学、中国技术交易所、中北国技(北京)科技有限公司等在内的服务保障机构,建设服务生态圈,为小微企业提供服务支持和保障。

3.6 互联网+小微企业公共服务体系建设政策建议

互联网在向全领域渗透融合中,将催生产业发展新空间,涌现出一系列创新模式,汇聚众多创新资源要素,推动公共服务愈加便利到位,使小微企业创业创新迎来了重大历史契机。因而加快建立和完善小微企业公共服务体系,确保服务制度化、规范化、长效化,切实帮助小微企

业解决从出生、成长到发展壮大等各个阶段的突出问题,对推动小微企业长期、可持续、稳定发展意义重大。

3.6.1 以"互联网 +"变革公共服务理念

"互联网 +"将重构公共服务,使政府成为创业创新的重要推手。通过上述资料发现,重庆、湖南等省市都在大力推进互联网与小微企业的融合建设,如加大行政审批改革力度,推进在线审批服务,推动政务服务由分散朝集中、线上线下结合的方向转变,以期为创业创新提供有效助力。另一方面,创业创新公共服务平台正在成为政府为创业者提供便利化服务的重要渠道。例如,成都推出"科创通"平台,聚合线下创业创新资源,从财政支持、投融资对接等方面全力支持小微企业发展。上海设立国家技术转移东部中心,面向小微企业提供全球创新资源对接服务。所以面对"互联网 +"带来的契机,政府要以互联网促进产业转型升级,着力提高实体经济创新力和生产力,鼓励和支持小微企业积极利用互联网技术,创新产品与服务,有效提高生产效率,形成网络经济与实体经济联动发展新态势。

3.6.2 以"互联网 +"增强公共服务能力

大多数小微企业往往因为资金、人才、服务不足,普遍互联网应用水平薄弱。一是初创企业因经济承受范围有限,一般无力偿付较高的软硬件配套设施投入成本。二是互联网创业创新需要既懂行业特色又懂互联网思维的复合型人才,但大部分的小微企业员工整体素质无法满足需要。三是针对小微企业的信息服务市场发展缓慢,公共云服务、开源软件供给不够。所以政府要大力推进互联网与社会民生等深度融

合,创新公共服务方式,加强在线服务平台建设和公共信息资源共享,推动优质资源社会化开放,促进公共服务均等化。加大政府对云计算、大数据等新兴服务的购买力度,完善政府在线服务和监督模式,提升城市管理和便民服务水平,依托互联网平台构建社会协同、公众参与的社会治理机制。同时加快网络基础设施建设,着力提高互联网应用支撑能力。

3.6.3 以"互联网+"服务小微企业的痛点

立足小微企业创业创新痛点,积极打造服务生态圈,完善小微企业信息服务体系建设,破除创业创新体制障碍,从资金、服务、制度等多个层面为小微企业以"互联网+"创业创新保驾护航。建立健全金融服务体系。探索以供应链金融、电子商务信用等缓解小微企业融资难的新模式和新渠道。支持互联网金融发展,引导和鼓励众筹融资平台规范发展,研究设立专门服务于区域性股权市场的小微市场,开展公开、小额股权众筹融资试点,为创新创业开辟新的股权融资渠道。以平台模式探索投融资服务创新,为创业者和投资人提供专业的投融资咨询、投资人推荐、法律咨询、尽职调查和人力咨询等一站式服务。

3.6.4 以"互联网+"加强服务水平建设

着力提升互联网应用水平。加强工业云平台对小微企业的服务能力建设,面向小微企业的在线研发设计、安全监控、设备管理等软件应用服务。建设一批智慧型小微企业创业创新基地,面向小微企业提供通信网络、数据存储、软件支撑、网络安全等服务。鼓励企业自主研发和国家科技计划支持形成的软件成果通过互联网向社会开源,发展开源

模式的创新创业。依托各类小微企业信息化辅导服务机构,广泛开展信息化人才培训和产品展示推广活动。

3.6.5 以“互联网+”拓宽服务空间

营造优化创业创新环境。破除制约“互联网+”创业创新的政策壁垒,放宽融合性产品和服务市场准入,制定和实施各行业互联网创业创新准入的负面清单,为互联网创业创新提供发展空间。健全网络知识产权法律法规体系,研究制定适用互联网创新成果的专利审查标准,加大网络侵权行为的监管处罚力度,营造公平公正的互联网创业创新环境。积极推进小微企业公共服务平台网络建设工程,实现服务资源的互联互通、信息共享和服务协同。

4 “互联网+”环境下小微企业创新创业空间建设研究

4.1 创新创业空间研究概述

4.1.1 创新创业空间基本概念

2015年1月,国务院常务会议研究确定支持发展众创空间推进大众创新创业的政策措施,随后印发了众创空间纲领性文件——《关于发展众创空间推进大众创新创业的指导意见》(以下简称《意见》),《意见》明确要求,到2020年形成一批有效满足大众创新创业需求、具有较强专业化服务能力,又具备低成本、便利化、开放式等特点的众创空间等新型创业服务平台。

根据国务院《意见》的有关表述,众创空间是顺应网络时代创新创业特点和需求,通过市场化机制、专业化服务和资本化途径构建的低成本、便利化、全要素、开放式的新型创业服务平台的统称。这类平台,为创业者提供了集空间、服务、资本于一体的新型孵化模式。

众创空间是互联网环境下,为顺应“大众创业,万众创新”需要,通过市场化机制,专业化服务和资本化途径构建的低成本、便利化、全要

素、开放式新型创业服务平台。众是主体,主要是面对众多创新创业团队提供服务,推动创新创业由精英人士、小众走向大众。众创是核心内容,为创新创业活动提供专业化、集成化、网络化的服务支撑,营造创新创业生态,提供创新创业效率。空间是载体,既包括办公、实验场地等物理空间,也包括基于互联网的网络社交平台、资源共享空间。

4.1.2 众创空间的特点

1. 低成本,降低创业门槛。众创空间为创新创业者提供减收或免收费用的办公场地、互联网宽带接入、行政后勤、设备设施、开源软硬件、商务服务等服务,降低创业门槛,搭建开放、交流、碰撞、合作的低成本创新创业平台。

2. 全要素,创客享受保姆式服务。众创空间除了为创业者提供办公空间、网络信息共享、交流平台,还提供技能培训、商业管理、政策支持等各方面的待遇。

3. 便利化,“无门槛”创业。众创空间的工作空间、资源共享等与社会资源紧密衔接,能向小微企业和创业团队提供其在萌芽期和成长期所需的各种便利,帮助其健康快速地成长。

4. 开放式,打造创新创业生态圈。众创空间通过网络资源以及相关技术,创建开放式创业平台,通过互动交流,实现资源的高效利用,推动创新创业需求与社会资源无缝对接。

4.1.3 众创空间的功能

1. 集中办公。提供免费或低价的集中办公场地和公共工作空间,以及必要的办公配套设施,共享商务服务等。

2. 投融资服务。联合商业银行、创业投资,风险投资、天使投资,股权众筹、借款担保等投融资资源,并结合各级政府的创业引导基金、免息小贷、贷款贴息等创业优惠政策,为微小型创新企业提供更多的金融支持。

3. 创业培训。通过开展创业培训、创业实训、培训辅导等课程,加强创业培训,增强创业人员的整体素质。并且通过社交人际资源,由资深创业者、著名企业家为初创者提供重要的创业指导,让创业者在成功人士的经验教训下完善自身创业思路,规划合理高效的商业计划等。

4. 创业孵化。整合资源,通过举办项目推介、技术分享、创业沙龙投融资对接等活动,为创业者提供:①企业创办服务;提供工商注册、基本财务管理、法律咨询、人力资源咨询、政策资源等服务。②专业技术服务:为创业项目提供技术咨询、技术测试、产品检测、设备租赁等系列化、全流程技术服务。③产品实验室试制、产品小试生产等服务。④产业链对接,跨行整合,市场开拓等服务。

5. 社会交流。面向社会,为创业者、投资人、媒体人、人才猎头、科技中介等各类创业相关人员,提供开放的交流空间,以便于大家进行交流思考,思想碰撞、项目展示、人才招聘和对接资本。

6. 众创网络。搭建众创网络服务平台,利用互联网尤其是移动互联技术,通过网络、微信等手段和渠道,包括大众创业孵化服务门户网站,App 手机客户终端,移动共享办公软件等,建设网络虚拟众创空间,提供线上创业孵化服务,并对接线下服务。

4.2 北京市创新创业空间概况——以朝阳区为例

4.2.1 众创空间建设规模

众创空间是顺应创新趋势，适应互联网及其应用深入发展特点，通过市场化机制、专业化服务和资本化途径构建的低成本、便利化、全要素、开放式的新型创业孵化服务平台。朝阳区孵化器和众创空间依托朝阳区创新资源及产业发展优势，涌现出一批植根于重点产业并能推动其快速发展的特色孵化器和众创空间，其产业定位更趋于特色化、专业化，服务模式更加倾向综合化、平台化，发展方向更加趋于国际化、高端化。

截至2017年6月，朝阳区拥有各类孵化器和众创空间共计71家，其中市级以上孵化器9家（其中国家级4家，分别是望京科技孵化器、瀚海博智科技孵化器、牡丹创新孵化器和国投尚科孵化器），其中获得北京市级众创空间认定的达34家①。国家级认定众创空间18家，并纳入国家级孵化器的管理服务体系。孵化器和众创空间办公场地面积总计120万平方米，其中公共服务面积约24万平方米，主要为创新创业提供活动路演、项目对接、投融资辅导等。为推动孵化器及众创空间健康发展，2014年以来共支持43家科技企业孵化机构创新发展和服务能力提升，其中包括9家市级以上孵化器（含4家国家级孵化器），国家级众创空间11家，市级众创空间16家。朝阳区孵化器和众创空间在互联网（含移动互联网）占比达到近40%，文化创意产业领域占比近30%，众

① 北京朝阳区政府. 朝阳区国家高新技术企业达2743家[EB/OL]. http://www.bjchy.gov.cn/dynamic/zwhd/8a24fe836153a0b5016154a5bb980047,html

创空间的发展与科技成果转化紧密结合,并体现了与实体经济提质增效有机结合的特征。

4.2.2 朝阳区众创空间入驻情况分析

2016年朝阳区孵化器和众创空间在孵企业多达2300家,收入总额超过40亿元,近一年孵化的高成长性“黑马型”企业达50余家;各空间入孵企业获得天使投资的有233个,投资总额93015.6万元;获得A轮投资企业121个,投资总额174640.1万元;获得B轮投资企业40个,投资总额189813万元;获得C轮投资企业8个,投资总额116000万元;同时,获得政府财政补贴的企业有479个,获得补贴金额为10686万元,在孵企业获得更多的融资机会,在一定程度上解决了企业自身创业资金难的问题。

4.2.3 众创空间区域集聚分析

通过对71家众创空间和孵化器的地理位置进行分析(见图4-1),可以发现朝阳区众创空间和孵化器呈现出明显的区域集聚规律,比较明显的集聚区域有3个区域:一是望京区域;二是酒仙桥区域;三是八通线带。其中,望京区域有众创空间和孵化器16家,酒仙桥区域有16家,八通线带有15家。

望京区域的众创空间和孵化器主要集中在望京科技园内。北京望京科技园位于望京新兴产业区,是国家科技部认证的“国家级创业服务中心”,是经北京市科委认定的第一批高新技术产业孵化器网络会员,是培育、扶植高新技术企业发展的创业园区,是促进科技成果商品化、产业化和国际化的专业服务机构。望京区域集聚了国家级孵化器1家,

图4－1　朝阳区众创空间分布

望京科技孵化服务有限公司；国家级、市级众创空间4家，分别为融创动力（北京）科技孵化器有限公司、洪泰创新空间（北京）创业投资有限公司、汉唐信通（北京）咨询股份有限公司和北京三大不六空间科技有限公司；市级众创空间4家，分别为北京市星火工贸有限公司、合创新业（北京）科技服务有限公司、天音互动（北京）文化传媒发展有限公司和建信万通商务服务（北京）有限公司。从业务领域来看，望京区域的众创空间和孵化器主要集中在科技、互联网等特色领域，共有13家众创空间。

酒仙桥区域集聚了国家级孵化器1家，北京牡丹创新科技孵化器有

限公司;市级众创空间7家,分别为北京国投尚科信息技术有限公司、北京普天电子城科技孵化器有限公司、北京极地加科技有限公司、星库空间(北京)创业投资有限公司、北京华地融信物业管理有限公司、知为创客(北京)投资有限公司、北京科创空间投资发展有限公司;其中,北京极地加科技有限公司、星库空间(北京)创业投资有限公司同时还是国家级众创空间;市级孵化器1家,北京798文化创意产业投资股份有限公司。从业务领域来看,酒仙桥区域的众创空间和孵化器主要集中在科技、文创等特色领域,其中科技型众创空间8家,文创型众创空间7家。

八通线带集聚了国家级、市级众创空间7家,分别为北京瀚海博智科技孵化器有限公司、北京中传英才教育科技有限公司、北京阳光壹佰优客工场创业投资有限公司、尚巴创新文化(北京)股份公司、光合空间(北京)企业孵化器有限公司、国安龙巢(北京)科技投资有限公司、北京凤岐创业服务有限公司。从业务领域来看,八通线带的众创空间和孵化器没有明显的特色聚集效应。

4.2.4 众创空间吸收就业情况分析

根据朝阳区科委数据,朝阳区孵化器和众创空间运营机构共有员工近3000人,其中本科及以上学历的员工比例达到70%以上,具有副高级以上职称的员工近50人,员工整体素质较高;拥有千人计划、海聚工程、凤凰计划人才48人,国际商务人才和高端商务人才44人,管理团队具有丰富的行业和企业管理经验,多数管理者具有在上市公司、跨国公司、投资公司工作和创业的经验和能力,对于孵化器和众创空间团队整体能力的提升具有重要引导作用。

4.2.5 众创空间特色分析

朝阳区众创空间和孵化器依托朝阳区区域资源及产业发展优势，呈现出以下特色：

一是产业定位更加趋于特色化、专业化，涌现出了一批植根于互联网、文化创意产业等重点领域的特色众创空间和孵化器。朝阳区众创空间和孵化器在互联网（含移动互联网）占比达到近40%，文化创意产业领域占比近30%，众创空间的发展与科技成果转化紧密结合，并体现了与实体经济提质增效有机结合的特征。

二是服务模式更加倾向于综合化、平台化，为在孵企业提供全方位服务。例如，优客工场、洪泰创新空间等都能为创业者提供“全链条、一体化”创业服务，同时为创业者提供投融资支持和创业辅导，加速科技创新型企业技术转移转化进程。

三是发展目标更加趋向国际化、高端化，朝阳区众创空间和孵化器的全球化意识和国际化发展水平较高，成为链接国内外高端创新要素的重要载体。例如，瀚海博智、高创天成等在海外建立了创新创业服务平台和专业孵化器，定位于促进全球科技创新资源在朝阳进行产业化落地，产业领域主要集中在高新技术、文化创意、科技服务、商务服务等“高精尖”产业领域。

4.3 北京市朝阳区典型众创空间案例分析

根据国务院对北京城市总体规划的定位，北京是中华人民共和国的首都，是全国的政治中心、文化中心、国际交往中心、科技创新中心。朝阳区秉承北京市城市定位理念，致力于建设具有世界影响力的国际

商务中心区、文化创新实验区、和谐宜居模范区。与此相对应,朝阳区“高精尖”产业结构加快构建,产业高端化特色明显,第三产业比重达到92.3%,金融、商务服务、文化创意、高新技术4大重点产业对全区财政收入增长的贡献达到68.5%。新一代信息技术、新能源、新生物医药等战略性新兴产业规模不断扩大,新的优质产业正在加快聚集。

因此,朝阳区的众创空间从历史沿袭和未来发展定位等方面也明显聚焦于科技发展和文化创意服务领域,在创新和创业孵化方面成绩显著,其中得到国家层面认可并极具行业影响力的代表性众创空间有融创空间、尚8文化和极地国际创新中心。

4.3.1 融创空间

1. 空间简介

“融创动力科技文化创意产业园”是在北京市科学技术委员会、朝阳区科学技术委员会的支持下,由北京生产力促进中心、融创动力(北京)科技孵化器有限公司等机构共同发起建设,在北京汽车传动轴厂老旧厂房改造基础上建设的集“众创空间”、文化科技企业孵化器于一体的新型创新创业孵化园区。园区以众筹模式发挥创新创业资源集聚效应,积极构建开放式的创业生态体系。园区建设的“融创空间”中小企业公共服务平台是为中小微企业提供创新创业服务的核心载体。

“融创空间”占地4000平方米,集移动办公、咨询服务、金融服务、工商注册、创业培训、成果交易、科技新产品体验、新品发布、商务洽谈、会议服务、政策解读等多层次综合服务功能于一体,努力构建贯穿中小企业生命周期的4级梯度孵化体系,重点打造“科技管家”“创业伙伴”2大服务品牌,充分结合创新与创业、线上与线下、孵化与投资,为中小微

文化科技企业快速、健康发展添力加劲。

作为北京市首批“众创空间”之一,“融创空间”始终从创业企业发展需求出发,以服务文化科技领域的中小微企业健康快速发展为宗旨,培育行业“明日之星”。

2. 服务内容

(1)科技管家

以创客咖啡厅、集中办公区、企业孵化器、综合服务区、路演报告厅为主要服务手段和载体,各区域可分别提供餐饮休闲、会谈交流、沙龙活动、产品体验、办公设施与支持、文化创意企业孵化、政策服务、会议场地与支持、创业培训、路演报告设施与支持等活动服务,同时与36氪、缘创派等创业服务公司开展联合孵化,在创业项目评价筛选、创业培训、项目路演、寻找创业合伙人等各个环节,为创业初期的中小微企业提供一站式无忧服务。

(2)“创业伙伴”服务

“创业伙伴”主要提供政策解读、互联网、知识产权、3D打印、设计咨询、研发委托、人力资源、注册协助、营销推广、技术创新等服务。融创空间在孵化培育区内中小微企业的同时,也推动孵化成功的企业反哺园区的发展,形成良性循环。“创业伙伴”服务重点在产品市场推广阶段,帮扶中小微企业开拓市场渠道、加强品牌推广。先后发起成立“晨创力合天使投资基金”、筹建“智能制造创新投资基金”“文化科技成果转化投资基金”,重点在文化科技、智能制造、科技服务业等领域,联合天洋国际、中国文化产业发展集团公司等社会资本共同开展以“前孵化”为重点的科技金融服务;与京东、视觉中国合作,打造O2O线下产品体验中心,为新产品新技术提供体验推广平台。

(3)合作资源

融创空间努力拓展为中小微企业服务的外部合作资源。首先,与36氪、缘创派、视觉中国、超级蜂巢、君联资本、启迪创投、京东、北极光创投等数十家创业服务公司构建战略合作伙伴;其次,努力组建由来自不同领域、不同层次的专家所组成的专家库,以期为创新创业活动提供指导;最后,为扩大合作领域,挖掘合作潜力,"融创空间"还尝试组织或参与组建各类联盟,包括:首都创新大联盟、北京众创空间联盟、北京智能机器人产业技术创新联盟、北京国际合作基地联盟、北京数字化制造(3D打印)产业技术创新联盟、北京数控装备创新联盟、北京生产力促进服务联盟、智能可穿戴创新联盟、文化科技产业促进联盟、北京科技咨询业协会等等。

3. 发展运营

(1)总体发展状况

自成立至今,"融创空间"已发展入孵企业1521家,会员达2531个,达成战略合作伙伴821家,吸引合作投资机构365家。

(2)企业支持活动

①金手印:融创空间为入驻园区的创新创业者倾力打造,能够在这里留下金手印的是最具发展前景的"明日之星",象征着至高荣誉和无上荣光。融创空间以此鼓励优秀的创新创业者对大众创业万众创新不断做出新贡献,挑战新高度。

②金手指:融创空间从不同领域精选了多名创业经验丰富、指导能力强的专家,通过创业大赛现场指导与后期辅导咨询等形式,为孵化企业提供创新创业领域的辅导,指点迷津,帮助初创企业应对困惑和挑战,走出低谷,走上持续发展的道路。

③精品汇:融创空间打造了北京市首家互联网+体验中心,该中心是以科技文化融合为主题的线下体验旗舰店,这里汇聚最前沿的高端智能创意产品,有助于创新产品扩大知名度、获得用户反馈并不断完善。

(3)园区活动

①项目申报:"融创空间"牵头组织和积极鼓励与推动入住孵化企业申报各类项目,包括文化科技融合、科技服务、国际合作、高端装备制造、政府项目等,并在项目申报过程中提供指导与辅导等多种支持活动。

②创新创业大赛。为响应国家"双创"战略的号召,在北京市科学技术委员会、北京创业孵育协会、北京众创空间联盟的联合指导下,由北京生产力促进中心和中国北京(海淀)留学人员创业园共同主办,北京四方共创生产力促进有限公司、融创动力(北京)科技孵化器有限公司、北京天洋蜂巢科技有限公司、中印集团文化有限责任公司联合承办了"中国·北京创新创业大赛季(2016)先进制造与文化科技领域主题赛";2017 年本主题的创新创业大赛活动已按计划开展中。

③京津冀蒙联盟。为贯彻落实党中央、国务院关于京津冀协同发展和大众创业万众创新的战略部署,充分发挥京津冀蒙 4 地生产力促进中心的科技服务优势,进一步提升聚集科技创新资源、协同服务中小微企业的能力和水平,按照中国生产力促进中心协会关于发挥各地优势,引导建立国内区域性生产力协作组织的要求,京、津、冀、蒙 4 地 50 家生产力促进组织发起成立了国内首个区域性生产力协作组织。联盟接受 4 地科技行政主管部门和中国生产力促进中心协会的业务指导。"融创空间"由北京生产力促进中心等单位发起建设,这一联盟也为"融创空间"的发展提供了更大的可能。

4.3.2 尚8文化

1. 空间简介

尚8品牌创建于2007年,其数字“8”取自项目的发源地——郎家园8号。尚8品牌创建初期,因项目所在的北京市电缆厂,故尚8品牌的英文名称为“Cable8”,Cable译为“电缆”,象征了线与桥梁,并将老工厂的电线电缆与公司logo结合,连接着文化与工业、时尚与历史。公司英文名称自2012年确定全国拓展的战略后,更名为“Shang8”,与中文同音并更利于传播与品牌的提升。尚8品牌的核心精神:执着于高尚的职业操守、致力于风尚的创意引领、专注于时尚的产业文化。

尚8文化创始人、董事长薛运达,是资深文化创意产业集聚区运营专家、文创领域投资人。早在1997年,他就探索以工业遗存资源为载体、保留历史文脉与时代记忆情怀,发展以智慧内容为核心的文化创意产业。尚8的发展,顺应了我国文化产业蓬勃发展的时代,构筑创意经济生态 引领人文生活风尚,在中国,它是首家探索品牌式运营“O2O创意生态圈”的先行者,在北京,它是引领都市文化艺术生活方式,“微园区”的建设者,在业内,它是创意阶层众筹众包、集聚国际创新能量的“文化之家”,尊重传承创新价值。

2. 主要业务内容

(1)产业项目

①中法大学国际创新园。这是由北京市文化创新工场、京仪集团、尚巴新升在中法大学原址上共同倾力打造的高端文化艺术产业生态圈层,通过提供多方位、全要素的办公服务,为文化创意产业的创业者们带来全新绿色共享交融的办公空间体验。

②"尚8里"。这是尚8在京的第8个城市创意综合体项目。地处四惠之东,既与CBD商务氛围遥相呼应,又承长安街京城文脉一气呵成。广连京通快速、地铁一号线、地铁八通线,交通网线密布,配套设施齐全。

③尚8国际广告产业园。这是尚8在京第9个城市创意综合体项目。园区位于北京朝阳区东三环外。尚8国际广告产业园主题定位为广告传媒产业基地,着重引驻中小型广告传媒行业的上下游企业,并配有完善的休闲娱乐配套设施,北侧比邻国家广告产业园、北京电视台新址;周边广告、传媒企业资源丰富,也为中央电视台新址提供了产业链衍生企业的配套办公服务,与国家广告产业园形成有机联动,成为高端化、品牌连锁式发展的国际广告传媒产业集聚区。

④尚8人文创意产业园。这是尚8系列创意产业园项目之一,园区以创意研发和培训推广为核心,结合高端咨询顾问服务、人文精英培训、创意类设计衍生品研发、人文产品版权推广,国际艺术展示交流与互动合作等多种人文业态,形成集创意、咨询、培训、会议、艺术、休闲、餐饮于一体的新型人文产业园区。

⑤尚8设计家广告园。这是尚8创意产业园系列项目之一,原名尚8设计+广告园,寓意为设计者、设计公司打造专属集聚地、集群化产业链;创建"家"文化,用设计诠释大院庭院式"低密低碳""闹中取静"的精神意涵;用设计激发再加一点创想灵感,让城市生活在积淀的历史之轮之上更加创新年轻,最终形成一个创意族群私享的城市绿洲文化社区。

⑥尚8东区孵化园。这是尚8系列创意产业园项目之一,是以孵化、培训、创业为主题的文化创意产业园区,整体面积0.523万平方米。

打造园区核心目的是孵化、扶持中小企业。

⑦尚8西城区设计园。这是尚8系列创意产业园项目之一,为强化北京市西城区设计服务业的整体实力,促进和提升西城设计服务业在北京以及全国的影响力而打造的品牌化产业集聚园区。该项目始建于2011年初,位于西什库大街31号,据守西四商业核心,自北向南,由敬业电工等3个子产业园项目构成。

⑧尚8京环双创园。这是尚8文化集团在京打造的第13个项目产业园区项目,该项目地处东四环小武基桥西侧,北方为北京工业大学校区,能够集聚大学生创新创业中坚力量。周边500米内拥有多个高端住宅综合业态及海星艺术馆、海美斯艺术馆、闽龙陶瓷艺术馆,具有优越的基础设施及配套条件,并且有一定的文创资源集聚优势。

⑨尚巴国际创新园。位于酒仙桥东路,项目内商业配套齐全。该项目距离北四环约5分钟车程,距离首都机场仅15分钟,临近地铁,并有多趟公交经过,交通极为便利。

⑩尚8北京设计园区。项目位于北京市朝阳区西大望路27号,上游单位是蓝星(北京)化工机械有限公司,前身是北京化工机械厂。2006年北京化工机械厂迁往亦庄开发区并正式注册为蓝星(北京)化工机械有限公司。其西大望路27号原厂址在2016年开始,拿出部分面积转型开发文创园区,涵盖文化办公、体育场馆等。其中,74幢厂房原为阀门车间,2017年尚8集团租赁该车间改造为尚8北京设计园区,面积6100平方米,主体为文创办公,配套为攀岩馆。

(2)文创投资

①收藏8。由古董藏家穆青、尚8创始人薛运达及几位醉心于收藏的顶级藏家联合创立,店铺展厅位于尚8艺术一层,主要收藏并展示欧

美各个时代、各种文化风格和艺术潮流的家具、独一无二的收藏珍品、装饰品;收藏8拥有深厚的学术研究基础,几位高学历创始人的执着,致力于为消费者提供藏品背后的知识,将珍藏的生活方式代入北京的摩登节奏;收藏8也有最及时的收藏动态和行情,置身于文化创意产业的最高平台,提供最up-to-date的信息。

②+86Design Store。成立于2009年11月,是国内首家国际设计师产品概念店,汇集全球的创意资源,进行设计师产品的开发、销售和推广。产品从巴黎到米兰,从纽约到北京,从东京到曼谷,代理了50多个国际设计师品牌产品。让国人第一时间自由体验全球同步的创意产品,产品从生活到体验、从艺术到设计。作为中国创新设计红星奖的独家指定授权店,还代理了包括德国红点、IF、日本GMARK等全球最丰富、最前卫时尚的设计师产品。

③马上拍(北京)电影制片有限公司。作为国内微电影制作领域的著名品牌,不仅是国内短视频制作的早期倡导者和实践者,服务客户包括可口可乐、耐克、中国移动、平安保险、网易等知名企业。同时也作为一支新锐力量在电影和电视制作产业中异军突起,参与电影、电视剧、动画的投资和运营。

④尚8红点(北京)咨询策划有限公司。这是尚8旗下高端文化创意产业项目策划、咨询、服务公司。红点咨询以标新立异的"点子"以及"严、实、快、新"执行力,为文创领域提供专业、完整、高质、快捷的创新经济的智慧输出。

(3)战略合作

①拥有包括新华社、奇虎360、途牛、51社保、邵氏兄弟、奔驰、零点咨询、德国前卫咨询等知名组织在内的数十家合作伙伴。

②拓展开发。尚8团队在重要一线城市开发和经营文化地产，对于经营(已建成或未建成)项目的基本要求如下：

·位于北京、上海、广州及深圳的繁华地段或重要商圈，道路、轨道交通便利；

·做二、三线城市较有特色及城市核心区的地标性建筑；

·用地性质以办公和工业用地为主，以商业、综合、住宅为辅；

·具有一定的开发规模。

③艺术8。艺术8坐落于北京东城区皇城根北街甲20号，建于1920年的原中法大学，是2009年由2位深爱着艺术的创始人——法国人佳玥(ChristineCayol)和中国人薛运达共同创建的注重创新思维与文化艺术交流的“中欧艺文之家”。2011年，得到联合创始人爱德蒙·罗斯柴尔德(Rothchild)集团及爱马仕(Hermès)品牌的支持，艺术8迁址于原中法大学开始新的历程。创始人佳玥和薛运达不仅为艺术8注入了迷人的东西方艺术，更带来了创新的生活方式。艺术家、知识分子、收藏家、企业家等来自不同领域的精英汇聚于此，与家人、朋友和挚友共同分享艺术、音乐、电影、讲座与生活的乐趣。

(4)尚8公益。通过尚8实验室扶持计划、艺术8奖、创新集群实验室、尚8院士等项目开展各类公益基金资助及活动。

3. 发展历程

(1) 发展定位清晰，打造独特发展格局

自创立之日起，尚8文化定位清晰，着力于文化创意产业，2010年，尚8开启了产业园区国际化、品牌式的经营之路，以“尚8”品牌联动国际资源，形成社区化、群落式的发展格局，在传媒、设计、时尚、艺术等领域深化产业内容，形成凸显人文关怀与城市质感的“城市创意

综合体”。尚8文化完成了从园区化到内容化、产业化、资本化的蜕变，与创意者们共同打造“高端品牌化、时尚艺术化、国际多元化”的第一品牌。

(2) 追求聚合裂变，拓展国际合作

尚8“O2O创意生态圈”，将互联网模式、文化内容与复合型园区相结合，突破传统园区引驻企业、收取租金的运营模式与构建文化园区公共服务系统的模式，在引进优质企业中寻找“核裂变式”迸发的优质资源。尚8项目基于“用户思维、企业需求”的考虑，围绕企业发展所需的场地、人才、技术、资本及市场资源，为其提供全方位服务，运用“众筹众包模式”激活园区内文化企业，不断改变企业与企业、企业与运营方之间的关系，达到加速聚合、产业裂变的效果。尚8不仅成为园区的灵魂与大脑，也为园区打造出充满勃勃生机的文化生态圈。尚8尤为关注创意与各个产业之间的融合发展，通过创新、设计与品牌的力量，促进产业转型升级。尚8致力于保护多样建筑、尊重城市肌理、推动国际交流。

(3) 引领文化产业发展，坚持珍藏与创新并存

薛运达和团队始终坚持珍藏与创新并存的理念，尚8是创意者共同拥有的“文化之家”，更强调为他人、为社会的有所作为，这与尚8对文化的尊重和对自身价值的认可密切相关。尚8文化集团将致力于关注企业社会责任和对文创产业的贡献，成为流传久远的品牌，引领中国文化产业的发展方向，成为前行的榜样与文创界的行动派。

4.3.3 极地国际创新中心

1. 空间简介

极地国际创新中心(the Node)是由冯芳于2012年底发起的创业项目,期望打造"文化+科技"领域最具活力的跨界创新创业平台,总部坐落于京城东北方位的工业遗址751DPark设计广场。极地自创立以来,以北京为中心,在全国主要城市布局。目前极地已经在8个城市落地12个项目,完成在京津冀、长三角、珠三角核心经济区的布局,顺利进军烟台、晋江、常熟等产业城市,形成遍布全国的双创服务网络。其中北京、广州、上海项目均已获得科技部授牌,成为国内唯一拥有3个国家级众创空间的创业服务机构。2016年初,科技部正式公布第2批纳入国家级科技企业孵化器的管理服务体系的众创空间名单,极地国际创新中心荣膺其中。

极地首创"大数据驱动创新创业"的创新模型,建立了"数据(智库)+设计+空间+服务+资本"的线上线下互动模式,解决创新创业者在初期对产业趋势预判和产业资源协作的迫切需求,大幅提升创新创业成功概率,并为入驻企业提供完善的全生命周期服务。

2. 主要业务内容

(1)"文化+科技"领域跨界创新创业平台

the Node为创业者打造Coworking Space,只要少许租金就能够拥有一张桌子成立自己的微型办公室。在这里,创业家们可以通过共享基础设置及服务降低成本,也能彼此激发创造力和寻求支持。对于入孵的企业,极地(北京)收取每月每个工位1000元的费用。

(2)双创服务活动

极地国际积极探索,除了人才、资本等资源的对接,在帮助入驻企

业实现自我学习和提升方面,也探索出了一条自己的道路。极地主导组织的品牌创业活动有“极地风暴”“QN 趋势论坛”“极地学院”系列活动等。“极地风暴”活动每年在北京、广州、武汉、泉州等多个城市举办,每场 500 ~ 600 人规模,采取演讲、对话、工作坊、投资见面会等多种形式为创业者带来涉及多个领域的创业头脑风暴。“QN 趋势论坛”每月 1 期,2015 年有两期超过 300 人,QN 趋势论坛每期针对若干个主题,对全球设计和创新趋势进行洞察和分析,并呈现全球设计和创新动态变化结果。“极地学院”系列活动已举办近 200 场,通过创业诊断、行业分享、创业培训、主题沙龙等形式,根据创业者所关心的问题设定主题,邀请该领域的专家、学者、创业者进行经验小规模闭门分享。

(3) 国际合作平台建设

极地合作参与的“亚洲设计管理论坛暨生活创新展(Asia Design Management Forum & Ideal Life Fair)”,是一个探讨设计创新与科技创新的交流平台,基于全球领域大师灵感,整合设计和创新管理资源,通过论坛、展览、奖项等形式,给当下中国青年设计力量创新思维、商业模式给予一定的支持和启发。

为此,极地在空间运营和服务中,大力倡导“科技和设计的协同创新”,并实现与亚洲设计管理协会和数据公园深度合作,首创“大数据驱动创新创业”的创新模型和设计服务众包体系,建立了“数据(智库) + 空间 + 服务 + 资本”的线上线下互动模式,解决了创新创业者在初期对产业趋势预判和产业资源协作的迫切需求,大幅提升创新创业成功概率。

目前,极地已成为国内一个非常重要的新品交流传播生态圈,具有最完整的新品线上线下一体化联动体系,完成了从趋势分析、设计创新智库到创新产品设计,再到创意电商和新品推广平台等全要素组合的

互联网科技产品孵化闭环。

3. 发展运营

(1)总体发展状况

①业务扩展

极地大力拓展扩张,以北京为中心,在全国主要城市布局,已经在北京、上海、广州、泉州、杭州、武汉、西安、成都等多个城市设立项目或者公司。如杭州·极地国际创新中心2016年9月20日正式投入运营,总面积有2000余平方米,设工位273个,1个茶水间,6个会议室。

②创业团队扶持

2013年创新中心开始运营以来,极地国际创新中心已有数十个创业团队曾经入驻,成功举办数十场创新创业活动沙龙,与数十家投资机构紧密联社。极地共累计入驻500多个项目,辅导过上千个创业团队,其中200多个项目获得天使轮融资,100多个项目获得A轮融资。

极地依靠自身资源优势吸引和孵化创业企业,项目主要集中于科技类和文创类,不少在业界迅速崛起成为企业新锐。包括短短1年时间就成为中国最火爆的智能硬件创新孵化平台的“太火鸟”;国内最大的创意电商、原百度首席产品设计师郭宇创办的“加意新品”;备受青年求职者青睐的互联网垂直招聘网站“哪上班”等;数据公园是中国首屈一指的专业数据和知识服务机构,用大数据驱动设计创新和教育发展,为设计、经济管理及商业创新教育机构、组织提供前瞻设计和创意趋势分析数据产品,推进创意创新研究的快速发展;特赞信息科技则是一个精确、便捷对接最优秀设计师的互联网平台;极地也成功孵化、帮助过洛可可、特赞等行业知名的设计公司。

③战略联盟

极地国际创新中心，致力于构建科技和文化融合的跨界创新创业平台，首创了“大数据驱动创新创业”模式，现已成为北京众创空间联盟发起单位、北京市朝阳海外学人创新创业空间联盟成员单位、北京市朝阳区国际人才创新创业港成员单位。

(2)国际化发展

①积极融入国际创业生态圈

极地积极探索融入国际创业生态圈。极地与硅谷众多知名孵化器和联合创业办公室以及日本、韩国和东南亚，以色列、俄罗斯、芬兰、法国、英国等地互联网生态系统保持着紧密的联系。极地把国际化视作重点方向和秉承的宗旨，持续致力于为海外留学归国人员提供创业服务和多元化的工作空间，提供优质的创业服务。通过与欧美同学会的深度合作，通过与海外学人中心共同成立海外学人创新创业空间联盟等，联合大家的力量，做好海归创业者、国际创业者的创业服务。极地已经打造出众多的优质项目，同时与国际上知名的孵化器平台紧密合作以提升入驻团队的国际化视角。

②国际创业活动

极地深度参与“海外学人创业大会”（又称“OTEC 大会”）工作，OTEC 大会是由北京市朝阳区海外学人中心打造的综合大会，旨在为海外人才及海外归国人才打造在中国创业实践的平台。极地及创始人从 OTEC 大会成立伊始就积极参与大会，历经几年时间，现已将“OTEC 大会工作站”落户在北京、上海、广州、杭州、泉州、武汉、西安、成都等城市。2016 年 5 月 28 日，极地国际创新中心携手美国南加州大学、伊利诺伊大学香槟山分校、西北大学、密歇根大学北京校友会在北京极地

751空间活动厅里共同举办了针对4校的专场路演。2016年6月4日，成功举办极地投融资对接会第六场暨2016 OTEC大赛文创专场活动。

(3)资源整合

①创业导师团队

极地整合了一大批青年人创业所必需的导师团队。按极地特有标准筛选"资深学者+创业成功者+优秀投资人",加入极地的导师都参与到各种形式的创业者互动中。

②资本资源整合

极地联合知名行业专家和优秀投资人设立了上亿规模的创新创业基金,投向科技及文化创意领域初创企业,助力新创业发展。同时,极地成立了"创新创业投融资联盟",联合40多家投资机构,根据项目的特点与不同特性的资本进行高匹配投融资精准对接。投资项目包括由原《城市画报》首席运营官刘琼雄所创办的为大学生提供职前训练及职业体验咨询和数据分析服务的"十习"项目等。

③服务产业链资源价值整合

极地整合了众创网络互动社区、众包协作管理、众筹和电子商务等各种线上资源,提高了产品开发的精准度,有助于实现第一批产品的预销或销售。整合包括中央美院、亚洲设计管理论坛、北京设计周、国际设计管理协会等行业展示平台,以及一大批国内外知名文创领域代表人物。同时,极地也积极发展移动互联网领域产业,做好入孵的TMT领域初创团队产业服务工作。

4.4 北京市朝阳区小微企业创新创业空间运营评价体系

4.4.1 创新创业空间运营评价研究

众创空间运营评价的目的是持续提升空间的绩效。通过查阅相关资料,我们查找到政府对众创空间绩效评价研究和部分学者对众创空间绩效评价的相关研究。

1. 政府机构对众创空间绩效评价的研究

为了深入贯彻落实国家推进众创空间发展的意见,引导众创空间健康持续发展,天津市政府结合自身发展情况,制定绩效评价考核体系,从聚集创新创业者情况、提供创新服务情况、提供创业投融资服务情况和开展创业教育培训和创新创业活动情况等4个方面构建了17个二级指标,以期全方面地反映众创空间发展状况,为进一步发展提供方向。

浙江省为了解众创空间发展情况,从集聚创新创业者情况、提供技术创新服务情况、提供创业融资服务情况、提供创业成长服务情况、建立创业导师队伍情况、开展创业教育培训和活动情况、其他富有特色的成功创业服务情况等7个维度对众创空间进行绩效评价。

重庆市科学技术委员会为掌握众创空间发展状况和运营绩效,切实加强和改进众创空间的服务方式,提高众创空间升级培育的针对性和有效性,决定开展绩效评价工作。结合重庆市众创空间发展情况,从基础指标、能力指标、服务指标和产出指标等4个方面进行绩效评价。

上海市普陀区众创空间服务绩效评估主要从运营管理、服务能力、服务成效、特色项目等4个方面对众创空间进行分析。运营能力主要评估空间自身管理及运营团队、上年度财务状况以及管理制度和运营

模式等情况;服务能力主要评估空间环境、开展公共服务、基金设立及创业导师队伍等情况。服务成效主要评估当年项目成立企业数、新引进孵化企业数、新增获得知识产权企业数、每平方米经济贡献度、优质企业培育情况等。特色项目主要评估获得各项荣誉称号、当年孵化活动服务支持等情况。

2. 学者对众创空间绩效评价的研究

目前学者对众创空间评价的研究不多。但是对孵化器和基地评价的研究较多,可以提供借鉴参考。Rice 用企业毕业率来衡量创业基地的运营结果,并得出基础投入、培训和网络资本 3 个重要因素。Sarfraz A. Mian 分析高校科技企业孵化器的效率问题,从服务水平、增长性、企业发展、对高校的影响 4 个维度构建指标。Chan 和 Theresa Lau 对香港科技园初创企业的成长进行实证分析,构建包括网络优势、产业聚集、位置优势、成本补贴和金融支持等 9 项指标的评价模型。Sang 和 Osteryoung 通过比较美、韩两国的大学园区创业基地,提出 14 项评价因素,同时进行了跨区域贡献率比较研究。Sung 对韩国创业基地的效率进行线性和非线性模型的对比评价。

在国内学者研究中,刘宁晖、王小敏通过对南京 5 家小企业创业基地的运营情况进行研究,使用灰色系统理论对其进行了评估。王敬、汪克夷评估 140 个科技创业基地,结论是科技创业基地的运营主要受 4 个因素的影响:区域经济、地区创新情况、政府公共支出和科技支撑。殷群和张娇对长三角地区的创业基地进行了研究,对创业基地的运营情况进行测算,并得出控制资源和增加产出的策略。王红卫从提供服务的角度进行小企业创业基地满意度测量。黄虹等使用随机前沿分析法对创业基地的运营绩效与区域差异进行比较。王飞绒和叶菁将创业基地

经营管理人员总数、基地场地面积、孵化基金作为投入指标，将累计毕业企业数、提供岗位机会、获批知识产权和基地效益作为产出指标，对浙江企业基地的绩效进行评价。刘琳和李冬梅分析西南地区小企业基地的效率差异，将场地面积、孵化基金、基地工作人员数作为投入指标，将累计企业毕业数量、年度毕业情况、提供就业岗位数量、企业效益等作为产出指标。吴文清和赵黎明等以338家国家级科技企业创业基地为研究对象，对其网络平台效率进行比较和差异化分析。宋清、金桂荣对科技创业基地的投入与产出关系进行回归分析。刘艳莉从服务条件、环境、管理水平及贡献4维度，运用主成分方法进行创业基地评估。

4.4.2 朝阳区创新创业空间运营评价体系

在归纳总结了其他研究评价指标选择的方法后，通过调查和分析，甄别出合理的评价指标框架，并以朝阳区众创空间为基础，结合众创空间运行情况及发展特点，特制定了众创空间评价指标体系。以创新服务能力、发展能力、聚集创业者能力和服务管理能力为要素，构建了4个二级指标，15个三级指标的众创空间绩效评价指标体系，如表4－1所示：

表4－1 众创空间评价体系

二级指标	权重	三级指标	权重
创新服务能力 B1	0.24	创业教育培训和活动及开展的次数 C11	0.18
		合作机构的数量 C12	0.49
		创业导师的数量 C13	0.33
发展能力 B2	0.24	健全的运营制度 C21	0.22
		创新创业环境 C22	0.32
		团队协作能力 C23	0.22
		总资产 C24	0.15

续表

二级指标	权重	三级指标	权重
		人员知识水平 C25	0.09
聚集创业者能力 B3	0.18	现有团队数 C31	0.17
		毕业数量 C32	0.18
		就业人数 C33	0.25
		入驻团队的科技含量 C34	0.4
服务管理能力 B4	0.34	与入驻团队沟通的有效性 C41	0.26
		获得融资的入驻团队数量 C42	0.26
		入驻团队融资金额 C43	0.27
		管理人员与入驻团队的比例 C44	0.21

众创空间绩效评价指标是多维度的,为使众创空间评价更加全面、系统,从众创空间的创新服务能力、发展能力、聚集创业者能力和服务管理能力4个方面,构建了众创空间绩效评价的一级指标体系。下面,将按照一级指标的分类对二级指标的概念进行解释。

1. 创新服务能力

创新服务能力包括3个指标。

第一个二级指标是路演及创新创业赛事开展的次数。路演及创业赛事开展的次数充分反映了众创空间的组织协调能力,举办赛事有利于提高影响力,也可直接提高入驻团队的知名度,从而为进一步发展提供帮助。

第二个二级指标是合作机构的数量。合作机构是科技创新服务体系的重要组成部分,合作机构提供的资源是众创空间为入驻团队提供服务的重要资源,是促进发展的主要途径。

第三个二级指标是创业导师的数量。创业导师一般是由天使投资人、成功企业家、资深管理者、技术专家、市场营销专家等组成的专兼职

队伍。创业导师通过社会经验,对创业者进行思路引导,运用多种方式方法来帮助创业者创业,降低创业风险,提高创业成功率,推动经济进一步发展。

2. 发展能力

发展能力包括5个二级指标:

第一个是健全的运营制度。运营制度是企业在生产经营活动中所采取的管理模式和管理方法的具体化描述,反映众创空间运营效率,完善程度直接关系着企业的发展。

第二个是创新创业环境。良好的创新创业环境有利于基因优秀的创业团队和资源,营造创新创业氛围,激发创业者的热情,为众创空间的发展创造条件,从而在一定程度上提高了众创空间的运行效率。

第三个是团队协作能力。众创空间管理团队人员不仅要为入驻团队提供各项基础服务,还要对接投融资机构,对接导师等提供增值服务的人员,所以众创空间管理人员的团队协作能力就显得尤为重要。

第四个是总资产。众创空间的总资产是衡量众创空间能否持续发展的重要指标,也是衡量众创空间自身发展能力的重要指标。

第五个是人员知识水平。高素质、具有创新精神的高级创业服务科技人才的投入是衡量众创空间发展能力的重要指标。该指标为本科及其以上学历人数占员工总人数的百分比。

3. 聚集创业者能力

聚集创业者能力包括5个二级指标:

第一个是现有团队数。现有团队数是考核众创空间培育入驻团队情况的指标,现有团队数越多,说明众创空间在服务培育方面和提供就业率方面做出了巨大贡献。

第二个是毕业数量。毕业数量是指自众创空间在成功培育入驻团队方面的贡献,该指标数越大,说明众创空间已经成功帮助入驻团队进入市场或孵化链条体系的下一环节。

第三个是就业人数。入驻团队就业人数反映众创空间在创新创业、劳动就业方面做出的贡献。该数值越大,说明众创空间为市场提供的就业岗位越多,提高了本地区劳动就业率。

第四个是入驻团队获得融资的数量。众创空间为多少入驻团队获得融资反映了有多少入驻团队获得了进一步的发展。

第五个是为入驻团队融资的金额。科技企业科技成果的转化及其发展面临的问题常常是资金短缺,众创空间为入驻团队提供资金支持,有利于提高成功率。

4. 服务管理能力

服务管理能力包括 4 个二级指标。

第一个是与入驻团队沟通的有效性。众创空间与入驻团队的沟通有效性直接反映众创空间的服务水平,良好的沟通不但有利于入驻团队得到良好的服务,对接外部各类资源,还有利于众创空间不断提升服务能力。

第二个是入驻团队获得融资的数量。众创空间为多少入驻团队获得融资反映了有多少入驻团队获得了进一步的发展。

第三个是为入驻团队融资的金额。科技企业科技成果的转化及其发展面临的问题常常是资金短缺,众创空间为入驻团队提供资金支持,有利于提高成功率。

第四个是管理人员与入驻团队的比例。管理人员与入驻团队的比例越大,则表示有利于入驻团队获得良好的服务

采用加权平均算法，将定性或定量获取的三级指标值乘以表中权重，获得4个二级指标值，然后分别乘以二级指标权重后相加，获得最终值。定性指标值采取专家评分方法获得相应的值。

4.5 众创空间建设与人口疏解之间的矛盾与平衡性研究

北京的城市功能定位是全国的政治中心、文化中心、国际交往中心、科技创新中心，因此当前北京城市发展中一项非常重要的任务就是疏解非首都功能，而疏解非首都功能过程中一项非常重要的工作就是人口疏解。众创空间属于服务行业，进入门槛相对较低，目前众创空间的发展是过剩的。众创空间在快速发展过程中是否会因为引入的产业、吸收的就业人口的增加与首都人口疏解的目标相矛盾，如何平衡好二者之间的矛盾？本部分将以朝阳区为例，对二者的矛盾和平衡性问题进行分析。

4.5.1 朝阳区人口疏解任务、政策及目前的成效

1. 朝阳区人口疏解任务

根据北京市制定的人口调控目标，到2020年，朝阳区常住人口应在2014年的基础上调减15%，即到2020年末常住人口需控制在333万人。根据北京市统计局反馈，2015年末，朝阳区常住人口为395万人，到2020年需减少62.1万人。

到2020年，区域内商品交易市场、仓储物流基地疏解比例不低于70%。

“十三五”期间，朝阳区将重点疏解未经规划审批、占地面积大、环境秩序乱、具有分拣功能的大型再生资源回收场站。

“十三五”期间，该区疏解将聚焦5大领域，重点清理商品交易市场、一般性制造业、物流基地、回收场站、中等职业学校。

2. 朝阳区人口疏解政策、做法

目前，北京市疏解人口的政策主要有产业调控、资源调节、驱出限入、行政协商等4类。

(1)产业调控类

这是国外大都市发展经验中最常提到的政策方案。通过产业调控控制人口的基本思想是，产业集中是人口集中的根本原因，产业的结构和分布决定了人口的结构和分布。外来人口涌向北京有2个重要的原因，一是北京相较于周边地区，有太强的资源优势和发展优势，产业过分集中于北京；二是北京的第三产业虽然比较发达，但结构并不理想，传统的生活服务业占较大比重，这类行业是劳动密集型的行业，集聚了大量低端劳动力。

相对应地，通过产业来调控人口也有2个方面的思路。一是在北京内部的区县之间，实现产业的合理布局，中心城区要转变经济增长方式，加快产业结构升级，郊区县要接纳产业梯度转移，在北京市内实现人口合理分布；二是携手天津和石家庄、唐山等周边城市建设首都经济圈，北京重点发展高新技术产业、高端制造业、现代服务业；天津重点发展电子、汽车、化工等先进制造业，以及港口交通运输业、石油化工业和相关金融业务；河北省积极发展钢铁、化工等资本密集型重化工工业和食品、纺织、服装等劳动密集型产业。实现产业的合理布局不但能够有效调节人口分布，而且符合经济发展规律，能促进北京周边地区的经济发展，提升整个首都经济圈的产业竞争力，是长期的、可持续的人口、经济协调发展的政策。但是，大都市区的产业规划涉及基础设施建设、地

方利益协调等诸多方面,产业的发展也不是短期内可以实现的,对人口分布的调控也不是短期内能起作用的,至少需要10 ~20年,甚至更长的时间。

(2)资源调节类

资源调节类政策的中心思想是,人口居住地的集中伴随着公共服务资源的集中,要分散人口就要分散公共资源和公共服务。建设新城、设立城市副中心是在世界各国广泛运用的疏散城市中心区人口和功能的措施。北京的城市发展要摒弃“摊大饼”模式,要将原来单中心均质发展的状况向多中心与新城发展战略转变,建设副中心和多个分中心。要加大新城基础设施的建设力度,促进新城功能迅速完善,促进中心城区的文体资源、娱乐资源、教育资源、卫生资源、交通资源向新城的疏散,推动新城经济和社会各项事业的发展。还可以级差地租为基本的调节手段,引导企业,教育、科研机构、文化机构和其他社会组织向近郊区和远郊区迁移。资源调节类政策与产业调控类政策一样,是长期的、可持续的人口、经济协调发展的政策,一旦新城相对于中心城区具有较强的比较优势,人口自然会实现分流,但却面临较大困难和需要较长时间。新城的基础设施建设需要较大的财政投入,公共资源的转移更是涉及严重地方利益的冲突。即便能够顺利实施,也需要较长时间。

(3)驱出限入类

在我国,控制人口最直接的手段就是行政性限制政策,即驱逐出去、限制流入、控制增长。主要有3个方面的政策:一是严格的户籍准入政策,北京、上海实行的是全国最严格的户籍迁入政策,进京指标已经成为含金量越来越高的奢侈品;二是强化出租屋管理,推行租屋租赁合同登记及治安、安监及计划生育等综合管理责任制度,控制和逐步拆除

违章搭建，制定并严格执行私房出租标准，包括出租面积标准、水电煤及卫生设施标准、安全标准等，减少出租屋的人口容量，从而达到控制人口的目的；三是坚持计划生育，稳定低生育水平，落实流动人口计划生育政策。目前，北京、上海户籍人口的生育水平已经是全国最低，在全国其他地区普遍开展放宽计划生育政策试点的情况下，北京的计生政策调整不明显，这也是对北京市目前人口压力过大的考虑。行政性限制政策是一剂短时间能发挥作用的“猛药”。如车辆限行和摇号购车可以迅速缓解交通压力。

但是，这类政策往往被认为是治标不治本的“药方”。一方面，以上3种控制人口的方法，所起的作用并不大。北京市的人口增长主要来自机械增长，并非自然增长，所以生育水平对其影响不大；户籍政策限制的是希望得到北京市户口的人，在严格的户籍制度下，北京市的流动人口照样迅猛增长；城中村、城乡接合部是流动人口的聚集地；另一方面，行政性措施常常不可持续，例如，北京曾在20世纪90年代限制部分企业和岗位招聘外来劳动力，这与企业的利益是相冲突的，很快就被废止了。又如，严格的户籍指标控制，使得许多北京的企事业单位（包括政府部门）缺乏人才，却苦于没有进京指标，留不住人才。北京的户籍限制住了高端人才留京，却没能阻止低端劳动力的流入。

（4）行政协商类

行政协商是对政府部门合力解决人口问题所提出的建议，专家认为人口调控手段牵涉各方面的利益关系，各种主体的利益诉求不同，相互不配合，政策就起不到作用。在这样的情况下，应该建立专门的协调机构，使各级政府和各部门对人口控制做出联合行动。除了加强领导外，还要将人口调控列入政府考核标准，完善“一级抓一级、层层抓落

实”的人口调控责任体系。

行政协商对发挥政府在调控人口方面的作用显然有积极帮助。但政府的主要职能毕竟不是人口调控,而是提供好的公共管理和公共服务,促进社会经济全面发展。要把人口调控提升到突出行政目标的地位是不现实的,只有尊重人口分布规律,通过政策引导人口合理分布,才能最大程度地发挥政府作用。

以上4类政策中,前两类属于长期政策,效果好但见效慢;后两类政策属于短期政策,治标不治本但见效快。

北京市制定了相应的疏解任务、出台了一些相关的政策,如《北京市城乡接合部建设三年行动计划(2015—2017年)》《关于组织开展“疏解整治促提升”专项行动(2017—2020年)的实施意见》《北京市“疏解整治促提升”专项行动2017年工作计划》《北京市新增产业的禁止和限制目录(2015年版)》的通知》《外商投资产业指导目录(2017年修订)》《战略性新兴产业重点产品和服务指导目录》等,确保到2020年全市常驻人口要小于2300万。根据北京市的相关疏解任务和政策精神,朝阳区也采取了具体的实施办法和措施,如《北京市朝阳区文化创意产业发展指导目录(2016年版)》《2017年北京朝阳区“疏解整治促提升”专项行动》等,保证疏解任务能按时完成。

疏解的具体做法有:

2017年,朝阳区继续围绕“控增”“减存”狠下工夫,严禁新增不符合首都功能的产业,严控公共服务规模;大力推进区域内商品交易市场、仓储物流基地、一般性制造业、再生资源回收场站的疏解腾退。

2017年朝阳区产业腾退再出“新规”:从严审批成立培训机构,进一步压缩职业教育的办学规模,五环内不再增设公立综合医疗机构。

2017年,朝阳区实施"疏解整治促提升"10大专项行动,年内退出商品交易市场68家、一般性制造业99家、仓储物流基地6家、再生资源回收场站19家。到2020年,区域内商品交易市场、仓储物流基地疏解比例不低于70%,五环路内大型回收场站全部退出。

3. 朝阳区人口疏解目前成效

2015年,朝阳区共清退有形市场53家,拆除回收场站24个,拆除出租大院96个,退出污染企业41家①。疏解的市场和企业包括西直河市场、雅宝路市场、东五环市场、孙河砂石厂等。

2016年朝阳区共疏解商品交易市场66家、一般性制造企业115家、再生资源回收场站19家、仓储物流基地3家,腾退建筑面积共计112.1万平方米。其中,萧太后河滨水绿廊生态带建设带动周边拆除出租公寓、有形市场等低级次产业102.4万平方米,孙河湿地公园建设带动拆除低级次产业2.6万平方米。

围绕产业发展、公共服务、协同创新等领域,着力深化与津冀地区的对接合作,积极打造京津冀一体化产业转移对接平台,推动"电子城·天津西青科技产业园"一期开工建设,精进电动科技(北京)有限公司50万台新能源汽车驱动总成及储能系统项目顺利在河北正定高新技术产业开发区落户,北京京华虎彩印刷有限公司整体搬迁至廊坊市固安县。

2016年,朝阳区统筹利用疏解腾退空间,依托"一绿"城市化建设试点、孙河湿地公园、广渠路等重点道路环境建设等项目,推进绿化和道路基础设施等公共服务设施建设,改善和提升居民生活环境。据了解,

---

① 人民网.北京朝阳:疏解五类产业优化核心功能[EB/OL].http://bj.people.com.cn/n2/2016/0315/c82840-27933588.html

全年,“一绿”城市化建设6个试点乡完成绿化建设1470亩(含豆各庄正在实施的湿地公园),孙河湿地公园增加绿地面积300亩。

朝阳区坚持以优化生活必需品供应网点布局、提高居民生活品质为导向,2016年转型6家农副产品市场。将文创试验区建设作为朝阳区服务首都转型升级发展的重要抓手,通过改造旧工业厂房、升级传统商业设施、腾退转型有形市场、引导农村集体产业项目向“高精尖”发展,积极推动传统产业转型升级,创建形成齿轮厂品牌创业文化园、塞隆国际文化创意园、万东国际文化创意产业园等15个新的特色文创园。

不断加大既有违法建设、出租大院拆除力度。2016年,共计拆除违法建设472处、腾退各类建筑390万平方米,拆除出租大院131个、腾退68.4万平方米。集中开展违法群租房和拆墙打洞治理工作,积极实施住人普通地下室和人防工程专项治理行动,共整治“开墙打洞”1828处,关停地下空间610处、治理违法群租房1224户、3832间。

2017年6月14日,北京市发改委通报了2017年1—5月全市“疏解整治促提升”专项行动完成情况。从整体进度来看,已完成50%左右的任务,拆除违法建设2027万平方米,完成疏解提升市场52个,退出一般制造业企业372家等等。从各区的完成情况看,朝阳区完成量排名第1,东城区完成量排名第2,西城区、海淀区、丰台区完成量排名第3。

4.5.2 众创空间建设与人口疏解之间的关系分析

1. 众创空间建设与人口疏解之间的矛盾分析

(1)众创空间的特点、产业性质、目前存在的问题及未来发展趋势

①众创空间的特点

新型孵化器,又被称为“众创空间”,具有如下几个特点:第一,进入

门槛相对较低，目标人群为小微企业的创业人员，且具有一定的创新性，主要从事研发、开发工作；第二，具有较强流动性的联合办公空间，由于初创企业的人员机动性，空间使用弹性较多；第三，物质空间之外，更强调提供全周期或某一环节的企业成长服务，如前段的投融资、资本运营服务，或者后端的技术研发支持服务等；第四，商业模式不仅限于场地租赁费用，而是与创业企业的投融资挂钩。

②众创空间的产业性质

众创空间本质上是服务行业业态，准备说是科技服务业+金融服务业，服务业的发展取决于用户的市场规模。

国务院办公厅印发的《关于发展众创空间推进大众创新创业的指导意见》提出，众创空间的发展绝不是传统的房地产建设，而是要在现有孵化器和创业服务的基础上，打造一个开放式的创业生态系统。切实解决创业者面临的资金需求、市场信息、政策扶持、技术支撑、公共服务等瓶颈问题，最大限度地释放各类市场主体的创业创新活力。

③众创空间发展存在的问题

目前所谓的众创空间是过剩的，因为创新创业者的规模、团队的数量、"双创"资本市场被错误地预估了。

目前众创空间的发展在很大程度上依赖于政策红利，而当政策红利没有的时候，必然会淘汰掉一批众创空间。但是国家对于创新创业本身的支持力度仍会持续，至少在"十三五"期间力度会很大，因此，众创空间的创建与运营会逐渐变成由支持主导，并逐渐达到一个供需的平衡状态。

④众创空间未来发展趋势

2016年初，国务院在发布的《关于加快众创空间发展服务实体经济

转型升级的指导意见》中,给出了较为明确的答案。意见认为应逐步发挥市场配置资源的决定性作用,也就是将淘汰那些盈利模式不完善、同质化高的众创空间;要更加关注科技创新的引领作用,也就是科技创新类项目应成为众创空间关注的重点领域;要与实体经济相结合,也就是众创空间应将“服务+制造”相结合,培育新业态,催生新产业。

现在已有的众创空间从运营主体上看,主要可分为政府主导、中小企业主导、高校和科研机构主导、创投机构主导、大型企业主导以及中介机构主导的众创空间。不同运营主体的资源优势不同,对小微企业的吸引力及可以提供的科技服务重点就不同,偏重于企业成长的不同环节。但目前的趋势仍是不断拓展服务链条,建立全周期的科技服务业。

同时,未来将“在重点产业领域发展众创空间,鼓励龙头骨干企业围绕主营业务方向建设众创空间,鼓励科研院所、高校围绕优势专业领域建设众创空间、建设一批国家级创新平台和双创基地,加强众创空间的国际合作”。这也许就是未来众创空间的发展趋势。

(2)人口疏解面临的问题

①产业转移衔接不畅,人口重新在京内聚集

疏解商品交易市场、物流基地、一般性制造业是“以业控人”的主要方式,相对低效益、低附加值的产业和劳动密集型产业是疏解重点,而河北省是疏解非首都功能的主要承接地。但功能疏解的沟通衔接机制不畅,可能会导致承接地无力承重,人口重新在京内聚集。

目前,河北省的教育、医疗、文化、交通等基础设施和公共服务等配套环境与北京相比还存在较大差距。此外,河北省的能源、土地、大气环境、水资源等生态环境承载体系对承接相应产业和人口也是不利条件。

因此，河北等产业承接地短期内并不具备强大的吸引力，可能会出现“企业迁出、人员留京”的情况。

目前北京各区县与承接地的衔接通畅度依然较低，产业疏解仍然采取的是腾退特定市场、特定项目的“点穴式”疏解手段，北京各区县的疏解没有明确定位，缺乏沟通协调联动机制，某些区县甚至接纳中心城区的疏解产业，导致资源、人口甚至低端产业在京内的跨区县重新聚集，严重影响了疏解工作的成效。

②保障服务行业人口流出，劳动力结构性短缺

人口疏解可能会导致适龄劳动人口下降和部分生活服务业劳动力结构性短缺的风险。根据北京市卫生计生委发布的《2015 年北京市卫生与人群健康状况报告》，2015 年北京市 60 岁及以上老年人口为 318 万，占户籍人口的 23.6% ；65 岁及以上老年人口 214.2 万人，占户籍人口的 15.9%。同时，2015 年北京户籍人口出生率为 0.946%，与 2014 年相比下降了 18%。到 2030 年，本市老龄化将达到重度，户籍老年人口占比超过 30%。到 2050 年，户籍老年人将超过 630 万，每 3 个人中就有 1 名老年人，进一步迈入超老龄化社会。并且这种人口结构和社会形态将持续 50 年以上。全市人口老龄化速度不断加快，程度不断加深。

虽然目前北京市处于“人口红利”的黄金时期，但这是与外来人口的不断流入相伴而生的。人口疏解无疑会加速北京市的人口老龄化，在经历一个较短的劳动力资源“黄金时期”之后，北京在未来可能会面临劳动适龄人口比重下降的挑战，面临劳动适龄人口老化的挑战，未来整个劳动力人群将面临缺乏弹性和可塑性的风险，面临经济发展失去活力和动力的危险，这将成为威胁北京市经济增长潜力和可持续发展的大问题。

人口疏解会导致养老护理、家政清洁等服务业的结构性用工荒。北京市民政局、市规划委2015年11月发布的《北京市养老服务设施专项规划》指出,北京的老龄化有3大特点:老龄化速度快、老年人口绝对数量大;空巢化、高龄化并行,失能失智老人增多;老年抚养比不断提高,城市竞争力受到不利影响。而当前全市的养老护理人员数量严重供应不足,据《北京劳动就业报》报道,截至2016年4月,全市通过职业鉴定的养老护理员总数为11145人。因此,未来北京市的养老护理需求会急剧增加,但养老护理、家庭医疗、家政清洁是劳动密集型行业,而目前北京市从事相关服务的劳动力构成主要是流动人口,人口疏解之后,可能会加剧养老护理行业劳动力短缺的情况,特别是会给"四二一"家庭结构带来负担,还会带来财政、就业、社会稳定等一系列问题,尤其是与居民生活息息相关的保障性服务行业迁出后,会导致居民生活便利度下降和生活成本增加。

③多方利益主体关系复杂,社会稳定风险加剧

人口疏解的最大风险在于对社会运行秩序的综合影响。2016年5月30日,潘家园旧货市场的上千商户因不满市场管理方限期签订租赁合同的做法,选择集体停业,一时间引起了广泛关注。除了不允许转租的规定,"潘家园市场搬迁张家口"的传言也是导致罢市事件的重要诱因。虽然市场管理方迅速澄清"搬迁是误读,赴张家口等地考察是潘家园品牌的外拓",但从此事件中可以看到,目前产业搬迁、市场腾退、人口疏解工作中的不确定性风险大量衍生,关系到政府、企业、居民、流动人口多方利益主体,涉及就业、户籍、社会保障、城市管理、环保等与群众利益相关的诸多方面,关系错综复杂,容易滋生大量的矛盾,并在不同地区、人群、行业系统中积聚和扩散,给公共秩序、社会稳定带来持续压

力和挑战。

2. 如何实现众创空间建设与人口疏解之间的平衡发展

(1)发展专业化众创空间

科技部2016年8月2日印发《专业化众创空间建设工作指引》(以下简称《指引》)并公布首批国家专业化众创空间示范名单,中国众创空间发展已经进入了新的阶段。

《指引》对专业化众创空间有了一个比较明确的定义:聚焦细分产业领域,以推动科技型创新创业、服务于实体经济为宗旨的重要创新创业服务平台,强调服务对象、孵化条件和服务内容的高度专业化,是能够高效配置和集成各类创新要素实现精准孵化,推动龙头骨干企业、中小微企业、科研院所、高校、创客多方协同创新的重要载体。

《指引》还描述了专业化众创空间的4个突出特征:依托龙头骨干企业、科研院所、高校等建设,能够为创业提供有效供给,推动创新、创业并重;借助建设主体的科研与制造能力、管理与市场渠道资源,资源共享基础好,水平高;依托建设主体的行业地位,有助于形成创新创业生态和产业生态;围绕专业领域,可以为创客提供更贴合产业特点的高水平、专业化、特色化的集成式服务。

《指引》明确,发展专业化众创空间是促进众创空间向纵深发展,鼓励发展众创、众包、众扶、众筹等新模式,推动形成大众创业、万众创新局面的重要举措,对于促进产业转型升级、优化创新资源配置、激发人才创新创业活力、推动体制机制改革创新具有重要意义。

(2)促进北京人口有序疏解的对策

①防止低效益的传统第三产业过度膨胀

发达国家的第三产业主要是金融保险、信息咨询、房地产、旅游业

等高附加值的现代生产服务业和生活服务业。健康的城市化是要以良好的工业化为支撑,拉美国家的农业基础薄弱,工业化程度不高,人口涌入城市后,由于工业吸纳劳动力的能力有限,大量进城农民只能进入低端的餐饮、批发零售、家政等简单的生活服务业,造成了低效益的传统第三产业恶性膨胀。仅靠传统第三产业的发展并不能增加社会财富和提升社会经济、物质文明,反而进一步使得工业化难以为继,形成恶性循环。

②以产业功能的转移带动中心城区人口的疏解

疏解中心城区过密的人口,需要通过"以业控人""管理调控"等方式和手段,以产业功能的转移带动中心城区人口的疏解。中心城区应主要承担首都"四个中心"功能,即政治、文化、国际交往和科技创新等首都核心功能和金融、商务服务等高端服务功能,而其他经济功能和城市公共服务功能应渐次向郊区发展。但从目前北京城六区承载的功能来看,仍集中了全市70%~80%的批发和零售业、住宿和餐饮业、居民服务业,这些功能在中心城区的过度集中加剧了中心城区的拥堵。此外,教育、医疗等公共服务资源,尤其是优质资源,也存在在中心城区的过度集中,造成了大量就学和就医人口的拥堵。因此,对北京中心城区产业功能的疏解应重点疏解批发零售业、住宿餐饮业等集聚外来人口、附加值低的低端传统服务业和教育、医疗等公共服务业。中心城区的功能疏解不应仅理解为将中心城区过度集中的功能(功能存量)向外转移和疏散,更应着眼于严格限制在中心城区不合理集聚的城市功能的进一步集中,即对功能增量的疏解。严格控制中心城区新增低端服务功能和教育、医疗等公共服务功能。制定中心城区产业发展分类指导目录。

③制定人口功能分区并进行分类指引

将北京各区县依照人口承载力划分为人口优先疏解区、人口适度疏解区、人口适度增长区、人口重点集聚区和人口优化微增区等5类人口分区，并结合各人口分区的功能定位进行分类指引。

④满足劳动力刚性需求，适时调整劳动力结构

北京人口疏解不能简单地通过行政措施、提升生活成本等方式驱赶流动人口，应当充分认识到符合首都功能定位的高端人才、高精尖产业无法独立发展，也需要餐饮、零售、护理、清洁、安保等门类齐全的服务部门相配套。因此，把握人口疏解与城市发展活力的平衡，对流动人口的管理应更具包容性和科学性，形成合理的人口流动增长结构。

对人口老龄化问题，则应当形成及时、科学、综合性的应对机制，系统实施生育、就业、社保、养老等政策，建成“以居家为基础、社区为依托、机构为支撑，设施齐备、功能完善、布局合理”的新型养老服务体系。为居家养老提供全面有力的社区支持，以街道乡镇养老照料中心为重要节点，在社区设置综合养老服务设施，整合日间照料、文化休闲、健康管理、居家服务等功能。同时加大养老护理人员的专业化培训力度，提升养老护理人员的待遇，完善相关激励措施，可以与积分落户、社会保障等政策相衔接。

政府应当区分非首都功能和城市保障功能，对一些保障城市运行和民生需求的功能不能简单关停，如农贸市场等保障性服务业和资源回收产业，可以在充分调研居民需求的基础上，通过加强管理、转型升级，使其更好地服务于城市运转，再配合设立平价市场、安排蔬菜直通车等方式，抵消居民生活成本的增加。

⑤创新成效评价体系，完善社会风险防控机制

疏解非首都功能涉及多方利益，关系社会稳定，因此对疏解工作的

考核不仅要依据人口规模、分布集中度等显性指标,还要依据社会稳定度、群众满意度、城市宜居程度、城市创新能力、对区域的辐射能力等隐形指标。推动人口基础数据部门共享,加强人口流量、流向、生存发展状况的动态监测,建立融人口、土地、产业、资源环境、公共服务等方面信息和服务管理功能于一体的精细化的城市管理体系。

疏解工作处置不当会导致社会矛盾不断积累、激化,不仅掣肘功能疏解工作的推动,还会严重影响到社会稳定。政府部门应综合运用法律、政策、经济、行政等手段和教育、调解、疏导等办法,把群众合理合法的利益诉求解决好。首先,在制定疏解方案前,充分拓展群众表达意见的路径,提高群众的参与程度,尽可能消除群众的抵触心理。宣传部门要积极引导,耐心解释,多途径、多形式宣传非首都功能疏解的重要性和必要性,赢得群众的理解和支持。其次,做好社会稳定风险评估,建立高效的应急预警系统。制定具有前瞻性的人口疏解政策,掌握风险爆发点,对人口疏解全过程进行风险跟踪、识别和反馈。建立健全信息预警系统,树立超前预防、调解为先的理念,完善社会矛盾排查机制,提前预警与行动,把矛盾化解在基层。最后,创新与新闻媒体的沟通方式,建立谣言阻断机制。政府部门应主动、及时、全面、高频次、多渠道公开信息,掌握舆论主动权,不给谣言滋生、发酵、传播的空间,引导舆情朝着正面、理性、平和的方向发展,防止问题扩大化。

4.6 众创空间发展建议

4.6.1 强化职能部门协同管理,提升双创空间建设水平

根据实地调研结果和政府及其他权威机构的信息来看,朝阳区在

创新创业空间建设方面取得了相当显著的成果,在量和质两个方面都表现较好。2016 年各类孵化器和众创空间就达 70 多家,入选国家级孵化器 9 家,且国家级认定众创空间 18 家,累计公共服务面积 24 万平方米。但根据资料分析,这些创新创业空间的打造多为朝阳区科委、发改委等牵头部门主要推进,不少中小微企业反映在资金融通、工商、税务、城管等方面仍面临一些需要提高的地方。因此,建议强化各政府部门的工作协同,如以委员会的形式融汇各类相关职能,减少行政干预和阻碍,更好地提高效率,推动创新创业工作。

4.6.2 吸收国际、国内先进经验,推进双创生态系统建设

从国际资料研究来看,美、德、日、英、韩等发达国家的创新创业生态系统建设都是在国家整体战略下分阶段逐步推进,形成了国家、地方政府及各级职能部门的分级管理服务支持体系,推动各类资本和人才的集聚和创新创业生态系统的形成与发展。

我国于 2015 年明确提出"大众创业,万众创新"的双创战略,国家和各级政府也有相应的各类政策支持。调研结果表明,朝阳区较好地贯彻了国家双创战略。但我国总体在创新创业生态系统建设理论研究和实践上相比发达国家仍有一定差距,如如何促进高校人才和科技成果同双创空间的协同上,目前仍是由企业自主和科研机构接触,政府层面缺乏操作层面的指导和支持措施。

4.6.3 明确空间建设战略目标,避免众创空间同质化竞争

对上述空间的发展历程和主要业务进行综合分析可以看出,不少空间的业务都集中在办公空间租赁、工商税务手续办理、办公后勤服务

等方面。这些职能都属于层次比较低的一般性服务功能,而对于如何促进技术和管理创新,把握消费者需求和扩大市场空间等中小微企业迫切需要的支持仍存在很大的缺口,这也正是突出创新创业空间特异性的主要方面。因此,建议相关政策支持向这些方面重点支持。

4.6.4 统一制定运营评价体系,统一评价与分类指导结合

从双创空间运营评价体系来看,全国各地都有一定的共性,也存在自身的独特性,朝阳区也已经逐渐形成了相对全面的运营评价体系。但是我们都知道,不同的空间里中小微企业从事各行各业,双创空间本身也存在较大的差异性,如文化类和科技类在评价体系上指标就肯定要求突出其业务本身。所以,为了更好地提高评价的针对性和实效性,应当在加大评价体系统一性的同时,关注业务的差异性,实施分类指导。

4.6.5 服务于京津冀协同战略,促进首都人口合理疏解

京津冀协同战略是国家层面推进经济协同发展的一个重大举措,直接关系到三地的职能分工和持续发展,更直接有助于促进首都人口的合理疏解,有助于缓和乃至消除诸如雾霾、交通堵塞等大城市病。朝阳区作为北京市的核心功能区之一,在这些方面负有非常重要的责任。因此,在政策制定上,应当紧紧围绕京津冀协同发展战略,贯彻北京市的"四个中心"功能建设思想,尽最大限度地转移不符合"四个中心"功能的产业到周边城市,以产业转移带动人口的自然疏解。因此,在政策制定上,应当以"四个中心"功能为指针,向相关产业和行业倾斜,并致力于转移不相关的产业。以发挥三地协同创新,促进区域经济健康持续发展。

5 “互联网＋”环境下小微企业四众应用模式研究

5.1 四众研究概述

5.1.1 四众的提出

党的十八大以来，党和国家提出创新驱动发展战略，尤其鼓励“大众创新，万众创业”。在此背景下，实体领域与互联网领域相互渗透、融合已成为中国经济转型、升级的必然趋势。李克强总理在2015年政府工作报告中正式提出《“互联网＋”行动计划》与《中国制造2025》战略，从国家层面明确提出推动移动互联网、云计算、大数据、物联网等与现代制造业结合，促进电子商务、工业互联网和互联网金融健康发展，打造以“双创四众”为特征的中国经济增长新引擎。

2015年6月，国务院正式发布《关于大力推进大众创业万众创新若干政策措施的意见》，双创纳入顶层设计框架之内。

2015年9月，国务院发布《关于加快构建大众创业万众创新支撑平台的指导意见》，提出建设大众创业万众创新支撑平台，利用“互联网＋”，积极发展众创、众包、众扶、众筹等新模式。从此，便有了“双创

四众”的提法。2016年,“四众”平台又写入了政府工作报告,提到“打造众创、众包、众扶、众筹平台,构建大中小企业、高校、科研机构、创客多方协同的新型创业创新机制”。

《指导意见》指出,全球分享经济快速增长,基于互联网等方式的创业创新蓬勃兴起,四众等大众创业万众创新支撑平台快速发展,新模式、新业态不断涌现,线上线下加快融合,正在并将对生产方式、生活方式、治理方式产生广泛而深刻的影响。《指导意见》强调,加快发展四众,能够有效拓展创业创新与市场资源、社会需求的对接通道,搭建多方参与的高效协同机制,丰富创业创新组织形态,优化劳动、信息、知识、技术、管理、资本等资源的配置方式,为社会大众广泛平等参与创业创新、共同分享改革红利和发展成果提供更多元的途径和更广阔的空间。

2017年1月13日国务院发布的《“十三五”国家知识产权保护和运用规划》专栏7“知识产权投融资服务工程”部分,仅提及基于众创、众包、众扶来开展金融产品和服务创新。

2017年1月20日,国务院又公布了《关于创新管理优化服务培育壮大经济发展新动能加快新旧动能接续转换的意见》,“众创”和“众包”被再次提及。

5.1.2 四众的概念

四众平台企业是指为其他企业或个人提供众创、众包、众扶、众筹等服务的企业。

采用四众模式的企业是指为从事创业创新相关活动,而通过四众平台企业获得各种模式的众创、众包、众扶、众筹等服务的企业。

1. 众创

众创是指通过创业创新服务平台聚集全社会各类创新资源,降低

创业创新成本。主要形式有创客空间、创业咖啡、创新工场,大型互联网企业、行业领军企业通过网络平台向各类创业创新主体开放技术、开发、营销、推广等资源,以及企业通过内部资源平台开展的创新活动。众创可以帮助广大创业者聚集和链接各类创业资源的孵化平台,能够提供部分或全方位的创业服务,创业者可以专注于核心业务,以利于创意和创新成果的快速转化。

在我国各省区已经诞生了一大批各具特色的线上线下融合的众创平台,如腾讯的开放网络孵化平台已有500万开发者创业,开发者分成超百亿元。海尔"海创汇"内部创业平台已诞生400多个项目,孵化和孕育着2000多家创客小微公司。

众创是指在现代互联网背景下,一方面热爱创新的大众(创新者)基于由企业搭建的或者自发形成的互联网平台实施创新活动并且通过互联网进行创新成果的展示或出售;另一方面其他企业或个人(需求者)通过互联网搜寻和获取创新成果并加以利用的一种新型创新模式。在这种模式下,创新的主体不再是传统的企业,而是没有明确指向的普通大众。与一般创新相比,众创具有参与式特点,以互联网为载体、降低了传统创新模式下的研发风险和成本、提高了创新的效率、有效推进了创新民主化进程(刘志迎 等,2015)。

众创是企业竞争逐渐加剧、互联网技术日益成熟、个体创新能力不断提高和顾客需求趋于个性化等多种因素共同作用的产物,但是来自企业的竞争因素、来自个体的能力及动机因素、来自顾客的需求因素等都作为众创出现的前提条件而长期存在,而互联网技术带来的知识环境的变化则是最终促使众创模式出现和不断发展的根本原因(刘志迎等,2015)。

根据创新活动的主导者不同,众创分为企业主导式创新和大众主导式创新。企业主导式众创是指大众在企业创新需求的主导下识别机会并参与企业创新的过程。企业主导式众创是企业有意识地利用大众智慧的一种模式,也即技术创新的众包模式。

大众主导式众创是指在没有明确创新需求的情况下,大众主动获取创新机会,从而实施创新并将其商业化的过程。在这种模式下,大众并没有明确的目标导向,而是主要以兴趣为驱动,结合自身现有的条件和资源,在环境中识别创新机会并形成创意,进而为实现由创意到创新成果市场化的过程。

2. 众包

"众包"(Crowdsourcing)这一概念是由美国《连线》杂志的记者杰夫·豪(Jeff Howe)在2006年6月提出的。杰夫·豪对"众包"的定义是:一个公司或机构把过去由员工执行的工作任务,以自由自愿的形式外包给非特定的(而且通常是大型的)大众网络的做法。众包的任务通常由个人来承担,但如果涉及需要多人协作完成的任务,也有可能以依靠开源的个体生产的形式出现。众包是一种商业变革,任何社会大众作为参与者都可以在这个网络平台上抒发自己的想法和创意,为提出问题的一方解答问题并获取相应的报酬。众包最大限度地利用大众力量,以更高的效率、更低的成本开拓创新、便捷创业。主要形式有大中型制造企业通过互联网众包平台聚集跨区域标准化产能,来满足大规模标准化产品订单的制造需求,以及以社区生活服务业为核心的电子商务服务平台。众包的参与主体有3个——发包方、众包中介和接包方。

众包延伸了创新边界,借社会资源为己所用。IBM、宝洁等行业巨头纷纷通过众包模式吸收来自全球的外部研发力量降低企业的研发成

本。通过众包模式分享私家车的Uber平台,已拥有超过百万司机,成为全球最大的出租车公司。我国众包发展迅猛,作为最大的创意众包平台,猪八戒网的注册创业者超过1300万,卖家300万,为25个国家和地区提供了380万次定制化创意服务,提供“猪标局”等线上线下融合的延伸性高增值服务。众包模式还在研发设计、内容创造,以及交通出行、物流快递、教育培训、旅游度假等生活服务领域深入应用,滴滴出行、人人快递、YY教育、途家网等一大批众包平台企业快速崛起。

互联网的发展为众包提供了技术条件和平台,在缩减与用户之间时间与空间距离的同时也降低了参与的成本与门槛。Shirky运用认知盈余概念解释在互联网时代用户参与众包的动机,认为有大量受过教育,并拥有自由支配时间的人,他们有丰富的知识背景和强烈的分享欲望,这些人将碎片时间汇聚在一起,将产生巨大的社会效应。他还强调“领先用户创新”思路,认为应该由产品最活跃的使用者来推动产品创新,而非产品的设计者。在追求“个性化”的时代,消费者越来越不甘于只做单纯的消费者、产品的接受者,他们越来越希望参与到产品的创新、设计、制作等过程中。

随着众包兴起,独立个体从原来只能作为产品使用者,越来越深入地参与到产品或服务创新与生产中来,企业价值创造的方式也随之发生显著变化。众包使得企业、组织的核心价值几乎完全来自大众,企业在进行价值创造的同时不仅可以节约成本、降低风险,而且可以带来不可估量的商业价值(郝琳娜 等,2014)。

众包基本上分为2类:一种是非营利性的,该创新模式也称为众包非商业模式。例如,维基百科(Wikipedia)、开源软件(open source software)、百科全书(Encyclopaedia)等都是利用大众的智慧,将一个公司

或机构由员工执行的工作任务以自由自愿的形式外包给非特定的网络大众。一般情况下，众包任务通常由个人来承担，但如果涉及需要多人协作完成的任务，也可能以依靠开源个体生产的形式出现。另一种是营利性的，该模式也称为众包商业模式。例如，亚马逊土耳其机器人（Mechanical Turk）、创新中心（Innocentive）、戴尔（Dell IdeaStorm Community）等，一般都以众包竞赛模式出现，通过奖金发放策略，吸引大众参与，创造利润（郝琳娜 等，2014）。

3. 众扶

众扶是指通过政府和公益机构支持、企业帮扶援助、个人互助互扶等多种方式，共助小微企业和创业者成长，构建创业创新发展的良好生态，主要形式有开源社区、开发者社群、资源共享平台、捐赠平台、创业沙龙等各类互助平台。众扶的根本目的是扶持大众创业、万众创新，扶持的对象是创业创新活动及创业创新主体。互联网时代的众扶有着丰富的内涵，体现为3大特征：一是公共性。众扶以公共性、外部性和共赢性为根本特征，在本质上区别于商业性质的生产性服务和创业服务。二是多样性。既有政府、公共机构、公益性组织大型企业、开展的扶持，也有公众自发的互助。众扶所能提供的资源也丰富多样，涵盖信息、渠道、平台、专利、标准、技术、投资等各方面的帮扶。三是平台性。基于网络的各类公共服务平台、开放平台、互助平台已成为典型的众扶手段。

社会公众众扶是指政府、公共服务机构、基础教学和研发机构、行业组织、第三方服务机构等对于小微企业和创业者的扶持帮助，涵盖范围广泛、形式多样、发展迅速。在数据开放方面，北京、上海等地方政府积极开展公共数据开放实践，鼓励公众利用公共信息资源开发创新应

用,如上海公共数据开放平台即上海市政府数据服务网近3年的网站下载量已超过55万。在科研基础设施开放方面,截至2015年8月底,中科院系统全国14个区域中心开放科研设备超过4700台/套,北京大学实验室与设备共享系统已登记1754台/套科研设备,上海、广东、深圳等地试行的创新券政策为小微企业提供了免费使用科研场地和设施的机会。

企业分享众扶是指领军企业、有条件的企业、技术领先企业等通过向其他小微企业和创业者开放各类资源,贡献资金、技术、经验等资源,扶持小微企业和创业者成长,如联想等行业领军企业为有创业意向的科技人员进行全方位、系统性、实战型的创业能力免费培训,培训超过万人,产生了扶持创业的积极效应。

公众互助众扶是以互联网社区或线上线下融合的社区为主要组织形式开展的公众互助。在互助社区方面,开源中国网等开源社区在传播开源理念、汇集开源资源、推广开源项目、提供共享和交流平台方面提供了良好示范。此外,开发者社群、资源共享平台、捐赠平台、创业沙龙等各类线上线下众扶形式不断涌现,极大地促进了创业创新。

4. 众筹

众筹是指个人或企业通过互联网平台向社会募集资金,更灵活、高效地满足产品开发、企业成长和个人创业的融资需求,拓展创业创新投融资新渠道。众筹主要形式有消费电子、智能家居、健康设备、特色农产品等创新产品开展的实物众筹,小微企业等创业者的股权众筹,以及互联网企业依法合规设立的网络借贷平台。众筹这一新兴融资模式,主要支持创新创意项目,以京东众筹支持的6大类项目为例,众筹支持最多的为科技创新类产业,其次是文化创意类,包括影音娱乐、生活创意

等。因此,众筹侧重于解决创业企业融资难问题,通过网络平台为投融资双方共享信息资源,解决了信息不对称,从而为创业者更有效地解决资金短缺问题。

实物众筹,投资者对项目或公司进行投资,获得产品等实物回报。现在国内的产品众筹主要有淘宝众筹和京东众筹。目前实物众筹主要服务企业的研发设计和生产阶段,用于募集资金和测试需求。在阿里巴巴、京东等电子商务龙头企业的引领下,实物众筹规模迅速扩大,覆盖消费电子、艺术出版、影视娱乐等多个创意领域,一批具有发展前景的创新企业脱颖而出。

股权众筹,投资者对项目或公司进行投资,获得一定比例的股权。这种众筹模式不仅适用于普通的创业型公司,还适合一些成熟的企业募集资金。股权投资一般风险较大,回报周期较长。目前国内做得比较大的平台有:大家筹、人人投、第五创等。

借贷型众筹,是筹资者通过利息回报的方式来募集资金,一些 P2P 平台本质上就是借贷型众筹或者债务型众筹。投资者对项目或公司进行投资,获得其一定比例的债权,未来获取收益并收回本金。截至 2016 年 12 月底,我国网络借贷行业正常运营平台数量达到了 2448 家,相比 2015 年底减少了 985 家,由于政策监管的原因,网贷行业逐渐从"野蛮发展"阶段向"规范发展"阶段转变。

据零壹数据不完全统计,截至 2017 年 12 月 31 日,我国累计上线的互联网众筹平台至少有 672 家。其中,正常运营的平台仅余 169 家,约占 25.1% 的比重;与 2016 年底相比,正常运营平台减少了 49.9%①。

① 零壹数据. 谁说众筹已死? 全面复盘 2017 众筹行业[EB/OL]. http://baijiahao.baidu.com/s?id=1591837110139150335&wfr=spider&for=pc

2016年开始，由于互联网金融监管大幅收紧，传统的产品及股权众筹平台基本停止增长，而收益权众筹平台（尤以业务流程简单、筹资迅速、回报周期短但风险事件高发的汽车众筹为主）成为增长主力。2017年，互联网众筹市场继续低迷，全年新上线平台共47家且逐季递减，同比减少77.8%。新上线平台中含40家收益权众筹平台、4家产品众筹平台和3家股权众筹平台。

众筹为小微企业提供了新的融资渠道，企业只需将项目在众筹网站展示，并发布公众需要的信息，公众感兴趣，就有可能成为投资人，这些资本来自民间，而不是传统的风险投资机构。与传统融资渠道相比，众筹的不同之处包括融资金额较少、众筹投资人有充分的民主、众筹更具时效性等（焦微玲、刘敏楼，2014）。

众筹支持创业、创新和创意。以Kickstarter目前支持的13大类项目为例，众筹支持最多的是文化创意产业，涉及设计、影视和音乐等行业，这些项目在传统风险投资中，往往因为利润低而被忽视；其次是科技创新产业，众筹支持的科技项目往往更具创新性（焦微玲、刘敏楼，2014）。

5.1.3 四众与小微企业

四众是双创的支撑平台。双创带动了国内创新创业的整体氛围，并孵化出了一大批具有发展潜力的小微企业，对于促进就业，保持中国经济中高速增长发挥了重要作用。

四众发展大众的智慧，给小微企业的发展注入了新技术、新管理和新模式，在技术研发、产品开发、营销推广等价值链各个环节上驱动小微企业与互联网深度融合，增加小微企业价值链附加值，促进创新价值链各个环节的转化，提升企业竞争力，如图5-1所示。

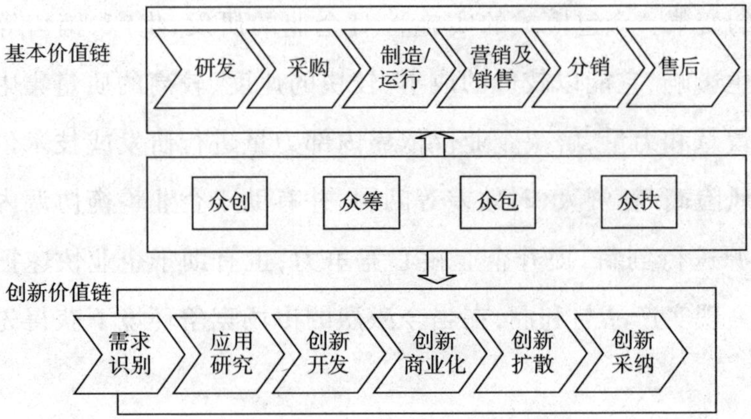

图5-1 四众与小微企业

四众中的众创,为小微企业的发展提供了创新的空间,主要是通过众创空间、内部创新创业、大型企业网络创新平台等孵化和孕育小微企业,并为小微企业聚集和链接技术、营销、推广等各类创业资源。"互联网+"背景下的众创是指以互联网为手段,线上与线下相结合、虚拟社区与现实空间相结合,充分发挥大众智慧,促进技术应用的技术创新活动。简言之,互联网众创就是指通过互联网平台聚集并发挥专业技术人员+非专业技术人员的群体智慧,服务于企业技术创新的活动。

四众中的众筹,为小微企业的发展提供了动力,本质是以金融的手段,服务小微企业,拓宽小微企业融资渠道,解决小微企业融资难融资贵的问题,促进小微企业可持续发展。从这一功能来看,众筹对支撑小微企业发展有着基础性的作用,因为资金缺乏是小微企业发展过程中的最大痛点之一。

四众中的众包,为小微企业的成长提供了新的途径,本质是通过互联网将企业的生产研发、创意设计等各环节的任务外包给大众完成,有利于降低小微企业的研发、生产和用工成本,并促进小微企业生产和管

理方式的变革。众包模式的实施将对企业的研发、生产、销售等各个环节产生影响,它能以较低的成本、较快的速度、较高的质量集中群体大众的智慧和力量,解决企业仅依靠内部力量进行研发或技术创新时存在的风险高、耗资大、时效差等问题,并有助于企业均衡协调内部和外部资源进行创新,提升企业核心竞争力,也有助于企业快速把创新思想变为现实产品与利润,在当今激烈的市场竞争环境下获得先机和优势。

四众中的众扶,为小微企业的发展提供了新的环境,是指汇聚政府、企业、公益机构、公众等各方力量,通过政策、信息、渠道、平台、专利、标准、技术、投资等多样化的形式,扶持小微企业发展和成长,营造小微企业创新创业生态。例如,政府积极开展公共数据开放实践,鼓励公众利用公共信息资源开发创新应用,并出台创新政策、提供创新创业免费培训等。

创新价值链的概念来源于迈克尔·波特的价值链模型。Horne(2006)等从价值链视角分析了企业的创新活动和过程,认为企业创新价值链的基本活动包括需求或问题识别、应用研究、创新开发、创新商业化、创新扩散和创新采纳6个环节,创新的支持性活动包括能力管理、技术和研究设施管理及知识管理,创新产出主要包括创新知识、创新知识的应用以及创新结果3种。"互联网+"作为一种支撑力量贯穿着"四众"融合创新发展的各个阶段,在创新产品从产业化到市场化全过程中起到巨大的推动作用。

5.2 "互联网+"环境下四众新模式典型案例分析

2016年6月27日,国家发展和改革委员会公示了《中国"互联

网 + "行动百佳实践》100 个最佳案例，其中"中航工业：全产业链互联协同创新创业平台：中航爱创客"、腾讯公司：腾讯众创空间，搭建"互联网 + "创业创新生态圈、阿里巴巴：电商创业平台，助力"互联网 + "与传统产业融合等多个案例入选为创业创新领域案例，本书选取以上典型案例，并从企业基本情况、主要做法、典型经验和效果 3 方面进行总结。

5.2.1 众创：中航爱创客

1. 企业基本情况

2015 年 3 月 31 日，中航爱创客平台正式上线。中航爱创客是以中航工业的技术资源和产业生态为核心，利用互联网信息共享、互联互通优势以及云计算、大数据等新技术，线上线下相结合，构建"互联网 + 开放创新 + 研发协同 + 高端工业制造"为一体的网络化创新创业平台。

中航爱创客平台由中航联创科技有限公司（以下简称"中航联创"）进行专业化运营。中航联创成立于 2014 年 9 月，是由中航工业旗下的中航航空电子系统有限责任公司、中航新兴产业投资有限公司、中航航空电子系统股份有限公司 3 家公司联合投资成立，注册资金 7000 万元，现有员工 70 余人。

目前，中航爱创客平台有以下 5 大主营业务：

（1）爱创客网络平台服务

依托中航工业技术、产品、产业链资源和聚焦在工业领域的科技资讯，鼓励小微企业和创业团队等创新主体充分利用互联网，把握市场需求导向，加强创新资源共享与合作；同时秉承开放、共享的理念，利用中航爱创客网络优势资源，为创客、创业团队、小微企业、传统转型升级企业提供移动互联网络搭建、资源实时精准推送、网络营销品牌塑造等服

务，构建“互联网+”创新创业生态圈。

（2）技术转化转移平台服务

以航空先进共用技术为基础，面向小微企业、传统转型升级企业，联合地方政府和社会资本，建立资源展示、技术授权、技术转让、联合开发等服务平台，打通技术与产品、产业与市场、资源与资本有效“价接”的通道。

（3）联合创业服务

依托中航工业产业生态资源，与地方政府联合构建创新创业中心，围绕无人机、机器人、智能制造、虚拟现实、智能消费电子、医疗健康等新兴产业领域，整合相关资源，为创客、创业团队、高校师生、小微企业等提供商业策划、管理咨询、技术辅导、市场营销、资本对接等创业服务，联合孵化项目、创建公司、培育产业。

（4）电子设计云平台服务

依托中航工业研发、设计资源优势，为创业团队、小微企业提供电子类产品方案设计、硬件设计、软件开发、系统仿真、集成测试等一站式电子设计“众创众包”云平台服务，解决创新创业的“前一公里”问题。

（5）高端工业制造服务

发挥中航工业两化深度融合最佳实践引领作用，面向传统制造企业，按照国家《智能制造 2025》总体要求，整合传感器、总线网络、计算平台、工业软件等中航工业资源，为工业装备的数字化、网络化、智能化提供智能制造服务，提升我国工业制造整体水平。

2. 主要做法

融合互联网信息共享、互联互通以及大数据、云计算等新技术，中航爱创客平台利用航空技术的共用特性，发挥航空产业的资源优势，以

市场需求为牵引，按照市场规则和商业规则，实现航空技术转移、转化和跨行业、跨领域应用。通过航空技术民用化、军用技术产业化，形成军民深度融合格局，支撑产业转型升级发展，为供给侧改革提供“技术供给”“研发和设计能力供给”，有力支撑创客和创业者科学创业、精益创业，小微企业创新创业发展和传统企业转型升级。

(1)构建互联网+创业生态圈

通过爱创客平台汇聚“客户+资源+渠道+科技服务”等产业链优势资源，一方面与地方企业和创业团队共享中航工业的通用技术、民用产品和研发设计、原型制造与测试试验能力，另一方面汇聚创新资讯与创意、创业项目，聚集深度合作的创投资本与科技人才，线上展示交流、线下对接落地，基于互联网打造工业科技创业生态圈，充分发挥“互联网+”“双创”的乘数效应，营造创新创业的良好氛围，形成具有鲜明特色的平台效应。

爱创客线上平台以中航工业先进技术、研发、设计、产品、产业链配套等优势资源为牵引，通过打造一款功能完善、完全开放的涵盖工业科技领域资讯、中航工业资源、联合创业和特色服务的移动互联网平台产品，鼓励传统转型企业、小微企业和创业团队等创新主体充分利用互联网，把握市场需求导向，加强创新资源共享与合作。

(2)创新“技术与研发供给”服务

依托中航工业的先进技术、设计和研发能力、制造、产业链配套优势资源，按照市场与商业规则，通过合资合作、项目合作等方式，向地方企业和创业团队提供技术成果转化、电子产品设计、工业设计研发、原型制造支持等“技术与研发供给”类创业服务。与地方企业和创业团队对接技术合作需求，解决企业转型的技术需求；电子设计云平台直接服

务中小微企业,缩短创业公司新产品的入市。

围绕无人机、机器人、智能制造、虚拟现实、智能消费电子、医疗健康等航空技术应用相关新兴产业,联合创建全国区域性创新创业基地,整合市场、技术、资本、人才等相关资源,联合策划一批新科技产业化项目。通过航空技术与市场需求相碰撞,开发一系列科技新产品;高品质产品引领消费新需求,引导线上线下渠道互动,构建营销市场网络;同时聚集产业链上下游,借助资本力量打造高科技产业发展集群。

3. 经验和效果

中航工业作为传统制造型军工企业,旗下拥有丰富的工业制造、创新创业资源,通过爱创客网络平台得到了高效的释放,最大限度地发挥了已有资源的价值。目前,平台已汇聚科技资讯3万多条、各类优质资源3000多项,促成线上合作咨询350余项;用户访问量呈爆发式增长,日均PV达3.8万,总访问量超过550万,注册用户数突破30万,并已有企业和创新创业团队在平台投放广告。同时,正在为赛盛技术、华成集团、同德资本、购线网、维信诺等百余家企业构建自身的互联网生态系统,帮助企业将互联网融入产品研发、设计、生产、采购、渠道、市场等环节,为企业实现资源共享、信息互通、利益互惠搭建高效通道,为企业转型、产品升级及品牌提升提供必要条件。

此外,基于爱创客平台举办的首届中航工业“联创杯”创新创业大赛,共收到来自103个成员单位的839个创新创业项目,涵盖机器人、智能硬件、医疗健康、飞行器、新材料等众多热点领域,其中20多个项目得到了市场的认可,近10个优质项目已成功签约。大赛有效激发了中航工业广大员工的创新活力和创造力,在集团公司上下营造了浓厚的创新创业氛围,为集团公司转型升级注入了新动能。

在线下创业生态建设方面，积极与地方政府、企业、高校、创新创业服务机构等200余家合作伙伴开展合作，为协同创新、联合创业的高效开展奠定了基础。联合地方政府，积极在创新创业热点城市建设创新创业中心，已在上海、成都、深圳等10余个城市启动双创中心建设，逐步构建起覆盖全国的线下科技创新创业生态。

结合市场需求、发挥技术优势，积极布局无人机、机器人、医疗健康、智能消费电子、虚拟现实、智能制造等热点新兴产业，联合开展项目策划和商业运作，其中30多个优质项目孵化效果明显，总估值超过10亿元，项目产业化后有望带动上万个就业机会。

中航爱创客平台充分利用互联网的信息共享、互联互通，激活内部潜力、协同外部资源，打造开放式创新和联合创业平台，尝试打通产学研协同创新合作机制和商业机制，为创业者提供低成本、便利化、全要素、全流程的创业服务，使创新创业更加容易；同时，实现航空工业和其他行业协同发展、跨界融合，全面服务小微企业创新创业和传统工业企业转型升级。

中航爱创客所努力打造的“工业+互联网”平台对创业团队、中小微企业快速发展以及传统工业企业转型升级具有典型示范意义，将给该生态平台所聚集的企业带来发展新动能、新引擎，助推企业提质增效、转型升级，培育新兴业态、打造新的增长点，更好地支撑“大众创业、万众创新”。

5.2.2 众创：腾讯众创空间

1. 企业概况

腾讯公司成立于1998年11月，是中国服务用户最多的互联网企业

之一。成立17年来，腾讯一直秉承着一切以用户价值为依归的经营理念，保持稳健、高速发展的态势，公司现有员工2.9万人，市值已突破2000亿美元，位列全球互联网公司市值前10名，并在行业创新和知识产权领域位居行业前列。截至2016年第1季度末，QQ月活跃账户数达到8.77亿，微信和WeChat的合并月活跃账户数达到7.62亿。

腾讯众创空间是在互联网、移动互联网快速发展的背景下，以推进产业链合作共赢，助力互联网创业者发展，繁荣互联网生态为目标，以"大众创业、万众创新"为契机，将自身全平台资源开放给创业者。同时，根据创业者的需求，联合地方政府、金融机构、法律服务机构等合作伙伴以及多方社会资源，从软、硬件等多方面打造更好的线上、线下创业环境，为O2O、智能硬件、数字娱乐等领域的小微企业和创业者提供全方位服务的立体化孵化加速器。

腾讯公司早在2011年就实施开放战略，率先为创业者、合作伙伴开放自身最优质的资源，先后完成入口、资源、能力的开放共享，开放范围逐步扩展深入，为创业者提供了全流程、全方位、立体化的平台环境。随后在2015年快速启动了众创空间计划，通过不断合作发展，带动整个创业生态的共生繁荣。

2015年4月28日，腾讯宣布2015年计划在全国建立25个线下众创空间，总面积超过50万平方米。与其他国内创业孵化器不同，腾讯众创空间具备包括线上、线下5种核心能力——流量加速、开放支持、创业承载、培训教育和辐射带动等，入住的创业公司将得到5个角度的扶持：创服、创孵、创培、创投、创新，为全要素扶持，满足创业者对资金、成长、场地、营销和流量的需求。

腾讯众创空间是在开放平台的基础上升级，不仅延续在开放平台

中为创业者提供的服务，还将联合社会资源从软硬件和创业条件打造更好的创业环境。腾讯开放平台上累计收益超1亿的创业公司达24家，超1000万的达108家，融资额过1亿的创业公司超过100家，超20家创业公司已经或正在上市进程中。

腾讯众创空间不断整合资源、探索模式、加强合作，已成为全国"互联网+"创业创新产业型孵化领先品牌。腾讯众创空间在传统产业"互联网+"的进程中提供零件、工具和平台，与各地政府共同打造"孵化+投资+产业资源"的立体化全要素孵化加速平台，未来3年将为中国更多的互联网创业者提供服务，真正实现"大众创业、万众创新"的落地实施。

2. 主要做法

腾讯众创空间不断整合资源、探索模式、加强合作，已成为全国"互联网+"创业创新产业型孵化领先品牌。腾讯公司根据长期对创业者发展需求的分析，搭建了"互联网+"创业创新平台，汇聚内部的优质产品与能力，连接外部的合作伙伴资源，共同构成独具特色的线上线下一体化、全要素创业孵化生态系统，为创业者提供全要素立体化的服务。

腾讯公司的优质资源包括海量用户平台、移动分发平台（腾讯应用宝是行业领先的应用商店）、效果营销平台（腾讯广点通）、云端计算平台（腾讯云）、创新技术平台（VR、AI、无人驾驶、智能硬件）等。腾讯公司合作伙伴资源包括全国30个线下众创空间基地、全国知名创投机构、长江商学院等培训机构，及人力资源、财务、法律咨询、税务服务创业服务公司等。

为了更好地促进众创空间的良性发展，腾讯众创空间结合自身的实践经验，综合包括天津、北京、上海等全国30个众创空间的运营情况，

构建了体现互联网思维的5大标准化、开放性"互联网+"创业创新服务体系，具体包括：

（1）打造开放性的创业服务体系

腾讯众创空间充分利用腾讯开放平台的优势资源，已接入数百家创业服务商，创业服务包括财、法、税等标准化需求，营销、设计等非标准化需求等，未来将涵盖全方位的创业服务。众创空间也采用了创新的运营方式，利用腾讯扶持、政府政策保障和当地资深运营方运营的三合一模式，多维度扶持创业者。其中，腾讯给予资源和平台支持，地方政府给予政策与场地等支持，运营方除了负责日常众创空间的维护，同时也参投创业公司，各参与方都全心全力地助力并关注创业团队的成长。

（2）建设生态型的创业孵化体系

腾讯众创空间借助腾讯及合作伙伴的互联网资源优势，充分和国际接轨，为培养孵化创业者营造了良好的创新创业氛围，搭建融合了线上服务资源的线下优质孵化平台。线下创业园区内部整体设计和办公氛围都是轻松、自由、活跃的格调，让互联网创业团队能尽情发挥创新思路并通过自由开放的讨论和不定期的行业、高校研讨会进行思想的碰撞与交流，不断完善自身的产品建设。此外，集创业办公服务、产业科技园区、居住生活于一体的腾讯"双创"基地将成为更有效的创业形态，使得创业与生活不再是对立的存在。全国首个众创空间升级版"双创"基地试点——"腾讯互联网+生态村"，总建筑面积为100万平方米，绿地率占比高达45%，是一个集住所、教育、医疗等完善配套的创业生态部落。

（3）构建全方位的创业投资体系

除了提供良好的办公环境硬件条件，腾讯众创空间还给创业者提供了风险投资的资金支持，以及早期阶段的资源扶持。腾讯众创空间

构建了由资源投资的“双百计划”与资本投资的“创投联盟”组成的全方位式的投资体系:“双百计划”提供腾讯系的流量资源,拟3年内投入价值100亿的资源,扶持100家市值过亿的创业企业,目前已成功孵化成功40家,5家公司在半年内成功上市;“创投联盟”由腾讯联合险峰华兴、今日资本、洪泰基金、经纬中国、软银中国等知名创投机构组成。

(4)建立多元化的创业教育体系

创业者个人的成长是创业项目成功的关键,给创业者提供系统化、专业化的培训,能补齐创业者短板,提升创业项目的成功率。腾讯众创空间在企业管理、人力资源、知识产权、市场营销等方面开设多维度的培训课程,依据创业阶段与诉求匹配课程和资源,为“互联网+”领域的创业者从初级、中级到高级提供培训和指导,帮助创业者快速成长。凭借“长青腾创业营”助力创业者实现创业梦,首期精英学员项目总估值半年间从280亿元飞跃到近1000亿元,二期精英学员项目现已启动,其中有40%的公司已经过了B轮融资,总估值目前已达480亿元。此外,腾讯众创空间还与当地高校和教育机构联合组织创业团队与大学生团队进行交流与沟通,将“互联网+”创业创新的思路和氛围带到大学校园中,充分激发了大学生的创业热情。

(5)培育创新型的创业文化体系

创业精神是勇于抓住机会努力发挥创造力实现创新的文化与心理过程,创业文化是一种鼓励创新的社会意识形态和文化氛围,二者结合可对创业者发掘创业梦想产生重要的影响力。腾讯众创空间借助网络与传统媒体的力量,帮助众多创业者和创业项目进行宣传报道和信息曝光,树立创业者和创业项目的优秀品牌,加大“双创”的文化价值输出与经济价值输出,弘扬勇往直前的创业精神。“2016年腾讯互联网+创

业大赛”已经开启，是首个线上线下一体化、电网连屏幕的创业大赛，通过与浙江卫视的舞台，让创业项目有充分展示的机会并获得投资支持，也让创业创新成为全社会共同的价值追求和行为习惯。

经过努力，腾讯众创空间不仅收获了创业者和合作伙伴的好评，也获得了各级政府和主管机构的认可和支持。截至目前，腾讯众创空间（北京）成为全国首个科技部授牌的“双创社区”，腾讯众创空间（天津）是全国首个“双自一体”的众创空间，实现了双创社区与自贸区的政策统一与融合，腾讯众创空间（海南）是全国首个政务改革示范园区，实现了创业企业工商税一条龙服务。

3. 经验和效果

（1）平台开放聚集资源提升创业效率

腾讯众创空间面向融资、研发、测试、推广、售后等各环节，打造了线上线下结合、全要素、一体化的创业创新服务体系。腾讯众创空间充分实现了创业创新资源和服务的开放共享、高效利用。一方面，共享创业创新数字资源。腾讯众创空间汇聚腾讯内部资源，开放分享给创业者。另一方面，共享创业创新服务体系。腾讯众创空间提供日常管理、培训、公司注册、法务、金融等一体化配套服务，帮助创业者解除了后顾之忧，使其专注于创新研发。据估算，截至2015年底，通过共享资源，众创空间为创业者节约了共计150亿元的投入。其中，腾讯众创空间和开放平台为创业者提供免费服务价值达25亿元，第三方服务机构和公共服务部门为创业者提供的免费配套服务价值达55亿元，累计为创业者降低成本达80亿元。

（2）多方合作共赢降低创业创新门槛

腾讯众创空间有利于降低创业门槛和成本，拓展创业者的创新空

间。首先,帮助创业者解决资金难题。一方面众创空间通过与政府合作,使创业者享受到政府提供的各种补贴、税收优惠及政策性信贷支持等,降低创业创新成本;另一方面众创空间联合第三方金融服务机构,成立创投联盟,共享资源,为创业者提供融资对接,解决融资问题。其次,帮助创业者提升创业技能。众创空间联合长江商学院推出长青腾创业营,为创业者提供创业培训与指导,打造属于创业者的黄埔军校。

(3)创业服务要兼顾标准化与个性化

在开展了几年的创业者服务后,腾讯众创空间根据全国30个实体创业空间及5年的开放平台经验,总结出了一系列针对创业扶持的体系与资源。对于创业团队来说,需要的不仅是投资及场地的支持,更多的是需要一体化的、全流程的、伴随创业团队成长的资源支持。对于创业基地建设来说,需要个性化与标准化相结合地进行建设。个性化是指依据众创空间当地的区域经济与社会发展特色进行资源匹配,标准化则是指全国服务与运营要保持统一的标准和水平。对于地方政府及产业来说,需要的是一个真正给地方带来发展和影响力的众创空间。首先是可以拉动地方经济、吸引人才以及助力产业转型升级的“互联网+”创业创新基地。因此,腾讯众创空间将结合各地方的产业特色落地,联合各方优势资源,持续为创业者服务,共同构建我国“大众创业、万众创新”的新时代。

自2011年腾讯线上的开放平台到2015年推出的线上线下一体化的腾讯众创空间,发展迅猛并深受创业者和产业链相关方的信赖和支持。腾讯开放平台的合作伙伴总估值已突破3000亿元。至今,进驻平台的创业公司总数量超400万家,帮助平台企业上市达到20家,第三方总收益超100亿元。自腾讯实施开放战略至2015年底,在全国各地与

合作伙伴共同建立30个众创空间;长青腾创业营首期40位学员创业项目总估值半年间从280亿元增长至近1000亿元。据测算,腾讯开放平台成立以来,已拉动经济增长近500亿元,促进就业人数近1100万。

5.2.3 众包:猪八戒网

1. 企业概况

我国众包发展迅猛,作为最大的创意众包平台,猪八戒网的注册创业者超过1300万,卖家300万,为25个国家和地区提供了380万次定制化创意服务,提供“猪标局”等线上线下融合的延伸性高增值服务。众包模式还在研发设计、内容创造,以及交通出行、物流快递、教育培训、旅游度假等生活服务领域深入应用。

重庆猪八戒网络有限公司成立于2006年,总部位于重庆,作为中国领先的以创新创业服务为内核的互联网平台,自成立以来,始终立足服务交易,致力为1000万名工程师、设计师等创新创意人才为代表的创新服务型企业机构提供以“市场需求对接”为驱动的创新创业平台,推动创新型企业平台化经营;致力于为500万传统产业转型特别是助力小微企业的全生命周期成长与发展提供平台化创新服务。

平台创新服务涵盖高新技术产品研发、知识产权与专业转化、软件开发、产品创新设计、VR创新设计、交互创新设计、品牌创新设计、市场渠道创新策划等8大主打类目,600细分品类。

2015年起,猪八戒网全面颠覆和取消同行业“佣金”体制的传统模式,依托10年积累的海量交易数据,全面创新商业模式,以“数据海洋+钻井平台”为战略,先后拓展八戒知识产权、八戒金融、八戒财税、八戒工程、八戒印刷等钻井业务,为企业提供一站式的全生命周期创新创业

服务。2015 年实现了平台用户“井喷式”增长,企业雇主用户超过 500 万家,服务商用户超过 1000 万家,平台交易额达 75 亿元,市场占有率超过 80%。为此,中央电视台新闻联播给予了专题报道,《人民日报》进行了整版报道。2016 年,猪八戒网打通线上、线下创业孵化模式,建立区域性“线上 + 线下”实体园区创新生态体系,开启猪八戒网第 2 个 10 年新里程,正朝千亿级平台快速迈进。猪八戒网兼顾商业价值与社会价值统一,逐渐成长为我国“互联网 +”创业创新生态体系的基础设施提供方和运营方。

八戒园区,是猪八戒网打造的 4.0 版本的 O2O 创新型园区,它基于物理意义上落地的八戒园区,以平台累积了 10 年的千万级用户数据为支撑,打造了一个开放性的线上云端平台,并持续将猪八戒网平台上海量的订单源源不断地输送给园区内的企业,真正实现为园区企业提供生存、发展所需的订单来源。

4.0 版本的八戒园区,有别于房东模式的 1.0 园区,管家模式的 2.0 园区,股东模式的 3.0 园区,它具备 4 大独特的优势:一是开放性。它打破空间、地域的限制,实现企业异地注册、孵化、发展,即天津的企业,也可以入驻昆明的八戒园区,享受昆明当地及八戒园区为企业提供的优惠政策和支持;二是互联网平台支撑,猪八戒网平台累积了 1500 万家中小微企业,为园区企业入驻提供强大支撑。三是订单推送,猪八戒网持续将平台上的海量订单资源推送给园区企业;四是提供与企业发展匹配的资金支持。猪八戒网平台提供 5 项基金,为园区内优质企业及项目提供从 0 到 1 的投资,猪八戒网的投资人赛伯乐集团则为园区企业发展提供从 1 到 100 的投资。

八戒园区操作系统,由“一个发动机 + 四个轮子”构成,其中操作系

统的内核,即发动机是猪八戒订单服务交易平台,该订单服务交易平台通过O2O商机优先匹配系统,每天将2000万以上的商机需求面向园区企业发布,为园区企业发展提供源源不断的订单资源。

“四个轮子”,即1+N母园区系统、创业管家系统、1+99协同办公系统、八戒金融投前+投后系统。1+N八戒协同生态平台,将打造以1个一级母园区为首,下设多个二、三级园区的正三角布局,通过优质资源整合的方式,将二、三级园区的优质资源输送、聚集到一级母园区。1+99八戒协同办公系统,即企业入驻1个园区,便可享受猪八戒网在全国所有园区的工位预定、会议组织申请等商务服务,极大地满足了企业在全国各地的办公需求,降低了创业者的投入成本。创业管家系统则通过利用八戒知识产权、八戒金融、八戒财税、八戒工程、八戒印刷等猪八戒网钻井业务,为企业提供一站式的全生命周期创新创业服务。

“一个发动机+四个轮子”的科学构成,成为猪八戒网带领八戒园区内的创新创业企业向前发展的核心力量。

2. 主要做法

(1)为小微企业提供全生命周期服务

2006年,猪八戒网把非标准化、非实物的服务和文化创意搬到网上进行交易,开创了互联网平台交易的全新模式,用10年时间成长为国内最大的服务众包平台。近2年,国家和重庆市出台多项创新创业政策措施,为猪八戒网精准了发展定位即为小微企业提供全生命周期的服务,将猪八戒网发展成为重庆“顶天立地”的互联网大企业。具体而言,猪八戒网围绕创业生态,为全国小微企业提供8大品类、600多项细分领域的服务,从品牌设计到VI系统、开发建站、营销策划、品牌推广、商标注册等全方位的服务。

(2)坚持商业价值和社会价值深度融合、双轮驱动发展

体现在4个方面:一是锲而不舍。猪八戒网深耕市场10年,不断升级换代硬件、软件,不断优化用户体验,不断完善平台运营规则、制度、技术和管理。二是沉淀数据。10年来,市场用户数据犹如百川汇海集聚并沉淀于猪八戒网,其交易行为模式、体验需求以及生长轨迹等数据已基本结构化,成为极具开发价值的“数据海洋”,为猪八戒网扬帆远航、构建“钻井平台”提供了生存壮大动力。三是互联互通。猪八戒网是从市场沃土中成长起来的互联网混合所有制企业,已成为创业者、中小企业服务交易的连接平台,是重庆连接全国各地以及东南亚、美洲、欧洲市场的一个开放平台,是重庆开放、走出海外的窗口。四是扎根时代。猪八戒网立志做时代的企业,社会价值是其根深叶茂的立足之本。猪八戒网汇聚了成千上万创客和中小微企业,帮助他们在众包服务、跨界交易中,降低创业成本、释放创新活力,一大批有梦想、有意愿、有能力的科技人员、高校毕业生、农民工、退役军人、失业人员等在猪八戒网如鱼得水,生生不息地由个体成长为团队、工作室、微型企业、小型企业乃至中型公司。2014年6月,在北部新区的支持下,猪八戒网云端产业园正式开园,为入驻企业提供工商、税务、银行等一站式注册服务,目前已成功孵化企业1万余家。

(3)与经济社会各领域深度融合,在数据海洋中实施“钻井战略”

目前,猪八戒网正在知识产权、印刷、财税、金融、园区5个方面做“加法”:

2015年初公司推出知识产权服务。主要包括2大核心业务板块:一是知识产权基础业务,即商标注册、专利申请、版权登记、国际商标注册等业务;二是知识产权延伸业务,即知识产权交易、VIP知识产权管

理、案件维权/法律服务、大数据运营、工具等业务。产品上线以来,每天提供2000余件的知识产权服务,已注册商标20万件,商标注册量超过了2个省的总和。2015年实现营收2亿元,2016年计划实现营收7.8亿元,已经成为中国领先的商标服务平台。2016年1季度,已在北京、广州、内蒙古等6个城市落地,并与思博网等全国知名企业开展深入合作,开展估值、融资、贷款、众筹等业务,不断延伸知识产权产业链。

2015年,公司在杭州、佛山成立八戒印刷控股子公司,已完成在广州等10个城市的销售布局,主推不干胶、名片单张等5个单品。2016年3月,公司战略投资北京印刷家企业,进入印刷产业链中的原材料(包括纸张、器材)供应领域,从产业链中的原材料供应和印刷的订单来源2方面为印刷厂提供优质服务,实现印刷业务全链条的整合优化服务,不断推动印刷产业的转型升级。

猪八戒网平台汇聚1500万用户,其中500万企业级用户具有财税服务需求。猪八戒网通过共享会计师、税务师模式,将社会上海量的专业财会人员汇聚到平台,为客户提供高性价比的财税服务。2016年1季度,八戒财税已完成重庆、成都、杭州、上海、南京、济南6个城市的布局。

八戒金融旨在为平台上的雇主和服务商提供消费金融服务,如基于订单的网络贷款、保险经纪、创业企业股权投资业务等服务,满足平台上广大创业者及小微企业的小额资金需求。目前八戒金融能够提供小额贷款、融资租赁、知识产权交易、资产管理、数据和征信等全链条金融服务。

公司积极融入创业创新时代潮流,2015年8月启动了"百城双创"计划,围绕猪八戒网主营类目建立"垂直产业"型、"产业链"型园区,旨

在打通线上、线下通道，在全国形成线下服务能力矩阵，为猪八戒网消化主流市场订单奠定坚实基础。目前八戒园区已完成全国约 30 个省、市、自治区及直辖市的 110 个区的项目落地洽谈、签约和运营。

(4)猪八戒网借国家创业创新战略的东风，打造“百城双创”服务平台

在获得两江新区及赛伯乐 26 亿元的投资后，猪八戒网注册用户爆发式增长，进入了加速发展的快车道。为了迅速增强市场渗透力，为小微企业提供找得着、用得起、有保障的服务以及低成本、便利化、全要素的工作空间、网络空间、社交空间和资源共享空间和资本支持，猪八戒网与全国 100 个城市合作，开展具有区域化个性特点的 100 个区域子站、100 个创客空间、100 个孵化器、100 只创业基金“4 个 100 城市”布局，2016 年将全面建设完成。

3. 经验和效果

在猪八戒网平台上，创新创业主体可以打破地域、时间、工作形式的限制，购买各种各样的创意服务，从取名字开始、到设计 LOGO、广告语、网站建设、App 开发、包装产品、去淘宝开店以及营销推广等。总体来说，猪八戒网的众包模式就是集众智汇众力，是“互联网 +”模式的典型。

作为中国领先的服务众包平台，猪八戒网践行集众智汇众力，将“互联网 +”的乘数效应逐渐在各个领域呈现。猪八戒网结合 10 年积累的海量交易数据，以“数据海洋 + 钻井平台”为战略，先后拓展八戒知识产权、八戒金融、八戒工程、八戒印刷等钻井业务，未来猪八戒网还将继续深挖“1 + N”业务，向更多“互联网 +”传统领域渗透。

10 年来，猪八戒网成功助力 1500 万家小微企业，直接和间接解决

社会就业问题，通过平台把创意服务转让给创业者。很多服务商在猪八戒网平台上，成功地由个人服务商成长为工作室、小型公司乃至中型公司，如艺点品牌设计、泽楷推广等服务商就是通过猪八戒网成功创业的典型，且交易额都已经超过千万元。猪八戒网成为天然的“大众创业、万众创新”的支撑平台。

2016年，猪八戒网启动服务商扶持计划，助力全国上万家服务商成长壮大。其中包括培养5家年收入超5000万元、20家年收入超1000万元、100家年收入超过500万元、1000家年收入超100万元、1万家年收入超10万元的服务商。与此同时，猪八戒网在各地设立猪八戒众创空间，积极推动“百城双创”，不断完善服务生态体系。“八戒城市”为地方政府双创工作提供“互联网+”支撑平台，并为全国各地方打造双创服务体系，其功能涵盖了创投、企业服务、政府服务与城市营销等诸多方面，在推动当地信息化、政府城市管理、创新创业与创意扶贫等方面，将起到重要的平台支撑作用。

5.2.4 众扶：北京市中小企业公共服务平台

1. 基本情况

北京市中小企业公共服务平台是在国家工信部和财政部的指导和支持下，由北京市经济和信息化委员会和北京市财政局牵头建设，为北京市中小企业提供全方位综合服务的公共性服务平台。平台筛选和集聚了一批优质服务机构，依托信息化网络平台和实体服务大厅，联合各窗口服务平台，共同为北京市中小微企业提供政策、融资、场地、人才、技术等“找得着、用得起、有保障”的各类服务。

平台采用政府主导、市场化运作的运营模式，具有权威性、公益性

和综合性等特点，目的是整合全市优质服务资源为中小企业提供从设立到完结全生命周期的服务。

2012年起，北京市着力搭建“北京市中小企业公共服务平台”，为中小企业提供“一站式”服务，打造“中小企业服务大厅+网上中小企业服务平台+中小企业服务联盟”三位一体的立体式服务架构。联通了16个区县中小企业服务平台和N家窗口服务平台，形成了“1+16+N”的服务平台网络体系，实现了对市、区（县）和重点产业集群内中小企业的服务全覆盖，各级平台共享服务资源，协同开展服务，为中小企业提供投融资、技术创新、创业辅导、市场开拓、信息咨询、管理咨询、招聘培训、法律维权、电子商务和信息化等生产经营过程中所需的全要素、全品类、全生命周期的贴身服务。

经过近3年建设，2014年12月31日，北京市中小企业公共服务平台开通试运营。2015年5月14日上午，北京市中小企业公共服务平台正式开通。

2. 主要做法

平台从北京市中小企业的实际需求出发，按照“政府支持平台，平台统筹社会资源，社会资源服务企业”的思路，联通了16个区县、33个委办局、126家产业集群中小企业特色服务窗口平台，汇集了138家优质服务机构，形成了“1+16+N”的立体式北京市中小企业服务平台网络。

平台网络采用线上服务系统和线下服务体系紧密结合、有效互动的方式，通过聚集优质服务资源、打造特色服务产品、推广品牌服务活动等形式，为全市42.5万家中小微企业提供全方位、综合性和深层次服务。

北京市中小企业公共服务平台建立了“一厅”（2000平方米的市中

小企业服务大厅)、“一网”(平台业务系统)、“一联盟”(市中小企业服务联盟)的立体化服务体系,联通了16个区县、33个委办局、138家优质服务机构、154家联网平台,各级平台共享服务资源,协同开展服务,为企业提供政策、信息、人才、资金、管理、技术、法律等全方位、全品类、全生命周期的服务,编织了一张覆盖全市中小企业的“横向到边、纵向到底”的服务大网。

针对全市中小微企业,平台提供包括信息、投融资、创业辅导、人才培训、技术创新和质量管理、管理咨询、市场开拓、法律、其他服务在内的9大类服务类别,其中每一类服务又包含若干细分服务领域,基本涵盖了中小企业发展过程中所需的各类服务。

针对入围的合作服务机构,平台通过线上、线下等方式为其提供服务产品展示推广、服务活动推介宣传、入驻服务大厅现场咨询、服务需求对接交易、联合其他机构协同服务、申请政府资金奖励等方面服务。

作为北京市第1家由政府搭建的全市性综合中小企业公共服务平台,北京市中小企业公共服务平台创新机制,采取“政府搭台、服务机构唱戏、小微企业受益”的运营思路,委托第三方机构组织服务资源运营平台。围绕企业发展“五要素”,推出了“找政策”“找资金”“找场地”“找人才”“找技术”5要素实用服务。

北京市中小企业公共服务平台在汲取了其他省市平台建设经验的基础上,初步形成了以下特色:

一是集聚了优质服务资源。平台目前已汇集了北京市16个区县、33个委办局的公共服务资源,公开优选了口碑好、经验丰富、收费合理的200余家联网窗口平台及合作机构、400余项优质特色市场化服务资源,打造“创业创新服务超市”,未来优质资源还将持续扩充。

二是创新了服务模式。平台采用政府指导、市场化运作的模式，财政资金持续支持平台发展，确保平台公益性；公开选聘一家公司作为运营单位，增强了平台的造血能力和活力，确保可持续发展，提供更优质的服务，实现“政府+市场”的有机结合。

三是运用了新的服务手段。在全国省级中小企业公共服务平台中，第一家真正采用云计算架构，可轻松外接新功能，实现平台功能的不断延展。采用“O2O”服务模式，将以往只在现场提供的服务线上化。平台提供呼叫热线、网络、移动应用、微信等多种接入方式，90%的服务功能都可以在线上完成，企业足不出户，即可轻松办理业务。同时，平台还开通了服务大厅，集中受理企业书面材料，让企业少跑路，多办事，充分享受实时、贴身、便捷、实用的服务。

四是服务于首都城市功能定位。平台以北京市优质创业创新资源为背景，重点围绕北京经济结构调整升级，打造“高精尖”企业孵育生态，同时大力跨区推进“京津冀一体化”合作，为企业和优质服务资源“走出去”“请进来”搭建平台。

3. 经验和效果

2015年5月正式运营以来，平台网络开展了一系列公共服务活动，服务领域涵盖信息（政策）、投融资、创业等9个大类，2015年平台网络合计服务企业94311家，其中签约服务（市场化服务）21035家次，公共服务52212家次。2016年各联网窗口合计服务企业227206家次，其中签约服务53861家次，公共服务173345家次，对接企业和个人服务需求3456项。

2014年12月开始试运营以来，平台已与138家优质服务机构合作，目前有70多家机构周一到周五在大厅轮流值守，提供融资、政策、技术、法律等专项咨询服务。

平台运营以来,取得了显著成效。

一是开展了创业创新系列培训。以“政策通”系列培训为代表,共开展培训30余场,吸引了2000余家企业参加。平台还将培训活动录制成视频培训课件放入平台知识库,方便企业随时查看,打造全天候政策平台。

二是推出了特色产品。联合各类服务机构推出400余项创业创新服务产品。针对创业企业融资难的问题,联合担保机构推出“创业贷”,为符合条件的创业企业提供创业资金支持;针对创新型企业融资难问题,联合租赁公司通过融资租赁模式为企业提供资金支持。试运营以来,在帮助中小企业解决资金问题上成效显著。

三是整合了多项小微企业创业基地场地信息及公共实验室设备设施信息等,协调对全市小微企业开放。

四是尝试对符合北京市产业发展导向的高新技术企业提供主动服务,推送政策信息,协助解决融资难题。

五是围绕“京津冀”协同发展,为多家医药企业生产外迁提供建厂咨询、项目融资等服务。

六是举办了两季“创业庙会”活动。庙会期间到场企业达400余家,机构106家,参与人数近千人,举办专题活动29场,新华网等多家媒体通过电台、网络、平面等多种渠道对庙会进行了报道。平台专属融资新品发布、企业税收筹划及报税政策实操、大学生创业成果展示、创业经验分享、小微企业政策培训等专题活动受到企业的热烈欢迎。

5.2.5 众筹:京东众筹

1. 企业概况

京东众筹是京东金融于2014年推出的产品类众筹平台,其主旨是

提供一个创业融资平台，为有梦想、有创新的创业者服务；京东众筹前期主打产品众筹，即通过实物或者虚拟权益作为回报来募集资金。通过京东众筹平台，项目方可以快速筹集到所需资金，资金成本较低，且产品众筹的预售模式也可以达到"以销定产"的目的，大大降低了企业库存压力；投资者则可以利用平台丰富的项目资源快速锁定感兴趣的项目，通过分散投资还可以降低风险；而京东众筹则会收取项目募集金额的3%作为平台服务费。随着股权众筹在我国的迅猛发展，京东金融也针对初创企业于 2015 年推出了京东东家股权众筹平台，其发展主旨在于帮助初创企业成长，并将核心竞争力定位于管控风险及众创生态。虽上线时间不长，但其发展势头迅猛，已经帮助 89 个创新创业企业获得融资，总额超过 11 亿元，总融资成功率达 92%。

2. 主要做法

一般的产品类众筹平台的运作流程均是由项目发起人向平台提交项目等待审核，审核通过后项目即可上线进行融资，京东众筹也是如此，在项目审核通过后会帮助项目确定文案及设计，帮助上线。在打款方面，如果项目众筹成功，则会分两次进行，尾款会在确保发起人完成项目并回报投资者之后打给发起人。

3. 经验和效果

从项目数量、筹资总额以及整体质量来看，京东众筹成长速度很快，截至2016 年 3 月，京东产品众筹融资总额已达到 2.6 亿元，筹资成功率达 310%。2014 年，京东金融众筹大可乐手机项目、"三个爸爸"空气净化器和海尔空气魔方等多个项目都在极短的时间里完成了庞大的融资，让许多传统制造业者都感受到了互联网的力量。

2014 年 10 月 29 日 10 时，海尔空气魔方京东众筹项目开始。京东

众筹平台数据显示,空气魔方的众筹期限为2014年10月29日至2014年11月28日。仅在一天时间内,众筹就达到124249元,超过目标值248%。1个月后的11月28日24时,项目共获得7565名支持者,众筹资金高达1195万多元,成为了京东商城众筹的5个经典案例之一。

空气魔方,是海尔集团首个向网友募集项目资金的众筹项目。这对于体量已突破2000亿元的海尔集团而言,众筹能最终落地本身就已经是一个不小的突破。而募集资金超过千万,堪称成功。

2014年12月15日,TCL与京东强强联手,推出空调行业首款"网络定制智能空调"项目。在京东上,用户只需要预付100元即可参与定制一款TCL空调,包括命名、外观、遥控器、功能都可以自由选择。然后,京东将用户选择的结果进行汇总后,选出最优方案。这整个过程有参与感、内生需求,用户共同将空调变得更加人性化,体验更加出色。"TCL·京东网络定制智能空调"预售活动从15日零时在京东商城启动,截至当天14时,TCL共计收到4927位消费者的"任性调"定制订单。

5.2.6 复合模式:海尔

1. 企业概况

海尔集团创立于1984年,始终坚持创业和创新精神,经过30多年的自我颠覆、破旧立新,从一家资不抵债、濒临倒闭的集体小厂发展成为国际知名企业,总部位于中国青岛,在全球有24个工业园,5大研发中心、66家贸易公司,6万多名员工,全球用户遍布100多个国家和地区。当前,海尔在册员工不到6万人,但为全社会提供的就业机会超过100万人次,已成为大众创业、万众创新的后电商时代平台。目前,海尔平台上已聚集了4700多家外部一流资源,30亿创投基金,1330家风险

投资机构，103 家园区孵化器资源，诞生了 1160 多个项目。同时，海尔平台上近 3800 多个节点小微和上百万家微店正在不断努力推进资本和人力的社会化。

2. 主要做法

过去企业是一个自成体系的系统，企业整合所有资源为已所用，现在要变成互联网中的一个节点，与全社会的资源协同共享发展。海尔过去是以制造白色家电为主导，现在转型成了一个投资孵化平台。在这个平台上，海尔的员工可以创业，海尔的用户甚至合作伙伴都可以创业，海尔将“人人创客”作为企业战略来执行。海尔薪酬体系从过去由企业付薪变成用户付薪，每一个是一个创客，每一个创客都通过为用户创造价值来获得自己的报酬，从过去的雇佣制变成了合伙人制。这样，创业者的知识产权可以转化成股份，引入风投后，团队可以跟投，创业者参与项目的分红，分享投资的收益。在海尔用户付薪机制的驱动下，创客们以用户需求为第一要素，不断为用户创造价值，进一步加强了创客的创新能力。

海尔不仅搭建起了投资孵化平台，更重要的是构筑了创客加速平台。这个平台就是一个完全开放的“众创空间”，能够为创客小微提供低成本、便利化的综合性创业服务。为了加速创客的演进孵化流程，海尔围绕创客加速平台已经形成了众创、众包、众扶、众筹模式。

海立方线上平台的建设是海尔众创模式的具体体现，该平台汇聚了 3 万家销售渠道资源、6 万家加工制造资源、98 家孵化资源，加速创业项目的发展。

而众包模式则以 HOPE 开放创新平台、模块商资源网为核心，前者汇聚了上下游产业资源，后者则打通了线上线下渠道，通过这种模式，

海尔吸引了全球一流的外部资源进入,以帮助创客创业。

在众扶方面,海尔规划了2条发展路径,第一条以“创客学院—创客工厂”为主线,强调海尔对于创业的服务职能。创客学院能够为创客们提供专业的创业指导,创客工厂则为他们提供供应链匹配和生产试验服务。第二条路径以“创客实验室—创客市场”为主线,注重“产学研”链条的闭合发展。创客实验室能够从社会范围内挖掘出优秀的创意与解决方案,并通过创客市场来吸引外部资源介入,以最终实现产业化。

而众筹模式就是一个创客金融平台,以海尔创投基金和海融易为核心,解决创客投融资问题。目前,海尔金融平台上已经汇聚了50亿元的孵化资金,以及1328家风险投资机构。

3. 经验和效果

2015年是海尔集团模式转型全面变革的第10个年头,全球的营业额达到1887亿元,年复合增长率6%。利润预计实现180亿元,年复合增长率30%,5倍速于收入的增长。线上交易额从2014年的548亿元增加到1577亿元,实现了近2倍增长。有100多家小微企业的年营业收入超过1亿元,22家小微企业引入风投,有12家小微企业估值过亿。

5.3 “互联网+”背景下小微企业四众利用模式分析

互联网能够打破时间、空间界限,具有聚集、协作、共享等显著特征。互联网是创新的结果,并反过来助推创新。一是互联网聚集的特征,有助于将各种创新资源汇聚与融合,互联网能够将不同地区、不同领域的资源有序集聚到一起,为创新提供基础和条件。二是互联网协作的特征,能够打破时间、空间界限,为创新特别是协同创新提供平台,有利于

推动跨区域、跨领域的协同创新。三是互联网共享的特征,有助于加快信息传播,提高创新活动所需物质信息资源的配置效率,共享信息、消除信息不对称,避免重复创新,提高创新效率,同时,大大降低创新的门槛,为创新提供廉价工具。

5.3.1 小微企业众创应用模式

李功越、刘彤、赵琉涛(2017)总结了企业的互联网众创模式,主要包括以技术发现为核心的众创活动、以产品研发为核心的众创活动、以产品价值实现为核心的众创活动。

1. *以技术发现为核心的众创活动*

(1)寻找技术型众创模式

小微企业在技术创新活动中,面临市场需求改进产品、产品开发设计制造过程中的问题,需要寻找相关技术以及解决问题的技术方案。

寻找技术型众创模式是以寻找问题的技术解决方案为核心业务开展众创活动。问题可以是来自完善升级产品(服务)满足市场竞争或用户需求,也可以是来自产品设计、研发、生产制造过程中出现的问题。在问题明确的条件下,通过互联网寻找相关技术。

一是在互联网上面向技术研发人员、工程技术人员等发布问题需求,由其在线上提供解决问题的技术方案,经过甄选,选择能够解决问题的技术方案,方案提供方获得资金。

二是可主动搜寻符合要求的技术,更多情况下也是寻找能够解决问题的技术拥有人,线下由技术人员与问题方进行对接,解决问题。互联网线上人员主要包括技术研发人员、产品开发工程技术人员等。此众创模式主导主体是中介,由需要解决问题的企业或其他机构提出问

题或所需的技术要求，通过相关中介寻求技术。这类型众创活动既可主动搜索技术，也可发布问题征集技术方案，开展技术众包，关注重点是甄选能够解决问题的技术，最终选出所需的技术。

典型案例如下：

①Innocentive 需求方可在这些平台上发布需要解决的问题，平台汇聚相关科研人员，由科研人员分别提供解决方案，经过甄选，能够解决问题的方案提供者获得资金奖励。2014 年，这个网络汇聚了 30 万人，他们遍及全球，为世界 500 强企业解决了 1700 个顶级技术难题，在“科学家”与企业之间搭建了沟通的桥梁和交流的平台，解决技术难题成功率超过 50%，创新效率提高 30%。

②科易网专注于能力技术应用和技术转移的专业平台，为需求技术方提供专家对接平台，现拥有 26.5 万项技术成果、14 万名专家、合作院所 1076 家、120 万个企业会员，截至 2016 年底，累计实现在线技术交易额突破 13 亿元。而平台上的技术交易额只有 9% 是属于现有成果的转化，91% 则是专家根据企业的需求、运用其的智慧为企业解决问题后产生的能力转移。

(2)创新创意型众创模式

创新创意型众创模式，以推动技术应用为核心业务，打造专业技术众创平台，促进创新创意变为现实。在互联网社区上，网上人员以个人兴趣、自我实现、认同感、存在感等为导向，自发形成特色主题社区，随机进行新技术、新创意的交流，通过互联网上更多的交流互动，从而启发网上某些人员提出新的创意和新的设计；同时，为实现创新创意提供专业化平台，为创新创意到产品再到产品价值实现提供全流程服务。线上人员主要包括高校、院所、企业等不同创新主体的技术研发人员、产

品开发工程技术人员等,通过互联网开展相关技术交流和创意互动。这种众创模式主导主体可以是企业或中介,这类中介可以纯互联网中介平台,也可以是依托企业或高校院所的专业化条件平台,在网上虚拟空间和实体空间开展创新创意互动、技术交流等活动,并搭建专业条件平台,推动技术应用的创新创意变为现实。此类型众创活动的关注重点是发现新的技术应用或技术集成创新。

①企业为主导主体。IBM 在内部利用互联网平台,鼓励全球员工参加在线"即兴大讨论",所有员工都可以参加并提出新创意和观点。IBM 即兴创新的"头脑风暴"活动,目的是开发员工及其家属和客户的群体智慧,拓展创新领域,收集上万个创意,由员工实行这些创意,并设立 1 亿美元基金投资有发展潜力的创意。苹果 App Store 致力于平台的开发和管理、为程序开发者提供程序开发包(SDK)以方便其开发和上传应用程序,并为用户提供下载入口和好的体验;为程序开发者的创新创意实现提供平台,并与用户的直接对接。

②中介为主导主体。北京创客空间,创客与产业整合,将以技术应用为核心的创新创意与京东、TCL、长虹、三一、奇瑞等多产业巨头对接。硬蛋实验室定位于打造世界技术的联结器,创造新技术的实验室,把最先进的技术放到这个平台上,推给最需要的企业。

小微型企业在开发新的产品时,需要成熟的创新创意技术产品服务,可借助专业化条件平台,为其提供技术支撑。例如,北京创客空间联合奇瑞新能源,为创客提供汽车创新创意实现的专业条件平台,硬蛋实验室为创新创意实现提供智能硬件开发的共享专业众创平台,为有理想、有梦想的创新创意者提供实现的专业平台。因此,小微型企业应采用创新创意型众创模式,与众多专业化创新平台对接,使更多的创新创

意得到实际应用。

2. 以产品开发为核心的众创活动

(1)联合研发型众创模式

联合研发型众创模式是围绕企业产品研发,针对开发出符合设计要求的产品,联合单位外部研发力量,共同开展产品研发设计制造工作。企业通过自身互联网平台汇聚高校院所、其他企业的研发人员,共同为产品开发出谋划策。这些研发人员包括技术研发人员、产品开发人员等,人员群体具有相对固定性、领域专业相关性等特点。产品开发活动中出现的问题类型较多,涉及技术问题、工程问题、工艺问题、材料问题等,通过企业自身互联网平台向这些研发人员发布需要解决的问题,由外部研发人员针对需要解决的问题提出相应的技术解决方案,企业则通过甄别筛选,选择有效的解决方案,能够解决问题的技术方案提供人员获得资金奖励。但在实施过程中,外部研发人员能够参与到产品开发过程中。

联合开发型众创模式的主导主体是企业,这类型活动的重点是需要找到解决问题的方案,关注重点在于甄别筛选有效解决方案。

①1993 年,宝洁公司的雷富礼力排众议,提出了"开放式创新",将宝洁的研发(Research & Develop)扩展为联发(Connect & Develop),即联合外部研究机构、客户、供应商、个人甚至竞争对手来开发新市场和新产品,提前4 年达到了2010 年要将外部创新占比提高到50% 的目标。截至2014 年,宝洁公司在拥有9000 多名专职研发人员的基础上,外围网络的研发人员达150 万人,提升宝洁公司研发能力达60%。

②英特尔联合众创空间与中国广泛的创新力量进行合作,与高校、科研机构、创客社区合作联合研发,建立技术创新生态圈,使英特尔产

品更好地适应中国市场需求。

③海尔 HOPE(海尔开放创新平台)平台联合学术机构、学科专家、研发公司等外部资源,使海尔成功接入了全球一流的设计资源和研发资源,为自身产品的开发活动服务。

(2)协作开发型众创模式

协作开发型众创模式是指企业围绕产品研发,以企业搭建互联网协作平台为媒介,建立产品开发内外部联动协作机制,不仅企业内部相关人员针对产品设计的要求开展协作开发,而且更重要的是企业自身产品开发人员与企业供应商产品开发人员开展协作开发,针对升级产品或新产品的设计要求,共同确定产品配件的设计指标要求与性能参数,根据产品开发进度,共同确定时间节点,协作推进产品开发进度。同时,在各自的开发活动中,出现相关问题建立时时沟通协调通道,共同解决问题,共同协作开展产品开发活动。在这种模式下,企业与其供应商共同承担产品开发的成本和风险,也共同分享产品获取的市场收益。线上人员主要是产品开发人员,包括企业产品开发人员、供应商产品开发人员。协作开发型众创模式的主导主体是企业,这类活动的关注重点是建立联动协作的机制。

①波音公司按照统一标准组装波音 787 客机,90% 以上的工作量都是由全球 40 多个合作伙伴共同完成。飞机的研发设计和制造,与产品相关的供应商协作开发,不仅提高了研发效率,而且大大降低了波音公司的研发成本,降低了研发风险。

②参与研发设计和制造 F-35 的几千家单位地处 30 多个国家、跨越 17 个时区,洛克希德马丁公司搭建了一个公共的数字化网络平台,平台包括客户化的系统和基于 Team center 软件全球协同网络虚拟数据处

理中心。前面系统是满足那些打算选用 JSF 的各个国家和地区的不同要求,后面系统是实现支持 JSF 项目各种资源的协同工作,提高 F-35 的设计制造效率,设计时间减少 50%,制造时间减少 66%。

3. *以产品价值实现为核心的众创活动*

以产品价值实现为核心的众创活动主要是产品用户互动型众创模式,即用户对产品使用提出建议并参与到产品的设计、研发、生产制造过程中,使产品更好地满足用户需求。这种众创模式以开展用户体验式试用活动为主,通过互联网交互平台与用户进行互动。一方面,建立用户群,通过用户使用感受进行产品(服务)市场推广活动,用户将使用感受通过互联网平台进行信息反馈,且这种使用感受也通过用户进行传播,培养和建立新的用户群体;另一方面,这种使用感受的反馈,为产品(服务)进一步完善和改进提供市场信息支撑。其主要参与人员包括产品开发人员、市场营销人员、用户等。这类活动的主导主体是企业,关注的重点是用户体验的感受。

(1)Dell 公司开展基于互联网技术对用户创新的全面应用,设立在线社区,并设专用功能板块。Idea Storm 社区鼓励用户提出 Dell 产品和服务的有关创意,并由用户群体对这些意见进行讨论和投票。DellForums 主要以论坛形式为产品提供技术支持,用户在很多情况下也扮演了技术互助的角色。DirectZDell 致力于倾听客户意见和增加与客户的交流。StudioDell 重在以更直观的方式与用户交流或加深用户的产品体验。

(2)小米公司通过小米官方贴吧、全球粉丝站等互联网社区,使发烧友、粉丝、消费者等用户参与到开发手机操作系统、参与到产品开发改进的过程中,不断使小米的产品更加符合用户的需求。

5.3.2 小微企业众筹应用模式

1. *以产品众筹为核心的模式*

产品众筹是指投资人将资金投给筹款人用于开发某种产品(或服务),待该产品(或服务)开始对外销售或已经具备对外销售条件的情况下,筹款人按照约定将开发的产品(或服务)无偿或以低于成本的方式提供给投资人的一种众筹方式。目前,有一些小微企业试水产品众筹,并且获得了不少成功的经验,为其他小微企业带来一定的借鉴意义。产品众筹不但可以帮助小微企业实现一定量的销售,而且扩大了产品的知名度,带动了后续的电商或线下销售。

对于小微企业而言,创意产品、研发产品、成果转化等可以采取“产品众筹”的形式。

江门市艺点禅心文化创意有限公司是温为才博士领衔的一家以文化创意产品为核心业务的工业设计公司。该公司设计出品的碉楼壶曾获得2016年国际三大工业设计奖之一的美国IDEA奖。还作为第一把中国原创生铁茶壶上了京东“匠心之作”的栏目,引起了京东众筹生活美学版块负责人的注意,他们很希望该产品能在京东众筹平台上线。经过半年时间的工艺完善和众筹页面包装,碉楼壶在京东众筹平台正式上线,并在1个月时间里获得1087名支持者的支持,众筹进度达526%,筹到52.605万元,是原计划目标的5倍多。

产品众筹除了产品自身有科技、健康、时尚等元素,众筹期间维护好话题也十分重要。在众筹平台上,企业可以与支持者互动,及时掌握市场反馈的情况,使产品和服务更加完善,充分体现出尊重市场、尊重客户的原则。在这里,支持者真正成了“上帝”。在碉楼壶的互动板块

上，启迪之星的高管也在上面留言，这对于碉楼壶的众筹来说，无疑起到了极大的推动作用。对于那些支持者的问答，艺点禅心团队成员也都予以耐心细致的回答，在互动中维护好相关话题，起到了答疑解惑、传达信息、引导客户、扩大影响的作用。

2. *以股权众筹为核心的模式*

股权众筹是指公司出让一定比例的股份，面向普通投资者。投资者通过出资入股公司，获得未来收益。这种基于互联网渠道而进行融资的模式被称作股权众筹。股权众筹从是否担保来看，可分为2类：无担保股权众筹和有担保股权众筹。无担保股权众筹是指投资人在进行众筹投资的过程中没有第三方的公司提供相关权益问题的担保责任。目前国内基本上都是无担保股权众筹。有担保股权众筹是指股权众筹项目在进行众筹的同时，这种担保是固定期限的担保责任。但这种模式尚未被多数平台接受。

股权众筹在我国的表现形式主要有3种：天使式股权众筹、会籍式股权众筹、凭证式股权众筹。天使式股权众筹是投资人通过众筹平台寻找初创期的企业或项目，通过投资要求有明确的财务回报要求，一般适合高科技创业企业或项目。会籍式股权众筹一般采用"同股同权"的方式进行投资，投资人通过投资不仅直接成为被投企业的股东，而且可以在获得相应回报的同时拥有更多的人脉圈，其最典型的案例就是众筹咖啡。凭证式股权众筹主要是通过卖凭证或股权捆绑的方式进行募集资金，投资者通过投资可以获得相关的凭证，但投资人一般不会成为公司的股东，美微传媒就是典型的凭证式股权众筹。

在我国，股权众筹行业的发展基本可以分为2个阶段。2011—2014年，天使汇、大家投、创投圈、人人投等平台的创立，是股权众筹行业的创

始梯队。2015 年上半年，京北众筹、阿里、京东等创新平台的创立是股权众筹行业的新生力量。尤其是出台的《私募股权众筹融资管理办法（试行）（征求意见稿）》使得股权众筹行业更加合法化、专业化。

股权众筹为小微企业融资提供了新的渠道。制约小微企业发展的最大问题是融资难，由于其规模有限，往往陷入"规模小—融资难—无力扩张—无法创新"的恶性循环中。目前，我国小微企业融资多数以传统的融资渠道为主，但随着企业的发展和资本市场的变化，传统的融资渠道已无法满足小微企业的融资需要。股权众筹的出现为缓解小微企业融资问题提供了新的融资渠道。股权众筹的多种表现形式为小微企业融资提供了灵活性。小微企业可以依托股权众筹平台获得企业发展所需资金，并可以根据企业的发展需求，选择不同的股权众筹形式。总之，股权众筹的发展不仅为投资者提供了新颖的投资手段，也开拓了小微企业的融资渠道。

股权众筹融资一方面降低了小微企业的融资门槛，另一方面也降低了融资成本。众筹平台一般只要求小微企业提供项目的商业计划书、可行性报告、项目风险等相关信息，只要项目通过股权众筹平台审核就可以向广大投资者募集资金。倘若募集成功，小微企业所面对的融资对象也是大众投资者，其筹集资金的风险比较分散。并且，股权众筹融资在性质上属于股权融资，对小微企业来说没有定期偿还的债务压力，同时也降低了融资成本。较低的融资门槛和融资成本有利于小微企业不断创新和发展。

国内第一个做股权众筹的案例是美微淘宝卖股权，通过众筹，获得 1194 个众筹的股东，占到美微传媒股份的 25%，整体融资 500 万元。最开始，美微通过众筹获得 384 万元的启动资金，后来，建议广州的演播

厅,又在老股东中募资了一次,并且24小时之内成功募集。

国内第一个做有担保股权众筹的案例是贷帮网袋鼠物流项目,项目上线16天,79位投资者完成了60万元的投资额度。该项目是由第三方机构提供为期1年的担保,在1年内如果该项目失败,担保机构将全额赔付投资人的投资额度,对投资人有相当的吸引力。

5.3.3 小微企业众包应用模式

1. *以研发创意为核心的众包模式*

研发创意众包是目前已经出现的众包模式中最具代表性、创新最活跃的领域。研发创意众包改变了传统行业中封闭的发展范式,个人研发者及科研机构通过互联网平台快速聚合,极大地释放了创新活力,促进了多元化的创业创新主体跨地区、跨行业合作,不仅可以集中力量办大事,更加可以优化能力配置促创新。当前,我国的海尔、长城、华冠等企业已经在主线产品的开发中开始应用众包平台,同时我国也出现了数码大方、德稻格子等面向行业的第三方创新平台,在多个细分行业中开展了相关业务并取得了良好的效果。

在家电行业,海尔集团在帝樽和天樽系列空调的研发过程中,前期通过互联网平台与数十万用户实时互动,提取用户对产品的共性需求,然后利用众包平台对接全球超过100万个领域专家和上千家全球一流的研发机构,产品推出后便广受市场好评。在消费电子行业,小米科技公司通过众包平台发动用户参与MIUI开发,将海量"粉丝"意见引入研发体系并最终由100个工程师进行技术实现,这种由"粉丝"决定手机操作系统改进决策的众包模式大幅提高了产品迭代完善的速度和效率。

2. 以制造运维为核心的众包模式

制造运维众包借助共享制造与运维资源的服务平台，将巨大的资源池连接在一起，使得制造企业在线聚集起来，每一方既可以参与到具体任务的分工中，也可以像使用水、电、煤气一样通过平台便捷地使用各种标准、规范、可共享的制造资源。尤其是对于小微企业来说，借助这种模式可以大幅提升其快速响应能力并降低运营成本。目前行业中主要由第三方服务平台召集企业开展此类众包任务，大中小企业共同参与的制造运维众包生态正在初步形成。例如，在航天科工集团打造的“天智网”上，全国30个省、市、自治区超过2万家企业可以在线上实时对接，快速共享生产资源。

3. 以知识内容为核心的众包模式

知识内容众包通过线上与线下联动的发展模式，一方面推动了多领域知识或信息的集聚，形成了共建共享的内容知识体系，另一方面则促进了相关产品的快速迭代更新，对提升企业的品牌形象具有很强的促进作用。知识内容众包领域的业务大多是免费的，用户在参与过程中享受的是贡献内容的快乐。目前我国在百科、视频、地图、输入法等领域的众包模式正在快速发展并已形成了较强的影响力。百度百科上线9年，通过众包方式邀请2万人参与编辑，收录词条1000万个，成为全球最大的中文百科全书。

“春雨医生”采取众包方式将6万名医生组织起来，为用户提供健康咨询服务。百场汇将数千个具有不同属性的场地在线聚集起来，为企业及个人对于会议、活动等场地的个性化需求提供对接服务，既盘活了社会闲置的场地资源又降低了用户使用场地的成本。高德地图则通过众包模式每个月完成超过70万件的交通信息和交通事件记录、超过

10 万千米的道路更新和 15 万次的地图数据更新等。

4. 以生活服务为核心的众包模式

生活服务众包模式将原本分散的社会资源通过互联网整合在一起形成全新的服务架构，拉低了生活服务企业的运营成本，扩大了服务参与和实施群体，服务业务范围不仅是在传统生活服务行业基础上的延伸，还将涌现出更多的新兴业态覆盖到人民生活的方方面面，由此而产生的普惠效应是传统的服务业发展模式无法比拟的。近 2 年来，我国生活服务类众包模式发展非常迅速，在交通出行、物流快递、社区服务等领域已经有滴滴出行、人人快递、58 到家、荣昌 e 袋洗等各具特色的生活服务众包平台在快速兴起，构筑出普惠包容的新经济生态。

"京东到家"通过社会化物流众包平台向社会开放征集兼职配送人员，利用社会化运力为消费者提供超市到家、外卖到家、鲜花到家等一站式到家服务，上线1 个月后日配送量即突破50 万单，兼职配送员达10 万人。

5.4 朝阳区小微企业四众模式应用状况调查与分析

5.4.1 众包平台应用情况

小微企业利用众包平台主要包括2 种形式，一种是利用众包平台分发业务，通过互联网将企业价值链中的研发制造、创意设计、市场调查等不同环节业务交由不特定的个人或企业完成；另一种是利用众包平台承接和交付业务。

1. 利用互联网众包平台分发和承接业务

在被调查的224 家小微企业中，利用互联网平台分发过业务的只有

22.77%,如图5-2所示;利用互联网平台交付和承接业务的比例为19.64%,如图5-3所示。以上数据表明,大部分小微企业还未利用过互联网众包平台,也说明小微企业利用互联网手段提升企业竞争力的意识还不足。

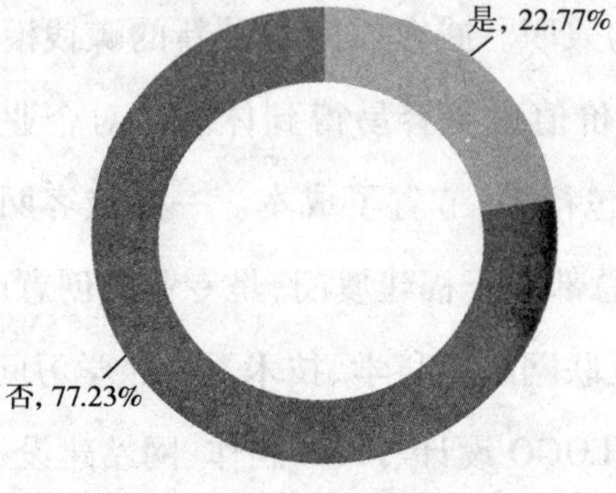

图5-2 朝阳区小微企业利用众包平台分发业务情况

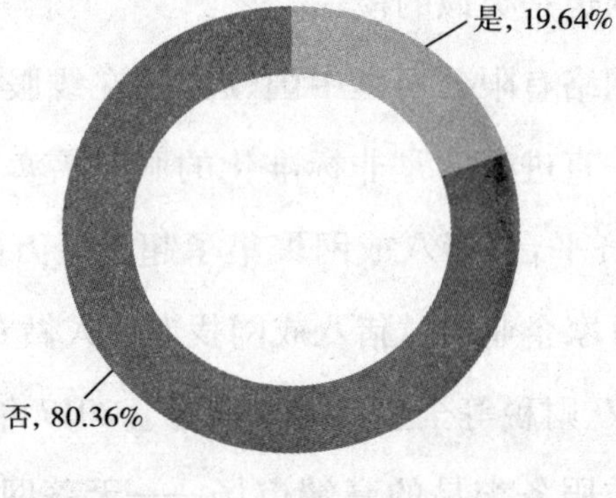

图5-3 朝阳区小微企业利用众包平台承接业务情况

2. 典型互联网众包平台应用情况

企业利用的互联网众包平台比较分散,如图5-4所示,包括威客中国、猪八戒、人人猎头、阿里众包、易科学、拍拍赚、一品威客网、一线任务网、开源中国社区、京东众包、腾讯众测、百度众测等。

威客中国成立于2006年9月,后改名为时间财富网,是中国成立最

早的威客网站之一,涵盖业务包括平面设计、建筑设计、工程设计、网站建设、软件编程、策划文案、劳务服务等。分布在世界各地的威客们主要为各种机构、企业组织、社会团体以及个人提供在线创意工作服务。威客年龄一般在18~35岁,以“80后”居多,主要群体为在校大学生和在职人员,工作方式多为兼职。威客成为一种新的赚钱模式。不必受“朝九晚五”的约束,自我价值也更容易得到体现。对企业而言,也相当于是一种变相的项目外包行为,节省了成本。一品威客网与之类似,成立于2010年7月1日,总部位于福建厦门,是专业的创意产品和服务交易电子商务平台,通过互联网解决科学、技术、生活、学习问题的交流平台,提供的悬赏项目包括LOGO设计、Flash制作、网站建设、程序设计、起名服务、广告语、翻译、方案策划、劳务服务等10多种门类超100种的创意产品。一线任务网也是类似的模式。

重庆猪八戒网络有限公司是中国领先的在线服务市场,于2005年创立。猪八戒网一直进行的是非标准化的服务买卖。作为中国早期的专业技能分享经济平台,猪八戒网聚集了超过千万的专业技能人才和机构。超过600万家企业通过猪八戒网找专业人做专业事,购买标识设计、编程、知识产权、财税等全生命周期服务。2017年开始,猪八戒网推出了主打专业品质服务交易的高端市场——天蓬网,更专业地满足B端企业或者政府的品质服务需求。猪八戒网不仅是一个在线市场,更是超级孵化器。10年来超过1300万个人和专业机构在猪八戒网开店创业,超过百万人通过这个市场实现了在线就业,超过15万家公司从这个市场上孵化出来。与传统电商标准产品售卖不同,猪八戒网通过大数据应用将专业技能人才与全世界的复杂服务需求方匹配在一起,使其足不出户即可服务全中国甚至全世界。2016年以后猪八戒网进一步在

全国各地开启实体孵化空间,成为大众创业万众创新的重要推动力,不仅满足了本地化市场深度服务需求,更实现了商业价值和社会价值的统一。

人人猎头采用的模式为众包招聘,它利用聚合用户的碎片时间来满足企业招聘需求,让每个人都可以赚取猎头费。

阿里众包是阿里巴巴集团旗下的一个就职平台,基于众包的模式,面向广大具有时间和技能盈余的人们,提供类型丰富的认证任务,致力于在为业务需求方提供个性化解决方案的同时,将社会大众的闲置时间和技能转化为经济价值。

易科学是共享经济在科技研发服务领域的典型代表,聚集著名高校、科研院所、第三方检测机构及科技服务企业等单位顶尖实验室的科技资源(包括科学仪器、实验服务、专家学者、科技成果等),为科研团队及研发企业提供仪器共享、实验外包、检验检测及科技众包等服务。

拍拍赚是基于移动互联网的自助式劳务众包平台,为各种商业检查和消费者调研提供兼职劳务,且助力于 O2O 大潮中的数据采集和产品推广。

百度众测是百度公司推出的互联网众包业务平台。百度众测的目的是利用大众的测试能力和测试资源,在短时间内完成大工作量的产品体验,并能够保证质量,第一时间将体验结果反馈至平台,再由平台管理人员将信息搜集,交给开发人员,这样就能从用户的角度出发,改善产品质量。它将企业产品的测试工作交由网络社区大众完成。用户通过完成特定的众测任务可获得收入,目前在该平台上的活跃用户单月收入最高可达 4 万元。通过这种众包模式,百度充分利用了网友的闲

散时间资源，最快速地组织大量测试人员，同时充分利用了网友的相关硬件资源，极大地节省了成本。

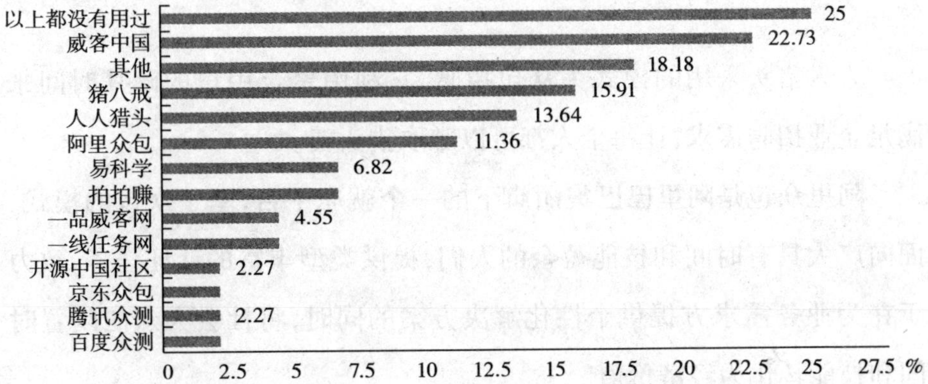

图5-4　小微企业众包平台应用情况

“京东众包”，于2015年5月中旬上线。“京东众包”是基于京东O2O产品“京东到家”的延伸，立足于众包模式和共享经济，企业向社会招纳自由职业者和闲散劳动力，作为京东物流配送团队的一部分。只要年满18周岁且身体健康，拥有合法身份证，具有完全民事行为能力和相应劳动能力的公民均可申请为京东众包快递员，配送人员只要缴纳一定的保证金并完成平台相关考核即可上岗。“京东众包”目前主要配合“京东到家”平台向用户提供3千米范围内生鲜、超市产品、鲜花、外卖送餐等各类配送服务。

3. 不同业务环节互联网众包平台应用情况

在应用过众包平台的企业中，营销推广业务是应用众包平台最多的，有43.18%的企业在营销推广环节应用过互联网众包平台；第一是人才招聘，有25%的企业在人才招聘环节应用过众包平台；第三是创意设计和产品测试，22.73%的企业在创意设计和产品测试环节应用过众包平台。第四是产品研发和知识产权，有15.91%的企业在产品研发和

知识产权方面应用过众包平台。第五是市场调研和其他业务，有13.64%的企业应用过。

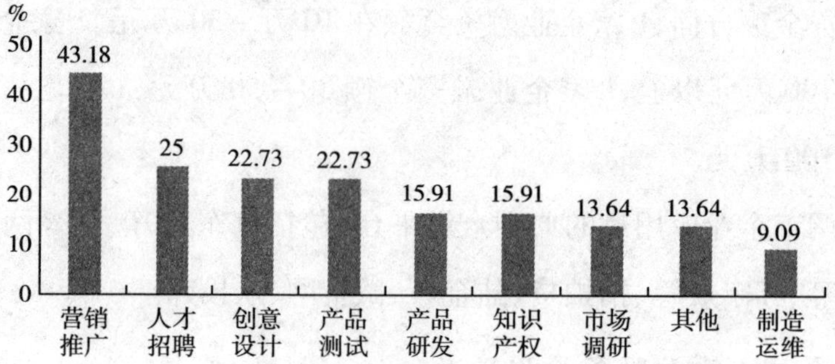

图5-5 小微企业不同业务环节利用众包平台情况

5.4.2 众筹、众扶及众创应用情况

1. 众筹应用情况

利用众筹平台进行融资是解决企业融资困难的途径之一，但是调查结果显示，被调查的朝阳区小微企业中，仅有2.68%的企业(6家)应用过众筹平台。

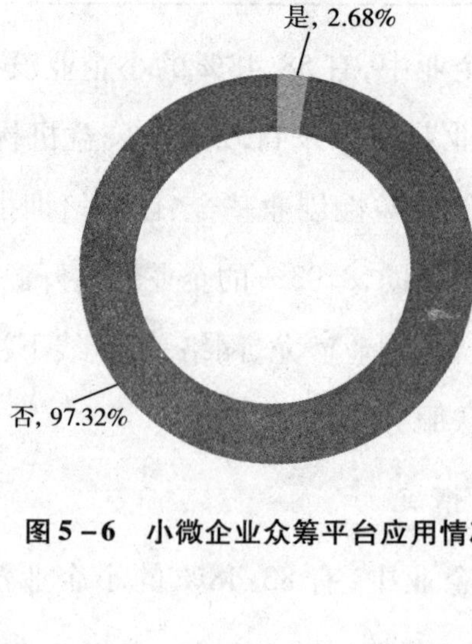

图5-6 小微企业众筹平台应用情况

在应用过众筹平台的6家企业中,4家通过互联网进行过股权众筹,2家企业通过互联网开展新产品众筹,1家企业通过互联网借贷。

融资金额方面,1家企业融资金额在10万~30万元,2家企业融资金额在100万元以上,1家企业融资金额30~50万元,1家融资金额在50万~100万元。

被调查企业应用过的典型众筹平台,包括京东众筹、众筹网、36氪、淘宝众筹、苏宁众筹、拍拍贷、陆金所、微贷网、众投邦。

2. 众扶平台及服务应用情况

表5-1 小微企业众扶服务应用情况

服务内容	数量	比例(%)
政府和公益机构支持(如来自政府的公共科技资源和信息资源)	67	29.91
企业帮扶援助(来自企业的公益性创业基金、创业培训指导、基础性专利或技术资源等)	21	9.38
个人帮扶援助(通过开源社区、开发者社群、资源共享平台、捐赠平台、创业沙龙、网络平台、线下社区、公益组织等途径获取来自个人的帮扶服务)	20	8.93
没有获得过	131	58.48
其他	3	1.34

在被调查的小微企业中,有58.48%的小企业没有获得过任何扶持服务,有29.91%的企业获得了来自政府和公益机构的服务,9.38%的企业获得过来自企业的公益性创业基金、创业培训指导、基础性专利或技术资源等企业的帮扶援助,8.93%的企业通过开源社区、开发者社群、资源共享平台、捐赠平台、创业沙龙、网络平台、线下社区、公益组织等途径获取来自个人的帮扶服务。

3. 众创服务使用情况

在被调查的小微企业中,有83.48%的小企业没有应用或参与众

创。9家企业使用过专业的众创空间服务，8家企业参与过网络平台创新，14家企业建立了内部众创机制。

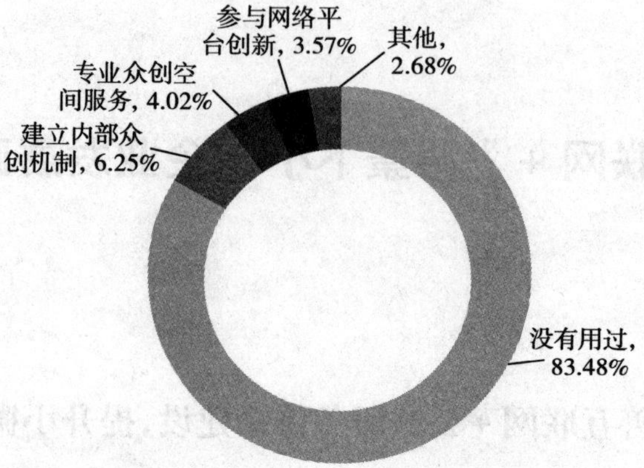

图5-7 小微企业众创服务使用情况

6 “互联网+”背景下小微企业发展政策建议

6.1 完善互联网+公共服务体系建设,提升小微企业公共服务水平

党的十九大报告指出,深化供给侧结构性改革,要推动互联网、大数据、人工智能和实体经济深度融合。政府应加强运用互联网新思维和新技术,重塑传统公共服务供给管理模式,解决现实问题,高效率满足社会公众及企业的公共服务需求。

“互联网+”提升了小微企业对公共服务普遍性、创新性、专业性、便利性的要求。目前,朝阳区的小微企业已普遍“触网”,对“互联网+”小微企业公共服务体系的建设有比较高的需求,企业普遍都希望能够通过“互联网+”实现转型升级、创新发展。为了提升“互联网+”小微企业公共服务体系在促进朝阳区小微企业发展中的作用,需要政府部门和相关机构进一步整合政策、资金、信息、资金、人才等资源,密切联系中小企业协会等行业协会和商会,充分挖掘朝阳区的中小企业社会化专业服务机构特别是已经获得认定的小微企业公共服务平台和小微企业服务机构的潜力和资源,通过加强部门协同,发挥集聚效应,资源共享、互联互通,构建小微企业的创新服务链,根据小微企业在不同阶段

的成长、发展需求,建立大企业纵向引领,加强产业集聚,鼓励小企业横向互助,做大做强良性服务体系。同时借助“互联网 + ”,利用云计算、大数据、区块链等技术,从小微企业初创开始,由小微企业发展的共性需求到不同时期的不同需求,畅通小微企业发展过程中每个阶段的服务体系,依托互联网和大数据技术为不同的小微企业提供个性化的定制化服务,从而助推小微企业发展。

在小微企业金融服务方面,多措并举,加强引导各类金融机构创新金融服务,灵活运用财政资金,强化科技引导基金等各类基金支持,丰富扶持方式,鼓励各地积极探索业务补贴、服务券等小微企业公共服务体系扶持方式,多角度、多渠道、多方位支持小微企业发展,着力降低小微企业融资成本,解决小微企业融资难、融资贵和融资险等问题。

在小微企业人才服务方面,作为政府,出台好的吸引人才的政策,同时,完善小微企业人才引进和培训的公共服务,重点针对小微企业的管理层,开展战略管理、市场营销、商业模式、财务管理、投融资、互联网新技术新模式等知识培训。

6.2 支持互联网平台 + 小微企业模式,推动小微企业创新成长

互联网的发展为小微企业的成长提供了机遇。四众等新商业模式的发展有效拓展了小微企业与创业创新和市场资源、社会需求的对接通道,搭建了多方参与的高效协同机制,丰富了创业创新组织形态,优化了劳动、信息、知识、技术、管理、资本等资源的配置方式,为社会大众和小微企业广泛平等参与创业创新提供了更多元的途径和更广阔的空间。

目前很多大型互联网企业、行业领军企业通过网络平台向各类创业创新主体开放技术、开发、营销、推广等资源,这为小微企业和创业者提供了支撑,降低了其创新创业门槛。从调研情况来看,35%以上的朝阳区小微企业希望能够对接互联网企业或大企业的资源开放平台。大多数小微企业互联网手段利用不足,缺少与互联网平台企业进行资源对接的渠道。政府应通过一定的激励机制鼓励大型企业或互联网企业搭建开放式平台,开放供应链资源和市场渠道等,促进大型企业与上下游小微企业融通发展,带动小微企业开展技术、产品、模式和业态创新,促进小微企业创新创业。小微企业应积极与大型企业的平台和资源进行对接,融入企业创新价值链。

6.3 完善创新创业空间运营评价体系,为小微企业创新创业提供优质载体

创新创业空间和基地为小微企业提供了网络化、开放式的创新空间载体。创业创新空间为小微企业公共服务提供重要依托。在国家“双创”政策的背景下,各地涌现出了大量的创新创业空间,但是部分创新创业空间存在着企业入驻率低、配套服务缺乏、入驻成本高、定位不清晰等问题。应继续完善创新创业空间的建设,完善企业入驻标准,重视创新创业空间的运营效率评价,完善创新创业空间服务体系和标准建设等,推动创业创新空间信息和资源共享,促进创业创新空间资源的充分利用,为小微企业发展提供网络化、低成本、开放式的创新空间载体和服务资源。

在首都人口疏解和打造高精尖产业结构的背景下,还要处理好众创空间建设与人口疏解之间的平衡问题。对于朝阳区众创空间的建

设,一方面,目前的众创空间是过剩的,另一方面,朝阳区有人口疏解的任务。因此对于如何处理好众创空间建设和人口疏解任务之间的关系,可以从以下 2 方面做好相关工作实现二者的协调发展:第一,发展专业化众创空间。根据北京市《加快科技创新发展新一代信息技术等 10 个高精尖产业的指导意见》,聚焦新一代信息技术、集成电路、医药健康、智能装备产业、节能环保、新能源智能汽车、新材料、人工智能、软件和信息服务以及科技服务业等细分产业领域,以推动科技型创新创业、服务于实体经济为宗旨的重要创新创业服务平台,实现服务对象、孵化条件和服务内容的高度专业化和对各类创新要素的高效配置和精准孵化;第二,严格入驻众创空间企业的标准。鼓励十大高精尖相关企业入驻,防止低效益的传统第三产业过度膨胀,促进人口疏解工作的有效顺利推进。

6.4 建立知识产权商用化服务平台,激发小微企业创新活力

知识产权保护对于激发创新活力、聚集创新优势资源、优化创新环境、提高城市核心竞争力举足轻重。如果企业能通过知识产权实现融资,实现资本与技术的有机结合,就可以帮助企业走上良性发展轨道。当前,企业的知识产权管理和运营以及对知识产权公共服务的需求存在短板。

目前国内知识产权融资模式主要有 3 种,分别是:北京的“银行 + 企业专利/商标专用权质押的直接融资模式”、上海的“银行 + 政府基金担保 + 专利反担保的间接融资模式,以及武汉的“银行 + 科技担保公司 + 反担保模式”,它们均要求知识产权具有市场化价值并提供第三方单位增信或担保,这离不开知识产权商用化服务信息及平台的

支持。

为解决知识产权商用化服务高端化、国际化、综合化的需求与低端化、国内化、单一化服务之间存在的矛盾，需要进一步完善服务体系，建立多层次的小微企业知识产权服务体系，重点打造全面化、高端化、国际化的知识产权优质服务机构与平台，引导和促进其服务功能的拓展与完善，加强其综合化、高端化、专业化服务功能，形成知识产权服务的民族品牌，引领朝阳区知识产权服务水平的提高。可以考虑以下几点措施：①提供资金支持，引导运营机构和服务平台成立专家团队，为发明人提供发明指南，提供全方位服务。②鼓励运营机构和服务平台针对知识产权业务流程，为企业提供高端服务，为企业设计专属或一站式的解决方案，打造全链条、综合化的知识产权服务模式。③支持运营机构和服务平台对具有产业化潜力的研究成果进行发掘、评价和运营；对专利进行筛选、评估，寻找有商业价值的优质专利，引导各类知识产权服务机构为小微企业提供知识产权评估、代理、交易、信息分析等质优价惠的专业服务。

此外，由于长期存在的专利、商标、版权、集成电路布图设计等知识产权信息分属不同的部门管理，导致企业和公众查询与利用知识产权信息仍然存在一定的难度和不便，信息利用效率低。因此，朝阳区在持续完善、及时更新知识产权信息以及对数据深度加工方面还需进一步加强，进一步加强知识产权信息平台建设。

主要参考文献

[1]http://www.bjstats.gov.cn/zxfb/201712/t20171208_388593.html

[2]深圳市中小企业服务署. http://www.szsmb.gov.cn/

[3]杭州搭建专业化服务平台推进小微企业成长[EB/OL]. http://www.miit.gov.cn/n1146285/n1146352/n3054355/n3057527/n3057530/c5857221/content.html

[4]用好大数据 推进“互联网+公共服务”——重庆市运用小微企业名录服务供给侧结构性改革综述[EB/OL]. http://www.cicn.com.cn/zggsb/2016-10/14/cms91619article.shtml

[5]成都市多层次服务体系助推中小微企业发展[EB/OL]. http://expo.people.com.cn/n/2015/0526/c395289-27057992.html

[6]宣炜，董婷文. 完善知识产权公共服务体系促进科技型中小企业发展[J]. 中国财政，2016(16)：41-42.

[7]徐玉婷. 实现中小微企业线上服务“一网通”[N]. 雅安日报，2017-12-01(005).

[8]张琳，徐西峰. 深刻把握“互联网+”供需变革完善中小企业公共服务体系[J]. 世界电信，2017(02)：55-58.

[9]李芊，王昶，贾坤. 地方中小微企业公共服务体系建设及实现路

径[J]. 中国经贸导刊,2017(05):75 - 76.

[10]李扬. 构建公共服务体系助力小微企业[N]. 汕头日报,2016 - 11 - 14(001).

[11]赵玉平,胡鹏. 完善天津市小微企业公共服务体系的对策研究[J]. 环渤海经济瞭望,2016(07):32 - 35.

[12]俞爱平. 支持三线城市小微企业发展的公共服务体系研究——以浙江省绍兴市为例[J]. 生产力研究,2015(11):82 - 84 + 144.

[13]郭昭君. 支持小微企业发展的公共服务体系研究[J]. 市场研究,2015(09):27 - 28.

[14]浙江省积极探索中小企业公共服务体系建设之路[J]. 中国中小企业,2013(12):34 - 35.

[15]周鑫鹏. 促进中小企业发展的公共服务体系研究[D]. 武汉. 华中师范大学,2013.

[16]贺荣兰. 中小企业自主创新的公共服务体系及其法制保障[J]. 生产力研究,2012(12):235 - 237.

[17]熊燕. 我省构建科技型中小企业公共服务体系[N]. 云南日报,2012 - 11 - 20(004).

[18]鲍丹. 4000 个公共平台将服务中小企业[N]. 人民日报,2011 - 09 - 23(011).

[19]罗鹏. 对构建大连市中小企业社会化服务体系的几点思考[J]. 大连大学学报 2012(01).

[20]景春梅. 世界有关国家和地区扶持中小企业发展的主要经验[J]. 经济研究参考,2011(37)

[21]许丹丹. 河南省小微企业公共服务体系建设的现状及问题研

究[J]. 现代经济信息,2016(18):485.

[22]IUD 中国决策案例研究中心."北京众创空间"达 25 家居全国之首[J]. 领导决策信息,2015(20):20 - 21.

[23]任俊宇."双创"背景下的创新空间研究——以北京众创空间为例[A]. 规划 60 年:成就与挑战——2016 中国城市规划年会论文集(13 区域规划与城市经济)[C]. 北京:中国建筑工业出版社,2016.9.

[24]孟国力,吕拉昌,黄茹. 北京"众创空间"区位选择特征及影响因子分析[J]. 首都经济贸易大学学报(双月刊),2016(5):89 - 97.

[25]张梦洁,何长涓. 北京 7 城区人口疏解计划出炉今年疏解 30 多万人[N]. 21 世纪经济报道,2016 - 06 - 17(006).

[26]IUD 中国决策案例研究中心. 北京 11 家众创空间长这样[J]. 领导决策信息,2015(17):20 - 21.

[27]北京市工商局朝阳分局理论研究课题组. 北京朝阳发展众创空间的实践与思考[N]. 中国工商报,2015 - 08 - 29(003).

[28]蔡若愚. 北京人口疏解:户籍调控只治标 剥离非首都功能才治本[N]. 中国经济导报,2015 - 11 - 07(B01).

[29]杜艳莉,胡燕. 北京人口疏解中的难题及对策[J]. 中国领导科学,2016(11):63 - 65.

[30]杜艳莉,胡燕. 北京人口疏解中应警惕的三大问题及破解路径[J]. 未来与发展,2016(10):75 - 78.

[31]赵秀池. 北京市优质公共资源配置与人口疏解研究[J]. 人口研究,2011(4):75 - 84.

[32]冯双丽. 北京市中心城人口与功能疏解研究[D]. 首都经贸大学硕士学位论文,2010.

[33]张伟.北京众创空间领跑全国 朝阳海淀成创新创业最密集区[N].中国高新技术产业导报,2016-11-21(002).

[34]北京日报,2016-11-16(012).

[35]范晓.北京众创空间全国领跑[N].北京日报,2016-11-16(012).

[36]耿诺.北京众创空间占全国四成[N].北京日报,2016-04-25(001).

[37]定军.北京主城区人口疏解遭遇"业走人留"前9月进度未达预期[N].21世纪经济报道,2016-11-23(007).

[38]侯慧丽.产业疏解能带动人口疏解吗——基于北京市流动人口定居意愿的视角[J].北京社会科学,2016(7):46-54.

[39]杨舸.国际大都市与北京市人口疏解政策评述及借鉴[J].西北人口,2013(3):43-48.

[40]赵秀池.借鉴香港经验疏解北京市中心城人口[N].中国社会科学报,2011-07-21(011).

[41]李国平.京津冀协同发展下北京人口有序疏解的对策研究[J].人口与发展,2015(2):28-33.

[42]王继源,陈璋,胡国良.京津冀协同发展下北京市人口调控:产业疏解带动人口疏解[J].中国人口·资源与环境,2015(10):111-117.

[43]赵秀池.美国是怎样疏解中心城人口的[J].今日科苑,2010(11):99-101.

[44]尹德挺.首都人口疏解的理论思维和现实应对[J].人口与计划生育,2015(8):23-25.

[45]戚本超.首尔人口限制和疏解策略对北京的启示[J].城市规划,2007(8):83-87.

[46]包松娅.疏解非首都功能:如何啃人口调控"硬骨头"[N].人民政协报,2016-04-21(002).

[47]肖周燕,王庆娟.我国特大城市的功能布局与人口疏解研究:以北京为例[J].城市规划,2005(1):5-14.

[48]晁毓山.整合资源北京高标准推进众创空间建设[N].中国高新技术产业导报,2015-03-30(002).

[49]耿挺.众创空间建设从大潮涌动到精耕细作[N].上海科技报,2016-08-05(001).

[50]2017年新设立小微企业"互联网+"呈现三大变化[EB/OL].http://www.bjstats.gov.cn/zxfb/201712/t20171208_388593.html

[51]国家发展和改革委员会高技术产业.中国互联网+行动百佳实践[M].北京:中央党校出版社,2016年12月.

[52]李功越,刘彤,赵琉涛.企业技术创新的互联网众创模式选择[J].经营与管理,2017(10):21-25.

[53]Van Horne C, Frayret J M, Poulin D. Creating value with innovation: From centre of expertise to the forest products industry[J]. Forest Policy and Economics, 2006, 8(7): 751-761.

[54]巨头或观望或退场 众筹行业走向何方?[EB/OL].http://www.100ec.cn/detail--6438104.html

[55]陶金元,陶秋燕,何勤.我国小微企业公共服务体系现状、不足及建议[J].山东行政学院学报,2017(06):25-28.

[56]纪玲珑,隋静.股权众筹与小微企业融资[J].银行家,2016

(07):74-75.

[57]曾繁华,侯晓东,吴阳芬."双创四众"驱动制造业转型升级机理及创新模式研究[J].科技进步与对策,2016,33(23):44-50.

[58]曹淑敏.壮大四众新平台 繁荣双创新经济——《国务院关于加快构建大众创业万众创新支撑平台的指导意见》解读[J].电信网技术,2015(12):1-4.

[59]肖岚,高长春."众包"改变企业创新模式[J].上海经济研究,2010(03):35-40.

[60]黎娟.互联网众包对现代企业管理模式创新的启示及应用[J].商业经济研究,2017(02):113-115.

[61]侯文华,郝琳娜.众包模式:企业创新的新助力[M].北京:科学出版社,2016.

[62]温馨,毛瑛倩,刘明,曾剑秋.众包对企业的作用机理研究[J].北京邮电大学学报(社会科学版),2017,19(06):78-83.

[63]郝渊,郭玉宝.互联网众包模式对企业管理创新的促进作用及应用[J].经营与管理,2016(05):74-75.

[64]徐轶遵."众创、众包、众扶、众筹"与成长企业创新[J].中国科技产业,2016(01):86-87.

[65]秦业.大力发展众包模式 构筑创新共享新生态[EB/OL].http://www.ce.cn/xwzx/gnsz/gdxw/201510/20/t20151020_6753371.shtml

[66]徐细雄,林丁健.基于互联网金融的小微企业融资模式创新研究[J].经济体制改革,2014(06):144-148.

[67]戴东红.互联网金融对小微企业融资支持的理论与实践——基于小微企业融资视角的分析[J].理论与改革,2014(04):91-96.

[68]安宝洋.互联网金融下科技型小微企业的融资创新[J].财经科学,2014(10):1-8.

[69]王曼怡,尹江宁.小微企业金融服务创新如何借力互联网[J].人民论坛,2014(23):80-82.

[70]石伟彬.互联网金融对小微企业融资难的缓解作用研究[J].企业研究,2014(12):148.

[71]王朝霞,张婷婷.互联网金融在小微企业融资领域的应用现状及问题研究[J].中外企业家,2014(16):111-112.

[72]徐洁,隗斌贤,揭筱纹.互联网金融与小微企业融资模式创新研究[J].商业经济与管理,2014(04):92-96.

[73]晏妮娜,孙宝文.面向小微企业的互联网金融模式创新与决策优化[J].科技进步与对策,2014,31(07):74-78.

[74]汪渝.互联网金融对小微企业金融服务的影响研究[J].企业研究,2013(22):147-148.

[75]杨德明,刘泳文."互联网+"为什么加出了业绩[J].中国工业经济, 2018, (5): 80-98.

[76]王方."互联网+"下开放式创新平台建设实践——中小企业视角的研究[J].科技进步与对策, 2016, 33(15): 15-21.

[77]郑大亮,韩明华."互联网+"环境下制造企业开放式创新模式研究——红领集团的案例分析[J].科技与经济, 2017, 30(5): 26-30.

[78]董洁林,陈娟.互联网时代制造商如何重塑与用户的关系——基于小米商业模式的案例研究[J].中国软科学, 2015, (8):22-33.

[79]李若辉,关惠元.智能化背景下基于开放式创新的企业商业模

式演化[J]. 企业经济, 2018, 37(6): 25-31.

[80]董洁林,陈娟. 无缝开放式创新:基于小米案例探讨互联网生态中的产品创新模式[J]. 科研管理, 2014, 35(12): 76-84.

[81]易锐,夏清华. 开放式创新有助于改善新创企业脆弱性吗?[J]. 科学学研究, 2018, 36(6): 1096-1109, 1118.

[82]郭露. 互联网下企业的开放式创新战略——以海尔集团为例[J]. 辽宁经济, 2016, (6): 30-31.

[83]陈加奎,徐宁. 共享经济下知识产权如何驱动中小企业创新[J]. 科研管理, 2018, 39(S1): 200-209.

[84]杜晓静,耿亚青,沈占波. 基于互联网的开放式创新模式研究:背景、特点和组成系统[J]. 科技进步与对策, 2014, 31(8): 10-15.

[85]洪闯,李贺,祝琳琳,等. 国内开放式创新研究述评与趋势展望[J]. 现代情报, 2018, 38(6): 165-171, 177.

[86]李海舰,田跃新,李文杰. 互联网思维与传统企业再造[J]. 中国工业经济, 2014, (10): 135-146.

[87]杨德明,刘泳文. "互联网+"为什么加出了业绩[J]. 中国工业经济, 2018, (5): 80-98.

[88]赵振. "互联网+"跨界经营:创造性破坏视角[J]. 中国工业经济, 2015, (10): 146-160.

[89]罗珉,李亮宇. 互联网时代的商业模式创新:价值创造视角[J]. 中国工业经济, 2015, (1): 95-107.

[90]王春燕,张玉明. 开放式创新下互联网应用对小微企业创新绩效的影响[J]. 东北大学学报(社会科学版), 2018, 20(1): 27-35.

[91]程立茹. 互联网经济下企业价值网络创新研究[J]. 中国工业

经济, 2013, (9): 82 - 94.

[92]郑大亮,韩明华. "互联网 + "环境下制造企业开放式创新模式研究——红领集团的案例分析[J]. 科技与经济, 2017, 30(5): 26 - 30.

[93]张玉明,李荣,王欣. 小微企业互联网环境与企业家社会资本对技术创新的影响研究[J]. 管理学报, 2018, 15(2): 230 - 236, 292.

[94]王黎华,韩俊华,干胜道. 科技型小微企业互联网金融支持研究[J]. 科学管理研究, 2016, 34(2): 95 - 99.

[95]江晶晶. 破解中小微企业融资难题——基于互联网金融的视角[J]. 金融理论与实践, 2014, (12): 41 - 43.

[96]夏恩君,王文涛. 企业开放式创新众包模式下的社会大众参与动机[J]. 技术经济, 2016, 35(1): 22 - 29.

[97]王丽平,刘小龙. 价值共创视角下众创空间"四众"融合的特征与运行机制研究[J]. 中国科技论坛,2017(03):109 - 116.

[98]孙乐生. 深刻把握"互联网 + "供需变革完善中小企业公共服务体系[J]. 信息记录材料,2018,19(01):189 - 190.

[99]王继承. 支持"互联网平台 + 小微企业"发展模式 促进"大众创业、万众创新"[EB/OL]. http://www. drc. gov. cn/n/20161227/1 - 224 - 2892473. htm

[100]赵卫东. 互联网 + 推动中小企业创新成长[J]. 互联网经济, 2015(05):34 - 39.

[101]徐西峰,张琳,裴艳. 紧抓紧抓"互联网 + "机遇 推动中小企业公共服务体系建设[J]. 世界电信,2017(03):70 - 73.

[102]郝琳娜,侯文华,刘猛. 众包创新模式问题分析及研究展望[J]. 科技进步与对策,2014,31(22):154 - 160.

[103]焦微玲,刘敏楼.社会化媒体时代的众筹:国外研究述评与展望[J].中南财经政法大学学报,2014(05):65-71.

[104]刘志迎,陈青祥,徐毅.众创的概念模型及其理论解析[J].科学学与科学技术管理,2015,36(02):52-61.

附录1　知识产权商用化服务平台功能需求

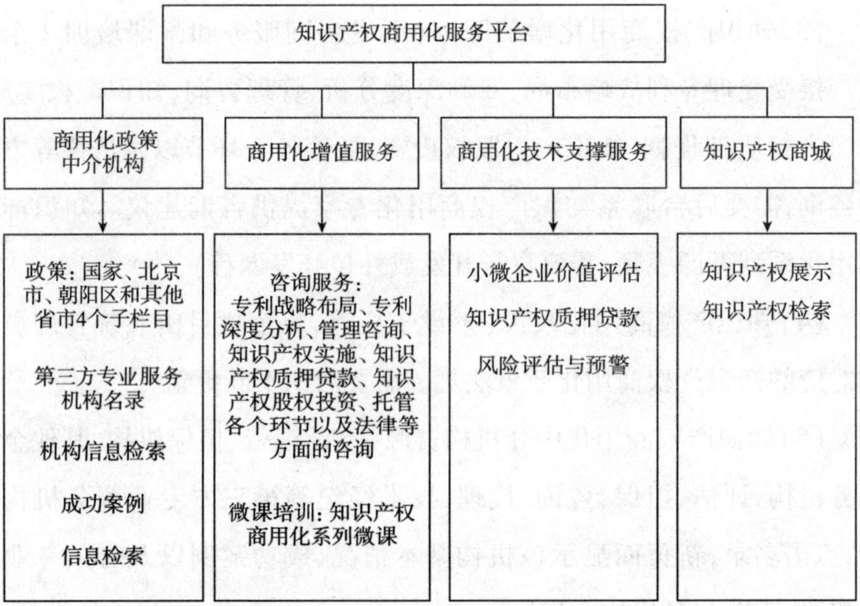

附录图1　平台基本功能

1. 平台基本功能图

如附录图1所示，知识产权商用化服务平台由5个子部分组成：知识产权商城、知识产权商用化增值服务、知识产权商用化政策、知识产权商用化中介机构资源、知识产权商用化技术支撑服务。

2. 主要功能需求

(1)知识产权商城(企业在线填写提交“知识产权许可、转让、投资、贷款、托管意向表”,通过审核即可在页面的不同栏目中显示。注册用户点击页面各类型需求项目名称,可以进入项目介绍页面,查看项目详细信息、项目简介及联系方式。需要大量人员后期维护)

(2)知识产权商用化技术支撑服务,小微企业价值评估、知识产权质押贷款风险评估与预警。

(3)知识产权商用化增值服务(下设咨询服务和微课培训2个模块。接受受理专利战略布局、专利深度分析、管理咨询、知识产权实施、知识产权质押贷款、知识产权股权投资、托管各个环节以及法律等方面的咨询,需要后台联系知识产权商用化专家提供咨询建议。知识产权商用化系列微课视频,需要自行开发或外包开发课程)

(4)知识产权商用化政策(下设子栏目,每个栏目由系统管理员发布对应的知识产权商用化政策法规。需要后期不断更新)

(5)知识产权商用化中介机构资源(下设银行、担保机构、其他金融服务机构、评估、担保、咨询、代理、技术经纪等第三方专业服务机构名录,点击名录,新页面显示该机构基本情况、成功案例以及有关专业服务资讯,需要与各机构合作)。

3. 平台功能描述

本产品包括企业用户部分和后台管理部分。其中企业用户部分包括:注册、登录、知识产权商品显示、查询、知识产权供求信息发布、用户个人中心、知识产权商用化技术支撑服务、知识产权商用化咨询服务、知识产权商用化微课培训、知识产权商用化政策、知识产权商用化中介机构资源等。后台包括:企业用户管理、知识产权产品管理、知识产权交

易信息管理、知识产权商用化技术支撑服务管理、知识产权商用化咨询服务管理、知识产权商用化微课培训信息管理、知识产权商用化政策管理、知识产权商用化中介机构资源管理等功能模块。

前台企业用户功能描述如附录表1所示：

附录表1　前台企业用户功能模块

模块	配置、功能说明	开发说明
企业用户注册	用户注册，建立账号	
用户登录	用户登录后可以发布知识产权供求信息，可以查看自己的知识产权交易信息、收藏夹、历史记录等信息，方便企业用户管理自己的信息	
用户个人中心	用户可以修改注册信息，密码等，可以查看历史的供求信息、知识产权交易信息、收藏的知识产权信息等	界面友好
知识产权商品显示	分类显示各种类型的知识产权商品，专利类、商标类、软件著作权类等	以列表的方式显示，在详细页中采用文字和图片
知识产权商品检索	根据条件检索出知识产权商品信息	多种条件让用户选择，查询结果以列表形式显示，并在详细页中显示文字和图片
知识产权供求信息发布	企业用户可以发布知识产权供求信息	尽量让用户能简洁描述供求信息
知识产权商用化技术支撑服务	知识产权价值预评估、知识产权价值评估、知识产权质押贷款风险评估与预警，科技型企业信用评估系统	为现有单机版系统提供数据采集端口
知识产权商用化咨询服务	接受受理专利战略布局、专利深度分析、管理咨询、知识产权实施、知识产权质押贷款、知识产权股权投资、托管各个环节以及法律等方面的咨询，需要后台联系知识产权商用化专家提供咨询建议	可以用文字和其他沟通工具的方式进行沟通
知识产权商用化微课培训	提供知识产权商用化相关的微课以及培训课程	采用链接第三方平台的形式

知识产权商用化政策	提供知识产权商用化政策信息展示和查询	采用列表形式展示，详细页采用文字和图片的形式
知识产权商用化中介机构资源	提供中介机构的介绍、联系信息的展示和检索等	采用列表形式展示，详细页采用文字和图片的形式

管理员功能描述如附录表2所示：

附录表2　管理员功能模块

模块	配置、功能说明	开发说明
企业用户管理功能	企业可注册网站会员，会员可自行维护企业信息。管理员可对企业信息进行删除	
知识产权产品管理	管理员帮助企业更新知识产权产品动态信息	管理员对知识产权产品的查看、增加、修改、删除4种功能
知识产权交易信息管理	管理员对知识产权交易信息进行维护	管理员对知识产权交易信息的查看、增加、修改、删除4种功能
知识产权商用化技术支撑服务管理	管理员对知识产权商用化技术支撑服务信息的维护	管理员对知识产权商用化技术支撑服务的连接管理
知识产权商用化咨询服务管理	管理员对知识产权商用化咨询服务信息的维护	管理员对知识产权商用化咨询服务信息的查看、增加、修改、删除等功能
知识产权商用化微课培训信息管理	管理员对知识产权商用化微课培训信息的维护	管理员对知识产权商用化微课培训信息的查看、增加、修改、删除等功能
知识产权商用化政策管理	管理员对知识产权商用化政策信息的维护	管理员对知识产权商用化政策信息的查看、增加、修改、删除等功能
知识产权商用化中介机构资源管理	管理员对知识产权商用化中介机构信息的维护	管理员对知识产权商用化中介机构信息的查看、增加、修改、删除等功能

根据附录表1、附录表2，平台的主要模块结构如附录图2所示：

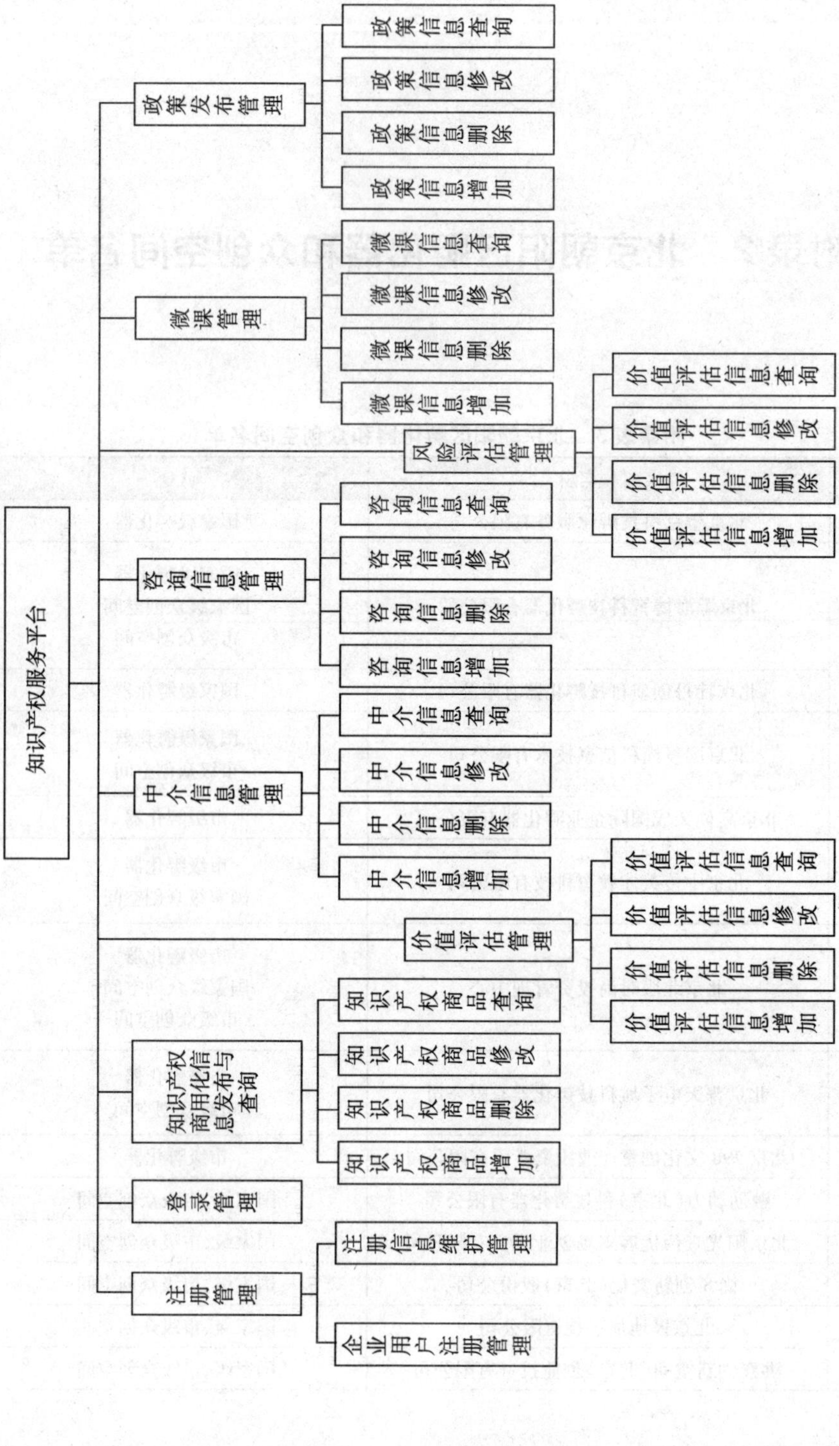

附录图2 知识产权服务平台结构

附录 2 北京朝阳区孵化器和众创空间名单

附录表 3 北京朝阳区孵化器和众创空间名单

序号	机构名称	认定
1	北京望京科技孵化服务有限公司	国家级孵化器
2	北京瀚海博智科技孵化器有限公司	国家级孵化器 国家级众创空间 市级众创空间
3	北京牡丹创新科技孵化器有限公司	国家级孵化器
4	北京国投尚科信息技术有限公司	国家级孵化器 市级众创空间
5	北京高创天成国际企业孵化器有限公司	市级孵化器
6	北京中传英才教育科技有限公司	市级孵化器 国家级众创空间
7	北京北服时尚投资管理中心	市级孵化器 国家级众创空间 市级众创空间
8	北京普天电子城科技孵化器有限公司	市级孵化器 市级众创空间
9	北京 798 文化创意产业投资股份有限公司	市级孵化器
10	融创动力(北京)科技孵化器有限公司	国家级、市级众创空间
11	北京阳光壹佰优客工场创业投资有限公司	国家级、市级众创空间
12	尚 8 创新文化(北京)股份公司	国家级、市级众创空间
13	北京极地加科技有限公司	国家级、市级众创空间
14	洪泰创新空间(北京)创业投资有限公司	国家级、市级众创空间

续表

序号	机构名称	认定
15	北京云研社科技有限公司	国家级、市级众创空间
16	北京果壳空间科技有限公司	国家级、市级众创空间
17	汉唐信通（北京）咨询股份有限公司	国家级、市级众创空间
18	星库空间（北京）创业投资有限公司	国家级、市级众创空间
19	光合空间（北京）企业孵化器有限公司	国家级、市级众创空间
20	合作共创（北京）办公服务有限公司	国家级、市级众创空间
21	北京硬创互联网科技有限公司	国家级、市级众创空间
22	北京三大不六空间科技有限公司	国家级、市级众创空间
23	国安龙巢（北京）科技投资有限公司	国家级、市级众创空间
24	北京海创百川创业咨询服务有限公司	国家级、市级众创空间
25	北京市星火工贸有限公司	市级众创空间
26	北京合信投资管理有限公司—超级蜂巢	市级众创空间
27	合创新业（北京）科技服务有限公司	市级众创空间
28	北京华地融信物业管理有限公司	市级众创空间
29	知为创客（北京）投资有限公司	市级众创空间
30	天音互动（北京）文化传媒发展有限公司	市级众创空间
31	北京信中利潮客海创科技有限公司	市级众创空间
32	北京汽车教育投资有限公司	市级众创空间
33	创汇空间（北京）科技孵化器有限公司	市级众创空间
34	北京天作理化科技孵化器有限公司	市级众创空间
35	疯网云端（北京）科技孵化器有限公司	市级众创空间
36	北京科创空间投资发展有限公司	市级众创空间
37	建信万通商务服务（北京）有限公司	市级众创空间
38	北京凤岐创业服务有限公司	市级众创空间
39	正益移动互联科技股份有限公司	市级众创空间
40	北京奥科兴源科技企业孵化器有限公司	
41	创见（北京）投资管理有限公司	
42	易成众工装饰设计（北京）有限公司	
43	北京京仪融创科技孵化器有限公司	
44	北海康成（北京）生物医药孵化器	
45	北京商管家科技有限公司	

续表

序号	机构名称	认定
46	北京地久云文化发展有限公司	
47	筑想时代(北京)文化发展有限公司	
48	北京飞牛科技有限公司	
49	纳什空间创业科技(北京)有限公司	
50	中博联科技孵化器(北京)有限公司	
51	八九八创新空间(北京)科技有限公司	
52	北京明宇时代信息技术有限公司	
53	百年霏凡(北京)商务中心有限公司	
54	北焦科创高科技孵化器(北京)有限公司	
55	北京龙凤之家家居建材市场有限责任公司	
56	清创首开(北京)科技有限公司	
57	国安创客(北京)科技有限公司	
58	北京定福庄国际孵化器有限公司	
59	中古文化科技有限责任公司	
60	北京十七区科技孵化器有限公司	
61	陋室华章(北京)国际文化传播有限公司	
62	北京星空间站科技孵化器有限公司	
63	中远通达(北京)商务中心有限公司	
64	北京时代凌宇科技孵化器有限公司	
65	北京公众空间文化有限公司	
66	北京筑梦成信息技术有限公司	
67	北京铭基商业运营管理有限公司	
68	北京智银投资管理有限公司	
69	北京乐耀创业服务有限公司	
70	北京侠客岛企业管理有限公司	
71	北京瀚洋信业文化传媒有限公司	

附录3　“互联网+”环境下朝阳区小微企业情况调查问卷

尊敬的企业负责人：

为了促进小微企业的发展，为小微企业的发展营造良好的环境，朝阳区科委委托北京联合大学中小企业研究中心开展本次调查，希望了解互联网+背景下朝阳区小微企业对公共服务的需求状况，以及众创、众包、众筹、众扶等新模式的应用状况，希望您在百忙之中完成问卷的填写，我们将认真分析、研究调查结果，积极推动政府改进相关服务，感谢您的支持！

北京市朝阳区科委

北京市朝阳区企业联合会

北京联合大学中小企业研究中心

1. 贵企业成立的时间是：[填空题][必答题]

____

2. 贵企业现有员工数为[单选题][必答题]

○ 5人及以下

○ 6~10人

○ 11~20人

○ 21~50人

○ 50人以上

3. 贵企业最近一年的营业收入约为[单选题][必答题]

○少于100万元

○ 101万~500万元

○ 501万~1000万元

○ 1001万~5000万元

○ 5001万元以上

4. 贵企业所属行业是[单选题][必答题]

○制造业

○新能源与节能环保

○信息技术

○交通物流仓储

○房地产

○科学技术服务

○生活服务

○生物医药

○文化创意

○金融业

○商务服务

○体育休闲娱乐

○其他________________

5. 贵企业的性质为 [单选题] [必答题]

○国有企业

○民营企业

○合资企业

○个人独资

○外商独资

○其他________________ *

6. 贵企业目前最亟须解决的问题是 [多选题] [必答题]

□产品营销策划

□融资贷款

□人才招聘

□寻找科研机构建立合作联盟

□企业财税筹划

□利用互联网技术提升竞争力

□其他________________

7. 贵企业遇到困难时，首先想到的求助渠道是 [单选题] [必答题]

○政府协调

○中小微企业服务中心帮助

○寻找专业中介服务机构

○找同行朋友

○通过互联网求助

○其他 ________________ *

8. 贵企业目前最需要了解的政策是［多选题］［必答题］

□相关产业政策

□科技创新政策

□税收、融资优惠政策

□专利和知识产权政策

□市场开拓政策

□人才政策

□现有各项专项资金支持政策

9. 贵企业目前最希望得到的公共服务是［排序题，请在中括号内依次填入数字］［必答题］

[　　]法律与政策服务

[　　]技术创新服务

[　　]人才与培训服务

[　　]创业服务

[　　]信息服务

[　　]知识产权服务

[　　]融资服务

[　　]管理咨询服务

[　　]国内市场开拓

[　　]国际贸易与交流

10. 贵企业目前接受过哪些公共服务［多选题］［必答题］

□法律与政策服务

□技术创新服务

□人才与培训服务

□创业服务

□信息服务

□知识产权服务

□融资服务

□管理咨询服务

□国内市场开拓

□国际贸易与交流

□以上都没有

11. 您认为目前小微企业公共服务存在的问题有［多选题］［必答题］

□不知道有哪些公共服务机构

□不知道如何获取需要的公共服务

□服务专业性不强

□服务收费偏高

□服务功能不足，服务种类不全

□对小微企业的生产经营不熟悉，无法开展有效服务

□政策性引导缺乏，政策落实不到位

□线上服务手段缺乏

□其他________________

12. 在电子商务和互联网方面，贵企业目前需要哪些服务［多选题］［必答题］

□电子商务信用融资

□电商专业人才招聘

□在线研发设计等软件应用服务

□互联网企业或大企业的资源开放平台对接

□电商和互联网专业培训

□互联网分销渠道服务

□互联网基础设施服务(数据存储、云计算等)

□其他____________________

13. 贵企业是否利用过互联网平台分发(外包)过业务[单选题][必答题]

○是

○否

14. 贵企业是否通过互联网平台承接过其他企业的业务[单选题][必答题]

○是

○否 (请跳至第17题)

15. 贵企业利用过哪些互联网众包平台[多选题][必答题]

□猪八戒

□易科学

□威客中国

□一品威客网

□开源中国社区

□一线任务网

□人人猎头

□拍拍赚

□京东众包

□阿里众包

□腾讯众测

□百度众测

□其他________________

□以上都没有用过

16. 贵企业在哪些环节利用过互联网众包平台［多选题］［必答题］

□市场调研

□创意设计

□产品研发

□产品测试

□人才招聘

□制造运维

□营销推广

□知识产权

□其他________________

17. 贵企业是否使用过众筹平台［单选题］［必答题］

○是

○否　（请跳至第21题）

18. 贵企业使用过哪种形式的众筹服务［多选题］［必答题］

□通过互联网开展新产品众筹，向社会募集资金

□通过互联网进行股权众筹

□通过互联网借贷

□其他________________*

19. 贵企业最近一次使用众筹平台融资的金额大约是［单选题］［必答题］

○10万~30万元

○ 30万~50万元

○50万~100万元

○ 100万元以上

20. 贵企业使用过哪些众筹平台［多选题］［必答题］

□京东众筹

□众筹网

□ 36氪

□淘宝众筹

□苏宁众筹

□拍拍贷

□陆金所

□微贷网

□人人投

□天使街

□众投邦

□淘梦网

□汇梦公社

□创投圈

□其他________________*

21. 贵企业获得过以下哪种扶持服务［多选题］［必答题］

□政府和公益机构支持（如来自政府的公共科技资源和信息资源）

□企业帮扶援助（来自企业的公益性创业基金、创业培训指导、基础性专利或技术资源等）

□个人帮扶援助（通过开源社区、开发者社群、资源共享平台、捐赠平台、创业沙龙、网络平台、线下社区、公益组织等途径获取来自个人的帮扶服务）

□没有获得过

□其他________________

22. 贵企业采用过的众创服务形式是［单选题］［必答题］

○专业众创空间服务

○参与网络平台创新

○建立内部众创机制

○没有用过

○其他________________

23. 贵企业是否已入驻众创空间［单选题］［必答题］

○是

○否 （请跳至第27题）

24. 请填写入驻众创空间名称和入驻时间［填空题］

____

25. 贵企业在众创空间接受过哪些服务［多选题］［必答题］

□法律与政策服务

□技术创新

□人才与培训服

□创业服务

□信息服务

□知识产权服务

□融资服务

□管理咨询

□国内市场开拓

□国际贸易与交流

□其他________________*

26. 您认为目前众创空间提供相关服务存在的问题有[多选题][必答题]

□服务专业性不强

□服务收费偏高

□服务功能不足,服务种类不全

□对小微企业的生产经营不熟悉,无法开展有效服务

□政策性引导缺乏,政策落实不到位

□线上服务手段缺乏

□其他________________*

27. 贵企业是否愿意入驻众创空间?[单选题][必答题]

○愿意

○不愿意

28. 贵公司拥有的知识产权种类有哪些[多选题][必答题]

□发明专利

□应用新型专利

□外观设计专利

□商标权

□版权(著作权)

□工业品外观设计

□集成电路布图设计权

□地理标志权

□以上都没有

29. 贵公司开展过的知识产权商用化活动包括[多选题][必答题]

□专利索引与专利分析

□自有专利实施(生产专利产品)

□进行知识产权交易(许可或转让等)

□知识产权投资入股

□进行知识产权质押融资

□以上都没有

30. 贵公司最需要获取的知识产权服务有[多选题][必答题]

□专利查新检索

□特定领域/行业知识产权分析

□知识产权网上展示评估

□知识产权转让交易

□知识产权融资风险预警

□知识产权商用化培训

□知识产权商用化事务咨询

□以上都不需要